中华传统文化核心读本

余乾曲题

传承中华文化精髓

建构国人精神家园

鬼谷子

全集

原著　【战国】鬼谷子

注译　庄东魏　杨广恩

主编　唐品

天地出版社

TIANDI PRESS

图书在版编目（CIP）数据

鬼谷子全集／唐品主编.—成都：天地出版社，
2017.4（2021年3月重印）
（中华传统文化核心读本）
ISBN 978-7-5455-2406-2

Ⅰ.①鬼… Ⅱ.①唐… Ⅲ.①纵横家②《鬼谷子》—
通俗读物 Ⅳ.①B228-49

中国版本图书馆CIP数据核字（2016）第283134号

鬼谷子全集

出 品 人	杨　政	
主　　编	唐品	
责任编辑	陈文龙　沈海霞	
封面设计	思想工社	
电脑制作	思想工社	
责任印制	王学锋	

出版发行　天地出版社
　　　　　（成都市槐树街2号　邮政编码：610014）
网　　址　http://www.tiandiph.com
　　　　　http://www.天地出版社.com
电子邮箱　tiandicbs@vip.163.com
经　　销　新华文轩出版传媒股份有限公司

印　　刷　河北鹏润印刷有限公司
版　　次　2017年4月第1版
印　　次　2021年3月第17次印刷
成品尺寸　170mm×230mm　1/16
印　　张　21.25
字　　数　359千字
定　　价　39.80元
书　　号　ISBN 978-7-5455-2406-2

　　上下五千年悠久而漫长的历史，积淀了中华民族独具魅力且博大精深的文化。中华传统文化是中华民族无数古圣先贤、风流人物、仁人志士对自然、人生、社会的思索、探求与总结，而且一路下来，薪火相传，因时损益。它不仅是中华民族智慧的凝结，更是我们道德规范、价值取向、行为准则的集中再现。千百年来，中华传统文化融入每一个炎黄子孙的血液，铸成了我们民族的品格，书写了辉煌灿烂的历史。

　　中华传统文化与西方世界的文明并峙鼎立，成为人类文明的一个不可或缺的组成部分。中华民族之所以历经磨难而不衰，其重要一点是，源于由中华传统文化而产生的民族向心力和人文精神。可以说，中华民族之所以是中华民族，主要原因之一乃是因为其有异于其他民族的传统文化！

　　概而言之，中华传统文化包括经史子集、十家九流。它以先秦经典及诸子之学为根基，涵盖两汉经学、魏晋玄学、隋唐佛学、宋明理学和同时期的汉赋、六朝骈文、唐诗宋词、元曲与明清小说并历代史学等一套特有而完整的文化、学术体系。观其构成，足见中华传统文化之广博与深厚。可以这么说，中华传统文化是华夏文明之根，炎黄儿女之魂。

　　从大的方面来讲，一个没有自己文化的国家，可能会成为一个大国甚至富国，但绝对不会成为一个强国；也许它会强盛一时，但绝不能永远屹立于世界强国之林！而一个国家若想健康持续地发展，则必然有其凝聚民众的国民精神，且这种国民精神也必然是在自身漫长的历史发展中由本国人民创造形成的。中华民族的伟大复兴，中华巨龙的跃起腾飞，离不开中华传统文化的滋养。从小处而言，继承与发扬中华传统文化对每一个炎黄子孙来说同样举足轻重，迫在眉睫。中华传统文化之用，在于"无用"之"大用"。一个人的成败很大程度上取决于他的思维方式，而一个人的思维能力的成熟亦绝非先天注定，它是在一定的文化氛围中形成的。中华传统文化作为涵盖经史子集的庞大思想知识体系，恰好能为我们提供一种氛围、一个平台。潜心于中华传统文化的学习，人们就会发现其蕴含的无穷尽的智慧，并从中领略到恒久的治世之道与管理之智，也可以体悟到超脱的人生哲学与立身之术。在现今社会，崇尚中华传统文化，学习中华传统文化，更是提高个人道德水准和构建正确价值观念的重要途径。

近年来，学习中华传统文化的热潮正在我们身边悄然兴起，令人欣慰。欣喜之余，我们同时也对中国现今的文化断层现象充满了担忧。我们注意到，现今的青少年对好莱坞大片趋之若鹜时却不知道屈原、司马迁为何许人；新世纪的大学生能考出令人咋舌的托福高分，但却看不懂简单的文言文……这些现象一再折射出一个信号：我们现代人的中华传统文化知识十分匮乏。在西方大搞强势文化和学术壁垒的同时，国人偏离自己的民族文化越来越远。弘扬中华传统文化教育，重拾中华传统文化经典，已迫在眉睫。

本套"中华传统文化核心读本"的问世，也正是为弘扬中华传统文化而添砖加瓦并略尽绵薄之力。为了完成此丛书，我们从搜集整理到评点注译，历时数载，花费了一定的心血。这套丛书涵盖了读者应知必知的中华传统文化经典，尽量把艰难晦涩的传统文化予以通俗化、现实化的解读和点评，并以大量精彩案例解析深刻的文化内核，力图使中华传统文化的现实意义更易彰显，使读者阅读起来能轻松愉悦并饶有趣味，能古今结合并学以致用。虽然整套书尚存瑕疵，但仍可以负责任地说，我们是怀着对中华传统文化的深情厚谊和治学者应有的严谨态度来完成该丛书的。希望读者能感受到我们的良苦用心。

鬼谷子其人

鬼谷子何许人也？相传鬼谷子其人受命于天，得书于仙，是为《无字天书》，极富神秘色彩。鬼谷子，确有其人。曾隐居于名叫"鬼儿峪"的山谷之地（大约在今山东泰山脚下，说法不一），著书讲学授徒，是战国时期纵横家苏秦、张仪的老师，据说还是军事家孙膑、庞涓、尉缭子的老师。

鬼谷子是一位具有浓重的神秘色彩而又极具魅力的传奇人物。或许我们可以从《东周列国志》的作者明代著名小说家冯梦龙的结论中做一了解："其人通天彻地，有几家学问：一曰数学，日星象纬，在其掌中，占往察来，言无不验；二曰兵学，六韬三略，变化无穷，布阵行兵，鬼神莫测；三曰游学，广记多闻，明理审势，出词吐辩，万口莫当；四曰出世学，修真养性，服食引导，却病延年，冲突可俟。"但史书上真正关于他本人的记载只有《太平广记》和《史记》上区区50多字。而关于他的传说，在野史和民间却甚多。近年来研究鬼谷子的学者越来越多，专著也非常多。他究竟是个什么样的人也就成为大家关注的主要问题之一。

世传鬼谷先生所居之地有青漠，也叫清溪，又有鬼谷，也叫鬼谷墟。传说鬼谷子名为王诩、王蝉、王利、王栩，因不愿入仕，过着隐居生活而自号鬼谷子。这一地名究竟在何处，说法很多，除了在今山东泰山脚下的"鬼儿峪"外，有的说是在古颍川阳城（今河南登封县东南鄂岭），有的说是古扶风池阳（今陕西三原县西北），有的说是荆州临沮（今湖北当阳），还有的说是山西运城、浙江宁波、湖北安远、湖南大庸、陕西韩城等等诸多地方，甚至在新疆哈密也有地名为鬼谷。

从一些史料记载分析来看，鬼谷子确有其人。但其生活年代则众说纷纭，有的认为他是神仙，跨越时空；有的认为他是黄帝时代的；有的认为鬼谷子不是一个人，而是众多隐者的通称；而生活在战国时代是相对比较可信的说法。其最主要的根据就是《史记》，此书是公认的比较可靠的史料，司马迁在写《史记》时是有文献依据的。从《鬼谷子》一书的内容也可以大致推断出其生活年代是战国时期，当时说客之多是中国古代史上之最，《鬼谷子》主要论述的也是游说的方法。

司马迁在《史记》中说：苏秦"东师事于齐，而习之于鬼谷先生"，张仪"尝与苏秦俱事鬼谷先生学术，苏秦自以不及张仪"，那么鬼谷子是苏秦、张仪的老师，苏秦死于前317年，张仪死于前309年，鬼谷子应该是和他们同时代且稍早于他们，传说中鬼谷子还是庞涓和孙膑的老师，庞涓卒于公元前341年，孙膑卒于公元前310年，这与《史记》中所说相距不远，这种说法认为鬼谷子生活在战国时代。

按照民间传说来看，《鬼谷子》的作者鬼谷先生是春秋战国时期楚国人，相传其祖籍朝歌（今河南淇县）城南，一生中曾游历全国各地，也许上述所有号称"鬼谷"的地方都是其所游历之地，后他在云梦山（朝歌城西15公里）水帘洞隐居讲学，创建中国古代第一座军事学校——"战国军庠"。培养出苏秦、张仪、孙膑、庞涓、毛遂等著名的政治家、军事家。

传说鬼谷子精通数学星纬、兵学韬略、游学势理、养性舍身及纵横术，因此除了被列为纵横家外，还被归入兵家、道家、仙家、阴阳家等类。而史书多说鬼谷子是纵横家，因《鬼谷子》一书十四篇以"捭阖"开篇，以纵横之术为总起，多角度、多层次地详尽阐述了言谈技巧及游说者自身的修养，体现了纵横家的总体风貌，书中对游说进行了全面的经验总结，并上升到了理论高度。《史记》中记载他是著名纵横家苏秦、张仪的老师，纵横家的谋略、游说技巧皆出于他所撰写的《鬼谷子》；《隋书》是最早将《鬼谷子》录入正式典籍的史书，该书中将《鬼谷子》著录三卷，并列于纵横家之下。在后人对他思想的研究中，纵横家对鬼谷子学说的继承和发展贡献也是最多，从这些角度来看，将鬼谷子列为纵横家是理所当然的。

《鬼谷子》其书及主要内容

《鬼谷子》是一部集纵横家、兵家、道家、仙家、阴阳家等思想于一体的政治理论著作。其书立论高深幽玄，文字奇古神秘，代表了战国游说之士的理论、策略和手段，是纵横捭阖术的经验总结，是中华民族智慧的结晶，历来享有"旷世奇书"之称。

关于其作者的争论主要有三种说法：一是说战国时期鬼

谷子所撰；一是说苏秦所撰；还有一种说法是六朝时某好事者伪作。一般来讲人们都认为鬼谷先生是作者，书以其名命名，主要根据是《隋书》著录。《鬼谷子》一书在《汉书·艺文志》并没有被收录，始见于《隋书·经籍志》。二是上文提到的苏秦是作者。《史记·正义》是说到"秦欲神秘其道，故假名鬼谷。"但新的考古发现断定在苏秦成名以前已经有了初步的《鬼谷子》一类的著作。三是六朝时某好事者所著。认为此书是后出之书，清代姚际恒在《古今伪书考》中认为此书第一次录入是在《隋书》并由此断定《鬼谷子》是出于六朝时某好事者之手，是一部托古伪作。这种观点也经不住推敲，《鬼谷子》虽然没有编入《汉书》，但在西汉刘向所编的《说苑》中曾经提到过"鬼谷子曰"。《史记》也提到了苏秦、张仪曾就学于鬼谷子，此外汉代的杨雄、王充也提到过鬼谷子与苏秦张仪的师生关系，因此此书所著的时代肯定不是六朝时期。

春秋战国时期，诸子百家的创始人的学说多由其弟子记述整理而成。由此可以推断，《鬼谷子》其书应该是奠基于战国时期的隐士鬼谷先生，经其弟子苏秦、张仪一类纵横家的丰富充实，并由苏秦整理成书，因其密传，所以不见于世，直至南北朝陶弘景时才为大众所阅读。

《鬼谷子》共包括十四篇。第一篇《捭阖》，是全书的总纲，是纵横学说的主要理论依据。《反应》《内揵》《抵巇》《飞箝》《忤合》是让谋臣策士对组织进行分析，着重从外部环境着手进行。《揣》《摩》《权》《谋》《决》则是按照事物发展的逻辑思路，讲述说服对方各个过程中所需要运用的策略。最后一篇《符言》是作为国君或者利于上位的统治者言行修养的标准，也是对前面十一篇的总结，即无论是游说也好、谋略也好、权术也好，目的就是让对方达到这样一个标准。

"捭阖术"讲了通过开放和闭藏两种状态的适当变化和控制，来探测对方的心理和说服对方，还可以通过适当排斥对方的谈话，当对方完全敞开心扉之后再加以反驳，以便探测出对方的实际情况。捭阖为应对万物的根本，化阴阳之道为行事之方，万事万物在特定的时刻都有定论，或阴或阳。智者因时因物，或顺应强化（阳），或反对弱化（阴），或阴阳兼用。

"反应术"主要说了有意识地刺探对方情况的谋略：想要听对方的话，反而沉默；想要敞开，反而收敛；想要升高，反而下降；想要获取，反而给予；想要知道对方的心里话，就要用模仿、比较的方法以便把握对方讲话的实质，投石问路是洞察事物最好的方法。"听其言，观其行"是反应的基本技巧，要听话外之话，弦外之音。

"内揵术"讲了"进说辞"和"献计谋"：如果能采用对方的意见，就可以独来独往（"用其意……出无间，入无朕，独来独往，莫能止"）；如果能获知对方的情况，就可以控制对方施展权术，可以坚持，也可以放开；如果想离去，就将危险留给他人，就像圆环旋转反复，使人不知要干什么。这是鬼谷子为人处世的秘诀，能够由疏到近，由近到亲，然后再进策，无事不成。

"抵巇术"讲了对付"裂痕"的谋略：本篇阐述了万事万物都有"巇"，智者要善于发现漏洞，甚至要促成漏洞的出现，才会得到施展才华的机会。对于不同的漏洞，要善于分析，或采用弥补的方法，维持现有秩序，或者推倒重来，开创新的天地。

"飞箝术"讲了说服人的谋略：使用语言诱使对手说话，然后以褒奖的手段箝住对方，使其无法收回；"钩箝"是一种说服辞令，以忽同忽异和手法引诱对方说出与自己内心想法一致的话，如果再达不到目的就对对方进行威胁，然后再反复试探，或者先对对方反复试探，然后再摧毁其"防御"。

"忤合术"讲了灵活应变的谋略：世间的事物没有永远高贵的，也没有永远可以效法的榜样，圣人不会恒久不变地赞同，也不会恒久不变地听从。要"因事为制"，善于"向背"，精于"忤合"。

"揣情术"讲了善于"揣度"的谋略：要在敌人高兴时去刺激他们的欲望，利用其欲望来刺探实情，还要利用对手最害怕的时机，去加剧其恐惧，从而探到实情。只有在充分权衡天下大势的情况下才能设谋定计，只有在全面理解对方之后才能说服对方接受自己的主张，此术是权衡天下大势和揣度对方的技巧，也是审时度势的具体方法。

"摩意术"讲了摩意的谋略：摩意是揣情的主要方法，用言语试探，然后知晓对方的内情。要像钓鱼一样"摩意"，一次次地去引诱其作出反应，耐心地等待其上钩，在不知不觉中获得成功。

"量权术"讲了游说的谋略：与智慧的人说话，就要凭借渊博的知识；与知识渊博的人说话，就要善于辨析事理；与善于辨析事理的人说话，就要善于抓住要点；与地位高的人说话，就要围绕着权势来进行；与富有的人说话，就要言辞高雅；与贫穷者说话，就要站在能够给他带来利益的角度；与低贱的人说话，就要保持谦和的态度；与勇敢的人说话，就要围绕勇敢果断的话题；与有过错的人说话，就要激发他的锐气，鼓励其勇往直前。

"谋虑术"阐述鬼谷谋的专篇，如将这一专篇与其他篇中的谋略内容加以归纳，"鬼谷谋"可分为谋政、谋兵、谋交、谋人四个方面。给人设谋要先分析事情的因由，看对方的心理特点和心理状态，然后再试之。

"决物术"决物是万事之先机，智者之所以能够决断正确，处事成功，源于深知事理，善于变通，因人而断，因事而断。

《鬼谷子》认为，一个成功的谋臣策士在游说之前必须"定计"，"定计"前必须"知情"。"知情"的要旨在于掌握对方的隐情，包括诸侯国的政治、经济、军事、外交以及诸侯间的关系、民心的向背和政治家本人的心性、能力、品质、憎恶、喜怒等。根据这些情况制订谋略计策，并依内外因素的变化修正自己的决策，然后加以实施。应该说，这是为谋臣策士们实施游说而提供的一套行之有效的方法和技巧。

《鬼谷子》的历史地位和影响

在世事变化无常、人际关系微妙的战国时代，鬼谷子提出了游士们应该遵循的处世原则、交友技巧以及勾心斗角的方法和手段，并特别强调了君主应该如何制臣、如何治民，臣子应该如何取宠、如何制君。从这个意义上说，《鬼谷子》是讲述如何处理好组织中各种人际关系的"世俗之书。"

在诸子蜂起、百家争鸣、你中有我、我中有你的先秦时代，《鬼谷子》无疑吸收和发展了老子和阴阳家的思想。《鬼谷子》主张阴阳化生构成万物，并从这一理论出发，认为纵横策士可以凭借个人智识、权术去"变动阴阳"，"以化万物纵横"，促使事物朝有利的一方转化。这一重视个人才智和权术的思想与老子和阴阳家相比，更具有人文色彩。

可以说，《鬼谷子》是一部教导纵横策士们从事社会政治斗争的教科书。要从事社会政治斗争，就要与人打交道。所以，鬼谷子特别注重制人钳心诡智的讲述。要控制敌手、钳住人心，就要发挥主观能动性，因地、因时、因人制宜地灵活使用各种手段：如果自己的手段不够，还要善于借用别人的力量，包括中间力量，甚至敌手的力量。要善于分析、发现和利用矛盾，拨动这些矛盾的机关，一步一步地达到自己的目的。

在人类思想史上，诡辩逻辑思想是十分重要的一环。鬼谷子以其独特的诡辩术为战国时期的策士们提供了一整套致胜诡辩术，培养了在列国纷争的舞台上扮演了重要角色的苏秦、张仪、庞涓等。在战国中后期"横成则秦帝，纵合则楚王"的关键时刻，苏秦、张仪这一对师出同门的同窗，运用《鬼谷子》的权变之术和雄辩才略，攻讦对方，扬己之长，揭人之短。以赵为主、主张合纵的苏秦与以秦为主、主张连横的张仪展开了游说六国的唇枪舌剑，他们针对不同的对象，顺其心意，指存利害，晓之以理，动之以情，游说诸侯，纵横捭阖，"一人之辩，重于九鼎之宝；三寸之舌，强于百万之师"，体现了生命的力量和存在的价值，在纷争的战国舞台上上演了一幕幕扣人心弦的历史正剧，成为当时轰动一时、举足轻重的风云人物。

《鬼谷子》一书，所揭示的智谋权术的各类表现形式，被广泛运用于内政、外交、战争、经贸及公关等领域，其思想深受世人推崇，享誉海内外。

美国人早在1955年便把台湾学者陈英略所撰《鬼谷子的心理作战方法与理论》翻译过去，纵横学说受到军、政、经营界广泛关注，被称作"国际谋略原典"。德国史学家和社会政治家施宾格勒高度评价《鬼谷子》的智谋，并强调它在当今国际斗争中的借鉴意义。有人称，德国的斯宾格勒是现代的"鬼谷子"，而美国基辛格则是现代的苏秦、张仪。斯宾格勒是20世纪初的著名历史哲学家，他的学说尤其是《西方的没落》一书中的思想，深受《鬼谷子》的影响。基辛格生于德国，曾深研过《西方的没落》一书，斯宾格勒对基辛格"有不可估量的影响"。20世纪70年代，他作为美国著名外交家，纵横国际政治舞台。当年他的中美关系"破冰之旅"至今仍为人称道。他们两人都对中国古纵横家的智谋赞叹不已，曾高度评价过鬼谷子："因有察人之明和对历史可能性的洞察以及对当时外交技巧的掌握而成为最有影响的人物。"日本不仅早有了"纵横研究院"，且自称"鬼谷信徒"者众，著名学者大桥武夫曾把一本《捭阖术》复印本称为"秘书"逐字翻读，并用现代日语将之写成"大桥派鬼谷子"，另外，他在《鬼谷子与经营谋略》一书中还挖掘了《鬼谷子》在经济活动、商业谈判中的经营谋略，此书在德国、美国及东南亚均有广泛影响。而在东南亚诸国，近年也纷纷设立机构，兴起了"鬼谷学"，菲律宾还办有相关月刊，设有"鬼谷子学术奖金"。

《鬼谷子》的评价及价值

自从《鬼谷子》传播开后，关于这本书的争论就一直没有停止过。有人认为这是一本经世之作："其智谋，其变谲，其辞谈，盖出于战国诸人之表。夫一阖一阖，易之神也。一翕一张，老氏之几也"；有人则认为此书过于功利："捭阖、钩钳、揣摩等术，皆小夫蛇鼠之智，家用之则家亡，国用之则国败，天下用之则失天下"。

《鬼谷子》一书基本上讲述的是政治谋略及技巧，诸如"捭阖术""应变术""揣摩术""抵巇术""飞箝术"等等。各种游说技巧都是建立在实现说客目的的基础之上的。其观点表明只要能够达到自己的目的，可以运用各种各样的方法手段去说服别人。这种功利主义的思想与儒家的"仁义礼智信"相冲突，因此受到了猛烈的攻击，这也正是历史上对此书评价差异很大的最主要的原因，在经过秦始皇时期的"焚书坑儒"和西汉董仲舒提出"罢黜百家，独尊儒术"之后，儒家文化成为中国古代的主流文化，其他学派则日渐衰微。因此鬼谷子谋略也受到了很大挑战，《鬼谷子》一书的研究也遇到很大的阻力。

然而，在人类的文化行为中，谋略却是一个至关重要的范畴。"谋者，所以远害就利也"。在《鬼谷子》中，专章研讨了运用谋略手段在充满偶然性与矛盾纷纷的复杂人际关系中如何"远害就利"。这些智谋在更广阔的意蕴上又何尝不是人生的智慧以及立身处世的谋略？纵横策士们，游说君主、取得宠信、建功立业，靠的都是立身处世的计谋和权术。《鬼谷子》强调"处世贵智"，要求策士们善于思考，勤于思考，凭借自己的智慧在社会上立足，倡导在社会上立身处世要运用"诡智"，以对付别人，保护自己。

鬼谷子的"诡智"谋略教导人们，对于强大的对手，如果一时不能将他制服，就要设法利用智谋使之由强转弱，使他的斗志逐渐懈怠，体力逐渐消耗，并失去依靠。而我方则要在暗地里积蓄力量，借助一切可以借助的资源，使用一切可以使用的手段，变被动为主动。一旦时机成熟了，就可轻而易举地将蒙在鼓里的对手整倒，就像熟透了的果子一样，轻轻一碰就掉下来。

当今社会也是一样，要想在所处的工作、生活圈子里站住脚，立稳身，进而有所成就，有所作为，就必须熟悉并使用鬼谷子的各类谋略，用以防范小人的陷害打击，以使自己成为所处"圈子"中的佼佼者。正如再锐利的武器它本身也没有善恶之分一样，鬼谷子的谋略并不是"小人"的专利，而是每一个想以智谋打开人生局面者的"秘密武器"。

鬼谷学说近些年越来越受到世界重视，这绝非偶然。随着经济全球化的进程，世界各国在谋求发展与合作的同时，相互间在军事、政治、经济各领域的竞争也愈来愈激烈，彼此分分合合，都在寻求竞争的致胜之道。被称作"统驭人的兵法"的《鬼谷子》，其高妙的权术谋略与处世智慧，及蕴含其中的广泛的应用价值，值得人们深入挖掘和探究，为此，我们精心编写了这本《鬼谷子全集》。本书采用了《鬼谷子》的权威原著，力求为读者提供精准的原典，并在此基础上甄别、博采众家之长，为原文作了简易通俗的翻译注释，以便于研究者参照。我们还邀请了专门从事该书研究的资深学者为每篇作了深刻的点评，同时，针对每一篇中若干意蕴深刻，具有一定应用价值的句子，精心选择古今中外有代表性的案例，对其中丰富的谋略思想加以透析、阐释，并分别归入史例解读、现代活用两类中，可使不同行业、不同背景的读者都能有所获益。本书版式新颖，设计精美，彻底打破了古典著作的沉闷风格，加之轻松幽默而又不失庄重的智谋案例，读来有举重若轻、酣畅淋漓的感觉。严密的逻辑结构，精辟的谋略案例及点评，融知识性、哲理性、故事性、趣味性于一体的特点，对读者感悟《鬼谷子》的博大精深，增长智谋和才干，大有裨益。

在写作本书的过程中，我们参考了一些近年来出版的有关《鬼谷子》的编著资料和实用案例，谨向原作者表示衷心感谢！限于笔者水平，书中难免有疏漏之处，敬请广大读者批评指正。

目录

第一篇

捭阖术

据辞海解释，捭为分开的意思，阖为闭合的意思。本篇所着重论述的就是如何选择说辞，如何掌握谈话的节奏和技巧。要根据谈话的时机、场合、对象等环境的不同，而适时地采取相对的捭阖之术。推而广之，从应用的范围来看：阳、动、刚、张、方等都可归为捭术；阴、静、柔、弛、圆则可归为阖术。变阳为阴或变阴为阳，以静制动或以动制静，以柔克刚或刚柔并济，都可以说是捭阖之术的延伸与推广。

捭阖术在春秋战国时期应用极为广泛，由于各国实力的不均，许多弱小的诸侯国便通过相互游说联合起来，以抵抗强国，保全自身，其中最为著名者当属苏秦的"合纵"与张仪的"连横"。在战争中捭阖术的应用也比较普遍，利用张弛、静动、刚柔、方圆之道的相互转化，从而找到克敌制胜的办法。

【原文】

粤若稽古①，圣人之在天地间也，为众生之先②。观阴阳之开阖以名命物③，知存亡之门户④；筹策万类之终始⑤，达人心之理；见变化之朕焉⑥，而守司其门户⑦。故圣人之在天下也，自古及今，其道一也⑧。

【注释】

①粤若稽古：粤，句首语气词。若，沿着，顺。稽，考察。意为按照一定的规律考察历史。②众生：泛指有生命者，这里指平民百姓。先：先知先觉。为众生之先：即为民众的导师。③阴阳：原为《易经》上的用语，指创造世上万事万物相反相成的二气。阳意味着春、光明、君、男性，是积极的行动，阴意味着秋、夜、暗、臣、女性，是消极的行动。阖：关闭、闭合。④门户：原指房屋出入之处，这里指关键之处。⑤筹策：原为古代计算用具，这里指计算谋划。万类：万物。⑥朕：征兆，形迹。⑦守司：掌握，把握。⑧一：同一。其道一也：指圣人的法则只有一个。

【译文】

纵观上古以来的历史，可以看出，圣人之所以生存在世界上，就是要以先知先觉的导师姿态指导芸芸众生。通过观察阴阳、分合等自然现象的变化，对世间万事万物的变化进行辨别，并进一步了解和掌握事物的本质属性，从而推算和预测事物的发展过程，及时通晓人们内心变化的规律，以便及时发现事物发展变化的征兆，从而把握和利用事物发展变化的关键，以求因势利导。所以圣人生存在天地之间，从古至今，其立身处世之道是统一在阴阳变化之中的，遵循的规律都是一样的。

【原文】

变化无穷，各有所归①。或阴或阳，或柔或刚，或开或闭，或弛或张②。是故圣人一守司其门户，审察其所先后③，度权量能④，校其伎巧短长⑤。夫贤不肖、智愚、勇怯、仁义有差⑥，乃可捭，乃可阖⑦；乃可进，乃可退；乃可贱，乃可贵，无为以牧之⑧。审定有无与其实虚，随其嗜欲以见其志意⑨。微排其所言，而捭反之，以求其实⑩。贵得其指，阖而捭之，以求其利⑪。或开而示之，或阖而闭之⑫。开而示之者，同其情也；阖而闭之者，异其诚也⑬。

可与不可，审明其计谋⑭，以原其同异⑮。离合有守⑯，先从其志⑰。

【注释】

①归：归属，属于。各有所归：指世间一切事物各有归宿。②或弛或张：弛张，《韩非子·解老》曰："万物必有盛衰，万事必有弛张"。③一：专一。所先后：应该先的东西居先，应该后的东西居后。④度权量能：指揣度权衡，比较才能。⑤校：考核、比较。伎巧：技巧、技艺。⑥夫：句首语气词。差：差别。⑦捭：分开。这里指启动对方敞开心扉，推动一切具有积极的方面。阖：关闭。这里指闭合掩藏，阻止对方，终止一切消极性的方面。⑧无为：道家的哲学思想，即顺应自然变化的意思。以牧：用来掌握。无为以牧之：用无为之术来掌握它。⑨实虚：真实和虚假。志意：意志与思想。⑩微：稍微。排：排斥贬抑。⑪贵：珍贵、宝贵。指：同"旨"，即宗旨。⑫开而示之：开启使其显现。阖而闭之：封闭使之隐藏。⑬诚：真诚，真心。⑭可与不可，审明其计谋：如果对方说的有可与不可的东西时，应首先确立自己的思虑计谋，进而判断其是否得当。⑮原：追根寻源。原其同异：考察双方意见相同或不同的根源。⑯离：离开，不一致。合：一致。离合有守：指双方的意见一致或不一致，都要信守自己的主见或者思想。⑰志：意愿。

【译文】

由此而论，虽然万事万物的发展变化无穷无尽，纷纭多端，然而最终都有其各自的规律和本质特征：有的归于阴，有的归于阳；有的以柔为特征，有的以刚为特征；有的归于开放，有的归于封闭；有的松弛不固，有的紧张难入。因此，圣人处理事务时，总是善于把握事物发展变化的关键，审慎地考察事物的来龙去脉和先后顺序。任用人才要估量其权谋和能力的优劣，然后取其所长，避其所短，因材而用。世间之人，有贤良与不肖，有聪明与愚蠢，有勇敢者与怯懦者，有仁人君子，也有苟且小人，总之是有差别的，因而针对不同的人，态度和方法也就彼此不同，（对于贤德之人）可以迎为上宾，（对不肖之人）可以拒之门外；（对聪明的人）可以引进重用，（对愚蠢的人）可以废黜斥退；（对怯懦的人）可以使其卑贱，（对勇敢的人）可以使其尊贵；总之一句话，要顺应人的自然本性，遵循无为而治的原则加以控制和掌握，可使人尽其才。要审定和选择贤才，必须考察此人才能的有无大小，性格品行的虚实优劣；可以先放任他的个人嗜好和欲望肆意行事，从而观察其意趣和志向。在和对方辩论时，可以适当地贬抑或质疑对方的言论，以便诱导他展开话题，顺畅议论；待话匣子打开后再进行反驳和诘难，从而探求出事情的原委，进而把握其真实意图。得知对方的实际情况之后，自己应该缄默不语，让对方畅所欲言，以便了解对方所言是否于己有利。全面把握了真实情况后，或者向对方敞开心扉，让对方知道自己的真实想法，或者封闭心扉，隐瞒自己的真实想法，不露心迹。敞开心扉，让对方明白自己的真实想法，前提是双方的意愿和志趣相同；隐瞒自己的真实想法，不露心迹，是要考虑双方的意愿是否相悖，诚意如何。要确定计谋是否可行，应该审慎地对计谋的不同方案进行仔细研究，这样才能弄清彼此的异同优劣之处。彼此的计谋中，有与自己的意愿相悖的，也有与自己的意愿相契合的，如果都有其合理性和可行性，应该在尊重对方意愿的前提下，确定自己的计谋主张。

【原文】

即欲捭之贵周，即欲阖之贵密①。周密之贵微②，而与道相追。捭之者，料其情也；阖之者，结其诚也③。皆见其权衡轻重，乃为之度数，圣人因而为之虑④。其不中权衡度数，圣人因而自为之虑⑤。故捭者，或捭而出之，或捭而纳之⑥；阖者，或阖而取之，或阖而去之⑦。捭阖者，天地之道⑧。捭阖者，以变动阴阳，四时开闭，以化万物。纵横反出，反覆反忤，必由此矣⑨。

【注释】

①周：周详。密：隐密。②微：微妙。周密之贵微：周详缜密的思虑以运用微妙为贵。③料其情：检验事情的真伪、善恶、良否、利害。结其诚：争取对方真诚的合作。④权衡轻重：衡量比较事物的轻重。度数：原指重量与长度的数值，这里指为君的规则。为之虑：对情况进行思考谋划。⑤不中：不符合。圣人因而自为之虑：如果意见不能得到认同，圣人就要放弃合作，而按照自己的主意去行事。⑥出之：取出使用。纳之：收纳闭藏。⑦此句意为：合适的闭藏之后获取，不合适的闭藏之后放弃。陶弘景注曰："诚者阖而取之，不诚者阖而去之。"⑧天地之道：符合天地阴阳之道，即符合自然规律的谋略。⑨纵横：自由自在的变化。反覆：覆同复，或离异或复归。忤：抵触，违反。由此：从这里发生，此，指捭阖。

【译文】

假如想要畅所欲言（和对方辩论），坦白自己的内心，抒发自己的见解，最重要的是严密周详；假如想要不露心迹，隐藏自己的观点，最重要的是要深藏不露、隐藏自己的真实意图。周详、保密的重要之处在于运用微妙而且可以谨慎地遵循客观规律的要求，与"道"有相通之处。之所以要畅所欲言地和对方激烈辩论，是为了全面了解和考察对方的真实情况；之所以缄默不语，隐藏自己的观点，是为了考验对方的诚心，找出与对方的共通之处。所有这些手段，都是为了权衡得失利害、轻重缓急，从而对对方的实力和计谋作出测度和分析，圣人会根据测度和分析的结果，谋划下一步的行动方略。假如这些分析有失轻重之理、不合度量之数，那么圣人也只好舍弃不用，另谋良策了。因此，同样是"开"，可以是把自己的观点袒露进而实施，也可以是把别人的建议纳入脑中而深藏起来；同样是"闭"，可以是采纳别人的建议并付诸实施，也可以是拒绝采纳而弃置不用。"开放"和"封闭"是世间万物发展变化的基本规律。二者会导致阴阳处于对立统一的运动之中，构成春夏秋冬四季交替，从而使得万物生死轮回、万事兴亡交替。万事万物的自然变化，或纵横，或返回，或翻覆，或忤逆，都离不开开放和封闭这种基本的运动形式的相互作用。

【原文】

捭阖者，道之大化①。说之变也，必豫审其变化②。吉凶大命系焉。口者，心之门户也；心者，神之主也③。志意、喜欲、思虑、智谋，此皆由门户出入，故关之以捭阖，制之以出入。捭之者，开也，言也，阳也；阖之者，闭也，默也，阴也④。阴阳其和，始终其义⑤。故言长生、安乐、富贵、尊荣、显名、爱好、财利、得意、喜欲为阳，曰始⑥。故言死亡、忧患、贫贱、苦辱、弃损、亡利、失意、有害、刑戮、诛罚为阴，曰终⑦。诸言法阳之类者⑧，皆曰始，言善以始其事；诸言法阴之类者，皆曰终，言恶以终其谋。

【注释】

①大化：运行变化。②说之变：游说原则和主张灵活运用。豫审：预先考察。③心：古人认为心是主宰思维的器官。所以说口是心的门户，"言为心声"。而心则是精神的主宰。④此句意为：捭是属于公开、可言及的、阳的方面；阖是关闭的、缄默的、阴的方面。⑤阴阳其和：指阴阳两方面要协调，相反

相成。始终其义：指结束和开始要适宜，即开闭有节。义：宜。⑥始：长生、安乐、富贵等等，均属于阳的方面，意味着成长，所以称作"始"。⑦终：死亡、忧患、贫贱等等，均属于阴的方面，意味着灭亡，所以称作"终"。⑧诸言：即进行游说。法阳之类者：效法"阳"道的一类言辞。

【译文】

开放和封闭的矛盾运动，是天地万物运行的基本规律。而就游说者纵横辩论而言，也存在这样的方法，所以必须事先审慎地考察对方的不同变化。吉凶命运全系于此。口是一个人袒露心灵的门户，而心灵则是一个人精神世界的主宰。每个人的志趣、喜好、思想、智谋都要通过口这个门户出入，向别人表达。因此，要通过开放和封闭来把守自己的"口"，用出和入来控制自己的言谈。所谓"捭"，就是开放、言谈、阳气（袒露）；所谓"阖"，就是封闭、缄默、阴气（隐藏）。阴阳二气必须中和、协调，那么开放和封闭才会节制有度，阴阳才能各得其宜。所以说长生、安乐、富贵、尊荣、显名、爱好、财利、得意、喜欲等，都属于"阳气"，叫作"始"；而死亡、忧患、贫贱、羞辱、弃损、亡利、失意、灾害、刑戮、诛罚等，都属于"阴气"，叫作"终"。凡是那些遵循"阳气"进行游说的谋士，其谈论的均属于"始"的内容，也就是通过论证"阳"的方面使自己的建议得到采纳，进而付诸实践；凡是那些遵循"阴气"进行游说的谋士，其谈论的则属于"终"的内容，也就是通过论证"阴"的方面来阻止对方的谋略策划实施，使其终止。

【原文】

捭阖之道，以阴阳试之①。故与阳言者依崇高，与阴言者依卑小②。以下求小，以高求大。由此言之，无所不出，无所不入，无所不可。可以说人，可以说家，可以说国，可以说天下。为小无内，为大无外。益损、去就、倍反，皆以阴阳御其事③。阳动而行，阴止而藏；阳动而出，阴隐而入。阳还终阴，阴极反阳④。以阳动者，德相生也；以阴静者，形相成也。以阳求阴，苞以德也；以阴结阳，施以力也⑤；阴阳相求，由捭阖也⑥。此天地阴阳之道，而说人之法也⑦，为万事之先，是谓圆方之门户⑧。

【注释】

①试：试行，试探。"捭阖之道"句，或开启，或闭合，都从阴、阳两方面来试探。②与阳言者依崇高：与情之阳者交涉时，要以谈论崇高来试探。与阴言者依卑小：与情之阴者谈论时，要以谈论卑小的方法来试探。③倍反：倍是背叛，反是复归。御：治理，处理。④阳还终阴，阴极反阳：指阴阳相辅相生，互相转化。⑤苞：通"包"，即包裹，包孕。苞以德：用德行去笼络。施以力：尽力办事。⑥相求：互相追求，互相结合。⑦说：游说。说人之法：游说他人的方法、计谋。⑧万事之先：办好万事的先决条件。圆方之门户：方圆变化的途径。圆方：即天地，古人认为天圆地方，故以"圆方"代称"天地"。

【译文】

若要合理运用开放和封闭的规律行事，必须从阴阳两方面来进行论证和实施。因此，与处于"阳气"中的人谈论，可以用崇高的语言来说服他；与富有"阴气"的人交流，则要用低微的语言引导他。这样以低下求取卑小的认同，以崇高求取博大的宽容。照此而论，我们就可以根据不同的人采取不同的策略，当说则说，当停则停，出入自如，天下便没有解决不了的事情，没有人不能被说服了。谋士可以用这样的方法去说服普通民众，可以说服一个家族，甚至可以掌控将相王侯，可以游说天下国君。若要成就小事，可以小到极限，没有更小的事；若要成就大事，可以大到极限，没有更大的事。所有的损害和裨益、离去和接近、背叛和复归，这些复杂的情形，都可以运用"阴阳"的规律加以驾驭和控制。面对阳势（有利的形势），就要积极运动前进；面对阴势（不利的形势），就要停止行动而隐藏。面对阳势，就要主动出击；面对阴势，就要退避隐藏。阴阳两者总是互动循环，阳势运动发展的终点是阴势，阴势运动发展的极致则是阳势。乘阳势积极主动的谋士，道德意志也会随之相生相长；乘阴势冷静处理局面的谋士，形势也会随之相辅相成。以阳势而求助于阴势，需要用道德加以包容；以阴势求助于阳势，则需要用外在的力量约束，以诚感人。阴势和阳势相互转化循环，遵循的正是开放与封闭的基本法则。这是世间万物阴阳变化的规律，同时也是游说之士所应遵循的基本法则。"捭"与"阖"、"阴"与"阳"的相辅相成，是万事万物生长变化的先决条件，也就是所谓的天地"方圆"之门户。

观阴阳之开阖以命物，知存亡之门户；
筹策万类之始终，达人心之理；
见变化之朕焉，而守司其门户。

【史例解读】

美人计挤走孔丘

春秋前期，齐国出了位大政治家管仲，他辅佐齐桓公，九合诸侯，一匡天下，成为五霸之首，鲁国也得听令于齐。可是，自管仲死后，齐国却一蹶不振。直到春秋后期齐景公时，齐国又出了一位贤相晏婴，国势才又出现上升势头，才又呈现出压倒鲁国之势。

但在这时，鲁国却也出现了一位思想家孔丘，并逐渐得到鲁定公的任用。在齐鲁夹谷之会上，鲁国因有孔丘辅佐，齐国就没讨到便宜。为此，齐景公很是忧愁，便对大夫黎弥说："鲁国日渐强盛，有压倒我国之势，如何是好？"黎弥说："这个容易。擒贼擒王，把关键人物制住，就不怕鲁国压倒我国了。只要把孔丘挤走，鲁国就强盛不起来了。"齐景公说："这个道理我也知道，可孔丘如今正得宠，怎能把他挤走呢？"黎弥说："这好办。俗话说：饱暖思淫欲，贫穷起盗心。鲁君本是好色之徒，其手下臣僚中亦不乏好色之辈。孔丘却是讲'政者正也'，强调国君要做表率的。我们送一队女乐给鲁君，让他沉迷其间。孔丘见国君如此，必定生气，觉得前途黯淡，就会自动离开。"景公便依计而行，令黎弥去挑选了八十名美女，教以歌舞，授以媚术。训练成熟之后，又选出120匹好马，特别修饰，配以雕鞍，连同美女，一起送到鲁国，暂时被安排到鲁都城南门外驿馆中。

鲁国重臣季斯本是好色之辈，他抢先得到这一消息，乐不可支，便偷换便服，乘车去南门外偷看，以探虚实。只见齐国美女载歌载舞，个个妖艳动人，把季斯看得目瞪口呆，意乱神迷。自此之后，他天天微服去南门外欣赏，连朝见君主的事也忘了。定公三番五次宣召，才把他召进殿里。定公把齐国赠送美女、名马的信交与他看，商量定夺之策。他一口答应，并添油加醋地描述起齐女之美态，把定公说得按捺不住，立刻换上便服，与季斯前去偷看。其实，齐使是认识这位定公的，见他偷偷来看，便知事情成了一半，于是暗中传令，让舞女加力表演。舞女得令，摆臀摇胸，巧笑媚视，手引眼勾，把定公看得神荡魂飘。他立即回宫，传见齐使，接受美女名马。自此，"春宵苦短日高起，君王从此不早朝。"鲁定公一心只在美女身上，早把国家大事抛到九霄云外。

孔丘闻说，连连叹气，子路便劝他离鲁周游，以求明君。孔丘并不甘心，说："不几天便是郊祭大典了，看国君的表现再说吧！"哪知郊祭那天，定公心不在焉，草草祭完，连祭肉都没顾上分割发送，便急急忙忙回宫享乐去了。孔丘长叹一声，终于下定了决心，离开鲁国，开始了他长达14年的周游。自此之后，鲁国一蹶不振，成了齐国的附属国。

【点评】

"观阴阳之开阖以命物，知存亡之门户"，就是通过观察阴阳、分合等自然现象的变化，对世间万事万物的变化进行辨别，并进一步了解和掌握事物的本质属性，从而找到解决问题的关键所在。而在处理事情时最关键的莫过于搞定对方的关键人物，这就是"擒贼先擒王"的道理。齐国设美人计麻痹鲁国君臣，气走使鲁国走向强盛的关键人物孔丘，鲁国从此一蹶不振，并沦为齐国的附属国，从而达到了制服鲁国的目的。

利用水、火助攻

秦末项羽刘邦争霸之时，刘邦派韩信率兵攻下齐国，齐王田广狼狈逃窜，退至高密（今山东高密西）固守，并向项羽求救。项羽派大将龙且支援。龙且急于交战邀功，不听别人劝阻。于是，与齐楚联军在潍河两岸摆开了阵势。

头天晚上，韩信派人先到上游，用一万只泥袋将潍河主流堵住，汹涌的河水顿时减缓了许多。第二天，韩信率领一半人马渡过潍河攻击龙且。

龙且亲率兵马迎战。交手不久，韩信佯装不敌，撤回河西岸。龙且一见大喜，立即率兵渡河，追杀韩信。韩信命人扒开堵住河的泥袋，积蓄了半夜的河水汹涌而下，河中的兵士被冲走。过了河的兵马一看后无援军，也无心恋战，被韩信返回头来杀得抱头鼠窜，龙且也被杀死。没过河的兵士失去了指挥，像无头苍蝇一般。韩信带兵渡过潍河，乘胜追杀，大获全胜。

火也是古代战争中的关键。火烧赤壁，大挫曹操大军的故事已为大家熟知。其后，东吴陆逊又用此计大破刘备。

刘备大将关羽目中无人，被东吴杀掉。刘备为替义弟报仇，不顾联吴大局，率20余万大军杀奔东吴。东吴求和不成，派镇西将军陆逊率5万人马迎战。两军相持了半年，未分胜负。时值盛夏，天气炎热，刘备便命大军沿江扎营，40余座大营相连。陆逊见状，命人带上火种，顺风放火，隔一营烧一营，霎时，40余营皆被引燃，形成了一条长长的火龙。蜀军损兵折将，刘备也险些被俘，自此大伤元气。

【点评】

"见变化之朕焉，而守司其门户"，就是及时发现事物发展变化的征兆，从而把握和利用事物发展变化的关键，以求因势利导。水也好，火也罢，作为战争中的关键之物，在于人去运用。两军相争，智者取胜。你能根据天、地、时等具体情况，巧妙地运用智谋，你就可能取胜制敌；否则，你便会惨败。

【现代活用】

白花油"守司"品牌

白花油企业的创始人颜玉莹原是做糖果、面包等小生意的。结婚后妻子刘氏从娘家带来一则祖传秘方白花油，这种药油由薄荷脑、冬季绿油、桉叶油、熏衣草和樟脑等天然草药配制而成，主治肚痛、感冒鼻塞、蚊虫叮咬等小毛病。原本这种自制药只是家用，因药效特好，亲朋好友纷纷来讨用。有鉴于此，颜玉莹突发灵感，决定试销白花油。

为了打开白花油销路，使白花油家喻户晓，颜玉莹用出奇制胜的手法大肆进行宣传。他亲自和伙伴们一起，到港九新界每个角落张贴街头广告，或钉上铸有白花油字样的铁皮商标以广招顾客。后来他又想法子把铁皮商标钉在流动船只上，以吸引市民注意，而每月付给船主的广告费仅一元或几角就够了。这种广告费用少，收效大。他最成功的一次宣传，也许要算1953年在香港的义卖救灾运动中，因捐钱最多而摘取慈善桂冠，因此，白花油销量直线上升。为了吸引人们长期使用白花油，他还在香港开设了白花油慈善会有限公司。凡报名成为会员的，只要每月购买一瓶白花油，此人去世后，其遗产继承人便可以领取一笔可观的抚恤金。这种做法很吸引人，该慈善会吸收会员最多时达一万人。白花油的名声越来越好，变得家喻户晓。

白花油所以能够长销不衰，除效果好、宣传有力外，以不变应万变的策略也是很重要的一个原因。该企业从开创至今，这种药的配方始终没变，就连它的玻璃瓶子的设计和外包装也一成不变。颜玉莹认为，一种为消费者欢迎的商品形象，是经过长年累月的经营才建立起来的，它的包装形象已深入用户脑中，不应轻易改动。一种药能够风行几十年，是经过了用户的考验的，是被用户认可的。既然它已被用户所接受，贸然更改肯定是不明智的。

【点评】

在商战中，树立商品的品牌形象，"守司其门户"以不变应万变取得成功的不乏其例。白花油企业深谙变与不变的道理，不仅药油的配方始终没变，就连它的玻璃瓶子的设计和外包装也一成不变，成功地保持了商品的质量品质和固有形象，使自己在激烈的市场竞争中立于不败之地。

变化无穷，各有所归。
或阴或阳，或柔或刚，或开或闭，或弛或张。

【史例解读】

火牛阵田单复齐

战国时期，燕国差点儿被齐国灭掉。后来，燕昭王即位，设"黄金之台"，广招人才，准备报仇。而齐湣王却蒙在鼓里，听从燕王间谍苏秦之谋，攻占宋国，引起了诸侯恐慌。燕昭王趁机联合秦、赵、韩、魏，发兵攻齐。半年时间，齐国除莒城（今山东莒县）、即墨（今山东平度）两城外，其余70余城尽被燕将乐毅率领的联军攻占。

即墨的守将是田单，他是个很懂得计谋权术的人，指挥军民共同固守，使乐毅打了三年，也没攻下来。等到燕昭王去世，燕惠王即位后，田单派人去燕都施"反间计"，让燕惠王用武夫骑劫代替了老谋深算的乐毅。田单又施

"刚柔弛张计"，派城中老者到城外骑劫大营献上黄金，说城中粮草将尽，兵员大减，守城者多为老弱妇孺，田单已准备投降，这样做是为了麻痹燕军。田单派人准备了一千头牛，给牛画上怪异花纹，犄角绑上尖刀，尾巴拴上浸了油膏的苇草，又挑选了五千名壮士，让他们吃饱待命。

夜深了，燕军听说齐人准备投降，便放松了警惕。田单令人凿开城墙，打开城门，点起牛尾巴上的油草。牛被烧疼了，瞪圆眼睛，冲出城外，见人就撞。燕军从睡梦中惊醒，只见一群怪物头顶尖刀冲来，吓得扭头就跑。五千壮士跟在牛后面掩杀过去。燕兵抱头鼠窜，溃不成军。

田单一口气收复了齐国失去的70余城。

【点评】

这是刚柔兼施、软硬并用的"火牛阵田单复齐"的历史故事。古人在使用刚柔弛张术时，不但"软""硬"交替使用，也常常"软""硬"同时使用，以"软"蔽"硬"，以"硬"辅"软"，两法兼用，相得益彰。

【现代活用】

哈默柔招创品牌

第二次世界大战期间，为了节约粮食，美国政府禁止酿酒。极具经营头脑的哈默已算计到，威士忌必定会变得稀缺。行情看准后，他急忙买下了美国酿酒厂的股票6000股，此时每股的价格几十美元。他向酒厂提出，用酒作股息付给他。酒厂老板自然应允，这等于给酒厂扩大了业务，哪有不答应之理？两个月后，股票的价格已经涨到每股150元，威士忌价格猛涨。按股息，哈默得到了6000桶酒。他把这些酒统统装进特制的酒瓶里，贴上商标，抛向市场。市场上已很难买到威士忌，所以哈默把这种酒一送上柜台，立即就销售光了。店铺门前常常有人为买酒而排起长队。很快，作为股息付给他的酒就销出去了一半。

酒厂的老板们看到哈默用他们酒厂生产的酒发财，心中很不情愿，联合起来对付哈默。他们想通过倾销低价的混合威士忌酒把哈默挤出酒市场。他们先把每瓶酒降到8美元，哈默跟着把每瓶酒降到7.49美元，这个价格虽然赚不了钱，但也不会亏本，哈默利用薄利多销的办法，还是有利可图的。可是酒厂老板们见这个价压不倒哈默，他们就在酒里掺了35%的谷物酒精，以此来降低成本，每瓶酒标价只有4.49美元。哈默得知信息后，立即将所有的威士忌降为每瓶4.45美元。

有人不解地说："酒厂卖的是混合酒，成本本来就不高，现在你将真的威士忌卖得这么便宜，是在做无利的买卖，值得吗？

哈默很有把握地说："诀窍就在这里。顾客自然会对两种酒进行比较，用4.49美元买的是假酒，用4.45美元买的是真正的威士忌酒，那人们当然都愿意买我们的酒，这样我们的牌子就打响了。今天我虽然少赚点钱，但花钱树立品牌也是值得的。从长远看，我们的酒能争得市场。"

果然如哈默所料，他的企业出售的丹特牌威士忌酒不久便成为名酒，价格虽重新以名酒标价，但销量一直不错，每年销售达100万箱。哈默又一次获得成功。

【点评】

"变化无穷，各有所归。或阴或阳，或柔或刚"。哈默根据形势的变化，对威士忌酒股票的行情做出了准确的判断，然后悄无声息地以低价买进大量股票，是柔招；用酒作股息，是柔招；采用薄利多销的办法，是柔招；最后，少赚钱甚至不赚钱只为创品牌，用的也是柔招。

审察其所先后；
度权量能，校其伎巧短长。
夫贤不肖、智愚、勇怯、仁义有差，
乃可捭，乃可阖；乃可进，乃可退；
乃可贱，乃可贵，无为以牧之。

【史例解读】

诸葛亮精心择官

诸葛亮以其隆中策预见天下三分，显示其大才；以其鞠躬尽瘁尽忠蜀汉，显示其大德。其人如此，其择官也以德才兼备为准则。

诸葛亮第一次北伐向刘禅上疏，即《前出师表》，疏中说：

"亲贤臣，远小人，此先汉所以兴隆也；亲小人，远贤臣，此后汉所以倾颓也。先帝在时，每与臣论此事，未尝不叹息痛恨于桓、灵也。"

桓帝、灵帝是东汉末年的皇帝，二人都信任宦官，大兴党锢之祸，杀戮贤臣，以致社会动荡不安。诸葛亮上《前出师表》时，刘备已去世，由他执政辅佐刘禅，故在出征前总结了先汉与后汉兴亡的经验教训，谆谆告诫刘禅，不要学桓、灵二帝"亲小人，远贤臣"，要学先汉"亲贤臣，远小人"，才能使蜀国兴隆，复兴汉室。

诸葛亮在《十六策》里指出："治国之道，务在举贤。若夫国危不治，民不安居，此失贤之过也。夫失贤而不危，得贤而不安，未之有也。"因此，诸葛亮在治理蜀国时特别重视选拔德才兼备之士。

他推荐董允为侍中，统宿卫重兵，负责宫中之事。刘禅欲增加后宫嫔妃，董允认为古时天子后妃之数不超过12人，今已足数，不应增加。刘禅宠爱宦官黄皓，黄皓为人奸佞，想干预政事，董允上则正色匡主，下则数责黄皓，他在时，黄皓不敢胡作非为。

蒋琬、姜维都是诸葛亮精心选拔的接班人。

蒋琬入蜀，开始时任于都县令。刘备前去巡视，正看见蒋琬饮酒醉倒，不理政事，非常生气，要杀掉他。诸葛亮深知其人，为之说情：

"蒋琬，社稷之器，非百里之才也。其为政以安民为本，不以修饰为先，愿主公重加察之。"

刘备敬重诸葛亮，听到他所言，没有惩罚他。后来诸葛亮提拔蒋琬为丞相府长史，每次出征，他都足食足兵以相供给。诸葛亮经常赞蒋琬为人"忠雅"，可与他一起辅佐蜀汉大业。诸葛亮死前，秘密上表给刘禅：

"臣若不幸，后事宜以付琬。"

诸葛亮死后，蒋琬执政，其人大公无私，胸怀广阔，能团结人。同时他能明知时势，做到国治民安。

姜维继诸葛亮复兴汉室之志，屡次北伐，虽无大胜，但魏兵也不能侵入。等到司马昭派大军伐蜀，刘禅昏庸，不听姜维派兵扼守阴平的主意，终于使邓艾得以偷渡而直捣成都。

刘禅献城投降，并命令姜维也投降。姜维想假借投降的机会，杀掉钟会，复兴蜀汉，最后没有实现。其夙愿虽未实现，足见其忠烈。

刘备死后，有诸葛亮及其后继者蒋琬、姜维等辅佐，刘禅昏庸之主，才能在帝位达40年之久。而曹操死后，其子曹丕篡汉，魏立国虽有45年，但早在

17年前司马懿就发动政变夺取曹爽的军权，魏政权已归司马氏，魏已名存实亡，魏政权存在实际只有28年。孙权死后，孙亮立为吴帝，内部不和，国势日弱，遂被晋灭，孙权后人掌权只有27年。三国相比，蜀汉政权比较稳固，没有内部互相倾轧、争权夺利的事情，这正是有德才兼备的人才辅佐的缘故。

【点评】

"度权量能，校其伎巧短长"意思是任用人才要度量其智谋和能力的优劣，考核其才能道德的短长，这也可以看作是选人用人的评判标准。诸葛亮为刘禅精心选择有才能的官员，正是遵循了这一原则，才使有能之士各司其职，各尽所能。

利而诱之用人才

春秋时期，子产担任郑国的宰相。他不但精通治国之道，而且能够根据别人的优点和缺点，扬其长，避其短，挖掘出别人最大的潜能。

伯石是个很有才华的人，但其缺点就是重利益和爱面子，可子产仍然很重用他。一次，他派遣伯石独自外出到别的国家办事。临行前，子产还没有交代任务，就问他："这次出去你任重而道远，要是完成得出色，我会重重赏赐你。你想要什么奖赏呢？"

伯石毕恭毕敬地回答说："为大王做事是我应尽的义务，我愿意为您效忠，还谈什么赏赐呢？"

子产和蔼地笑着说："有功即可受禄。事成之后，你就搬到西城街上的那幢富丽堂皇的房子里去住吧！"

伯石已经心有所动，但表面上仍然露出一丝难色，答道："这样不太好吧，一来我还不知道能否完成任务，现在领赏别人会在背后议论；二来我现在的住处和那里相隔甚远，马上就要走了，一时也不能搬过去……"

子产打断他的话说："这些都是无关紧要的事，你放心去办事，这些事情我会安排妥当的。"

伯石高高兴兴地走了，一旁的门生不解地问子产："他身为大臣，为国家办事效劳是应该的，而且本身就拿了俸禄，您为何还要另外给他赏赐？更何况其他大臣从来没有这样的待遇，难道他有什么值得特别嘉奖的吗？"

子产回答说："每个人的性格都是不一样的，我明白伯石这个人，他很看重利益。虽然表面上说得很好听，其实那都是虚伪之辞。每个人都有私欲，更何况是他！如果我多给他一点利益，他就肯定会尽心尽力地办事，而且我相信他有这个能力！"

"但是你不满足他的私欲也不会有什么坏结果，毕竟那是他分内的事情！"门生还是不解。

"你这样想就错了！"子产回答说，"那样他只是因为畏惧大王的威严去办事，就算完成了，他也会心怀嫉恨。时间长了，说不定他会做出什么坏事来。对于这种人就要利而诱之，为己所用。"

伯石回来后，就住进了那座大房子里。子产又和郑王商量赐给他一座城邑，伯石乐不可支，但是又假装交回封地，子产也就故意收回，过了几天，又重新发布命令赏赐给他。如此这般三次，伯石才接受。

门生又好奇地问："第一次不要就算了，要么一次就赏给他，为何还要这样推来推去？"

"我是故意这样做的。他这个人虚伪，这样既显得他谦虚礼让，又满足了他的私欲，一举两得。"

子产知人善任，不仅没有因为别人的欲望和虚伪弃而不用，还利用别人的缺点，做到了人尽其用。由于子产对伯石的优点和缺点了如指掌，在他掌权时，伯石的地位始终没有超过他。

【点评】

"夫贤不肖、智愚、勇怯、仁义有差"意思是说人的性格各不相同，所以对待各色人等的态度和方法也应灵活掌握。子产成功用人之处便是抓住了伯石的虚伪与好利，从而以利诱之，使其忠心为自己做事。

入情入理逐佞臣

齐桓公拜管仲为相后，齐国在管仲的治理下日益富强，管仲也被尊称为"仲父"。

不幸的是，他年事日高，身患重病。齐桓公专程探望，见到管仲病中的凄惨模样，不禁在一旁垂泪。

"恐怕我不久就要离开人世，再也不能为您效劳了。您也应该考虑一下合适的人选来填补相国的空缺。"管仲说。

"我这些日子也想过，只是不知道把国政交给哪一个才放心！您看鲍叔牙怎么样？"

鲍叔牙是管仲多年的朋友，也是他的恩人。听完齐桓公的话，管仲立即回答说："鲍叔牙这个人德才兼备，但是他不适合做相国。他对别人的过错和缺点深恶痛绝，一旦牢记在心，就久久不忘。作为相国没有虚怀若谷的胸襟怎么能与其他大臣和睦相处呢？如果这一点都做不到，又怎么能处理好国政呢？"

"那易牙可以吗？"齐桓公又说出一个名字。

管仲马上摇头，说道："我正要提醒您呢，易牙、竖刁、开方这三个人千万不能用！"

桓公大吃一惊，问道："这是为什么？举国上下都知道他们三人对我忠心耿耿啊。"

"我也知道易牙曾经把自己的孩子杀了，蒸熟了给您吃。但是所谓'道是平常心'，他这样超乎常情常理的举动，恐怕不是什么好事。"

"但是他爱我胜于爱子，对我仁至义尽，这还有什么值得怀疑的吗？"齐桓公还是有些不解。

"'虎毒不食子'，今天他能对自己的亲生骨肉下毒手，明天对您还有什么做不出来的呢？"

桓公又问："那竖刁呢？为了能侍候寡人，他阉割进宫，拿自己的身体回报我。这应该没有什么可以怀疑的吧？"

"这样的人如此狠心，连自己的身体都不爱惜，到关键时刻会不摧残君主您吗？"

桓公接着提起开方，问："他是堂堂卫国公子，却舍弃尊贵的地位，甘愿做寡人的臣子。人情莫亲于父母，他父母去世时，他忙于辅佐我竟然没有回去奔丧。他对我的忠心日月可鉴，对他，我没有半点怀疑。"

"他舍弃富贵必定是想得到更多的富贵。您想想，一个人对父母尚且如此，还能指望他一心一意地回报他人的恩情吗？您不要一味地为那些人特殊的言行感动，异于常情之举，必定暗藏企图！"

桓公觉得管仲所说很有道理，于是就把他的嘱咐铭记在心，渐渐疏远了三人。

【点评】

"乃可捭，乃可阖；乃可进，乃可退；乃可贱，乃可贵"，意思是对所了解的人可以利用，可以废黜，可以使其低贱，可以使其富贵。管仲在以平常心洞察出隐藏在齐桓公身边小人的险恶后，力劝其切不可重用易牙、竖刁等人，所以后来桓公逐渐疏远了三人。

【现代活用】

没特色就创造特色

进入秋季，家电产品中的洗衣机，进入销售的旺季。当时，声宝牌洗衣机在市场上屈居国际、三洋、大同三家之后，排名第四，若不力求突破，在生产、销售、服务均不符合经济效益的情况下，势必沦为边缘产品而惨遭淘汰。

站在广告公司的角度来看商品，如果商品有特色，广告策划就比较容易，效果也较好，商品如果缺乏特点，广告影响力就弱。因此，广告公司最怕的就是商品没有突出的特点，而洗衣机又偏偏是所有家电产品中，差异性最小的一种商品，很不容易找到具有说服力的特色。

广公司的工作人员首先进行了三项市场调查，分别抽样访问了经销商、曾用过洗衣机的家庭主妇，以及未曾使用过洗衣机的家庭主妇。目的在于了解他们对洗衣机的看法及使用经验。

这次的市场调查，得到一个很有价值的结论：洗衣机是无法把衣服洗干净的机器。

至于为什么洗衣机无法把衣服洗干净的问题，尚无定论。除了袖口、领口的部分本来就无法洗净之外，大家的看法是衣服在洗衣槽内，因水流的关系而打结，绞成一团，衣服没有充分和水及洗洁剂完全接触，当然无法把衣服洗干净。

广告公司人员了解到了消费者的"心声"，等于找到了问题的答案。如果能针对衣服打结的问题作强有力的说服，或许就可以突破困境，也就是说只要能提出具体有力的证据，证明声宝牌洗衣机洗衣服不打结，那不就可将声宝定位于洗净力最强的洗衣机了吗？

然而，困难就在于"具体且有说服力的证据"比较难找。于是，一场"无中生有"的脑力战就此展开了。

大家都知道，洗衣机带动水流是靠"回转盘"的转动。但是，各种品牌的广告，却从未对"回转盘"作重点介绍，主要原因是，回转盘从外表看起来都一样，因此没什么好说的。

不过，该广告公司的策划人员却在仔细观察比对、了解各种品牌的回转盘之后，有一个小小的发现，那就是，声宝牌的回转盘除了四瓣花纹之外，还有四个很小的小瓣。

他们以此小差异去请教设计开发部的人，看看有什么意义或作用，回答是为了"美观"，除此之外，毫无用途。虽说根据流体力学原理，它会对水流产生若干阻力，但对整体水流，强反转、弱反转、强漩涡、弱漩涡，影响都是"微乎其微"的。

尽管专家们认为小瓣对水流的阻力"微乎其微"，但这个小差异，已足够广告人员创造一个不错的广告方案了。

于是，"复合式回转盘"——一个无中生有的名字在大家的酝酿中形成。它的功能是在洗衣服的时候，在大的水流中产生小的水流。因此，衣服和水、清洁剂接触的机会就增加，衣服当然就洗得更干净。

这样，以"衣服不会绞在一起"为介绍重点的广告方案就完成了。不论是报纸还是电视，广告内容都只强调一句话："衣服不会绞在一起。"

这个广告推出以后，不到一个星期，就在市场上产生了极大的反响。声宝的销售量节节上升，达到供不应求的地步。

【点评】

上述声宝牌洗衣机成功的广告策划在于三步。第一步，即"知存亡之门户"，了解到了消费者的心声是洗衣机无法把衣服洗干净。第二步，"度权量能，校其伎巧短长"，找到了声宝牌洗衣机的特点——"复合式回转盘"，其"优点"恰恰在于可以把衣服洗干净。第三步，"守司其门户"，抓住特点大做文章，不论是报纸还是电视，广告内容都只强调一句话："衣服不会绞在一起。"在这三步当中，第二步创造特色是关键所在。

皆见其权衡轻重，乃为之度数，圣人因而为之虑。

其不中权衡度数，圣人因而自为之虑。

……捭阖者，天地之道。捭阖者，

以变动阴阳，四时开闭，以化万物。

【史例解读】

苏代说公仲侈

战国后期，楚国谋划出兵攻韩，韩国十分紧张，忙向已附属于自己的东周征调兵丁、粮草、武器。但东周此时自顾不暇，哪有多余的人力、物力支援韩国？再说，又怕这样一来，激怒了邻国楚国，楚国一怒之下会把自己灭掉。故而，东周王接连好几日忧心忡忡。苏代见状，忙问原因。听东周王讲了前因后果之后，他笑了笑说："不必担忧。我到韩国走一趟，不但可使他们不再向我们征兵征粮，还可让他们白送我们一块地盘。"东周王半信半疑地把苏代送走了。

苏代到了韩国，对韩相国公仲侈说："我来之前，曾听说楚国的大臣向楚王说：'韩国久战，已十分疲惫，国空民乏，粮食奇缺，无力持久坚守。我们出兵，不出一个月，定能攻下韩国都城。'但楚王没抓到真凭实据，对这些话将信将疑，没敢发令攻打。但在这样的紧要关头，您却向东周征兵征粮，不是正把自己的弊端暴露给敌人，让楚王下决心猛攻韩国吗？"公仲侈说："我怎么没想到这一点呢？您说该怎么办？"苏代说："我为您打算，倒不如这么办，马上停止向东周征调兵丁粮饷，再把高都之地送给东周，以显示自己的实力强大。"公仲侈说："我不向东周征兵征粮，已够仁义了，岂能白白将高都奉送给东周？"苏代说："将高都送给东周，东周必然死心塌地跟随韩国。楚国知道后，必与东周断交。以高都作代价，取得一个死心塌地的邻国，为什么不办呢？"公仲侈一听，连声叫好，依计而行。楚王见韩国这番举动，以为韩国国力强盛，难以攻下，也没敢发兵。而东周不仅没有被征调兵丁、粮草和武器，反而白白得到高都，成为最大的赢家。

【点评】

"其不中权衡度数，圣人因而自为之虑"，就是说圣人对对方的实力和计谋作出测度和分析，假如这些分析有失轻重之理、不合度量之数，那么圣人也只好舍弃不用，另谋良策了。苏代从东周的立场出发，反对韩国向已附属于它的东周征调兵丁、粮草、武器，因此表面上是在为韩国（为人）谋划，实际却是在为东周（为己）效力。

【现代活用】

迟半步捭阴为阳

在商战中，"迟人半步"的方法往往会收到奇妙的效果，其关键在于这条妙计将强大的进攻融入看似平静的防守之中了。

新产品的开发，国外许多大公司都有自己独到的手段，但"迟人半步"的方法更受人青睐，使采用者受益颇大，被奉为新产品开发的良策。

日本的日产汽车公司，为了开发生产"SANI"汽车，不惜动用大量的人力物力在全国公开征求车牌，花大钱搞推销宣传，获得了极大成功。这一成功也使得丰田公司欣喜若狂。原因何在？因为"SANI"汽车的大宣传在日本全国激起了人们对汽车的兴趣。这对丰田公司来说，无异于为它铺了一条通向成功的康庄大道，借着人们对汽车着迷的热潮，丰田公司充分研究了"SANI"汽车的优缺点，制造了比这种车更好的"科罗娜"车。"科罗娜"投入市场后，使丰田公司获得比日产公司更佳的经济效益。

日本的松下电器公司，也是"迟人半步"方法的得益者。有人称它是一家模仿公司，对此，松下公司毫不介意，因为它从这种做法中得到了极大的益处。

美国国际商业机器公司，几乎从未首先在市场上推出过尖端新技术产品，它都是从比它领先的公司中得到教训，吸取经验。正如有些专家们分析说：国际商业机器公司的新产品经常比其他公司设计得好，其得益于比人慢半步。数字计算机公司总结这方面经验时也说："我们有意在技术上落后二三年，我们让试用户，如政府部门，推着我们走，然后，我们研制出一种可靠的商品供最终用户使用。

休勒特—派克德公司更有自己的诀窍：只要别的公司有新产品问世，他们公司的工程师就会向用户探寻那种新产品的优缺点，探寻用户有什么具体要求，用不了多久，他们的推销员就会登门来推销完全符合用户要求的新产品了。结果用户满意，收益大增。

这些公司总是迟人半步，甘居第二，并不是因为他们的技术能力差，而恰恰是在这迟迈的半步上做出了好文章。

【点评】

在商战中，"迟人半步"的方法往往会收到转阴为阳，后发制人的奇妙效果。其关键在于，这条妙计将强大的进攻融入看似平静的防守之中，充分调动企业的主观能动性，积蓄力量，潜心研究，从领先自己的公司中得到教训，吸取经验，创造出设计更先进、更符合市场需求的产品，从而取得更好的经济效益和巨大的成功。

阴阳其和，始终其义。
……阳动而行，阴止而藏；
阳动而出，阴隐而入；
阳还终阴，阴极反阳。

【史例解读】

卧薪尝胆终灭吴

春秋末年，正当各诸侯国争霸之际，吴、越两国兴起于现在的江苏南部和浙江一带，它们与楚国相邻。开始，吴国较强，越国较弱，两国素来不和。后来，晋国曾联吴制楚，而楚国则联越制吴，吴越两国更成了世仇。公元前496年，越王允常刚逝世，吴王阖闾乘机攻打越国，但由于时机不成熟，吴军被越国打败，吴王阖闾中箭受重伤而死。

公元前494年，吴王夫差为了报杀父之仇，发动兵马，向越国进攻。吴军在梅山之战大获全胜，越军被打得落花流水，几乎全军覆没，退守在会稽山。越王勾践后悔当初没有听范蠡的劝告，最后他与众臣商议，决定跟吴王讲和。吴王提出了一个条件，他要越王夫妇到吴国给自己当仆人。夫差的大臣伍子胥极力反对，要求直接杀死勾践，以绝后患。但夫差有心要羞辱勾践，便拒绝了伍子胥的建议。勾践与大臣文种和范蠡经过一番谋划之后，答应携着妻子心甘情愿侍奉夫差。从此以后他们天天侍奉吴王，处处安分守己，时时小心谨慎，为吴王打扫马厩，执鞭牵马，甚至亲口尝夫差的粪便，来观察夫差的病情。夫差叹息道："勾践今日如此对我，这些是我宠信的大臣和儿子都做不到的啊！勾践对我的确忠心耿耿！"感动之余，吴王决定放勾践夫妇回国。

勾践回国以后，发愤图强，笼络群臣，教养百姓。十年卧薪尝胆，国力大大增强，他便等待时机讨伐吴国，以雪耻辱。勾践虽然报仇心切，但并未鲁莽行事，他时常对众人说："两国交兵，除将士有必死之心，战马有一日千里之力外，后方补给是很重要的，有许多国家征伐别国时，都是因为后方补给跟不上，才被迫撤离的。我军若与吴国交战，一战必胜尚可，若成两军对峙，便不妙。所以欲灭其国，先断其粮草，此乃上上之策啊！"于是，勾践趁吴使前来讨债要粮之际，便命令百姓将粟米蒸熟，然后来官府换取两倍的生粟米。百姓们见有利可图，日夜不停地蒸粟米。不几日，勾践便派人将十万斛熟粟米交给了吴王，并称这种粟米最适合播种之用。吴王见米粒大而饱满，便相信他，命人拿去播种，可百姓播种后却都不发芽，吴国因此大闹饥荒。再加上此时的夫差狂妄自大，连年用兵，总想凌驾于各个霸主之上。而且他又迷恋酒色，贪图享乐。尤其是勾践把西施献给他以后，使他感到勾践对他仍是忠心不渝。当伍子胥向他提出忠告时，反而引起了他的憎恶，最后派人给伍子胥送去一把宝剑，逼得伍子胥自杀而亡。

公元前478年，越国发动了对吴国的战争，越军获胜。公元前475年，越军围困吴国都城姑苏，吴国军民无衣无食，纷纷逃离。吴王夫差见已是山穷水尽了，忽然想起了伯嚭曾经对他说过的话："当年越王乞和存越，甚至不惜自身为奴，大王何不仿效呢？"于是就派人向越求和。勾践问各位大夫的意见。范蠡说："我请大王不要忘记越国的经历。20年来，我们日夜想念的是什么？世代争夺的是什么？请大王好好考虑！"勾践接着说："对，当年，老天爷把越国赐给吴国，吴国不取；如今，老天爷把吴国赐给了我们，我们岂能违抗天意而不取呢？请你转告吴王，我可以让他当个百户人的君主"。夫差绝望了，随即拔剑而起，仰天长叹："我实在没有脸面去见伍子胥啊！"说罢，伏剑自杀而死。称霸一时的吴国，最终被越所灭。此后，越国曾强盛一时，越、楚之间也有过激烈的争夺。到战国时期，越国逐渐衰弱了。

公元前306年，越国为楚国所灭。

【点评】

从本篇的捭阖之术来看，勾践运用的是阖术。他先是主动求和，保全了性命；而后忍气吞声在夫差膝下为奴，得到信任，被释放回国，从而取得了一雪前耻的机会；接着在暗中积蓄力量，又不露丝毫的痕迹，以等待有利时机发动反击，在形势对自身有利后，以"捭"术主动出击，从而取得了大胜。

巧舌诡辩蒙楚王

公元前314年，齐宣王和楚怀王结成了联盟，声势很大。秦惠文王原计划去攻打齐国，但无法得逞。苏秦死后，"合纵"的局势并未完全改观，要想实行张仪的"连横"策略，非把齐、楚联盟破坏不可。于是，秦相张仪来到了楚国。张仪聪明过人，巧舌如簧。他先找到楚王最宠信的大臣靳尚，又是送礼又是许愿，极尽拉拢之能事，然后去见楚怀王，表示秦王愿同楚王交好。

楚王直言不讳地说："秦王一向霸道，总是向别人索取土地，不给就出兵攻打，怎么交好？"

张仪说："现在天下就剩下七个国家，其中又数齐、秦、楚最为强大。如果秦、齐联盟，齐国就比楚国强大；如果秦、楚联盟，楚国就比齐国强大，这就看您怎样选择了。现在秦王愿同楚国交好，还愿把商于一带600里的土地送给楚国，你何乐而不为呢？"

楚王是个目光短浅而又刚愎自用的人，一听说能得到商于之地600里，就很高兴地说："如果能得到秦国的信任，削弱齐国的势力，更能得到600里的土地，我当然愿同齐国绝交。"

大臣们见风使舵，都纷纷拜贺，唯有客卿陈轸反对说："齐、楚联盟，才使得秦国不敢攻打齐国或是楚国。秦国愿送600里土地给楚国，目的就是要拆散齐、楚之间的联盟。如果同齐国断了交，而张仪又背信弃义，不肯交出土地，那该怎么办？到那时，如果齐国和秦国再联合起来攻打楚国，楚国岂不是要灭亡了吗？大王不如先接受商于之地，再同齐国绝交，这样才能万无一失。"

三闾大夫屈原则当庭斥责张仪是个反复无常的小人，劝楚王万不可信张仪的谎言。只有靳尚被张仪收买，主张接受张仪的意见。

楚怀王不辨忠奸，被眼前的蝇头微利所蒙蔽，听信了张仪和靳尚的话，一边派人去同齐国绝交，一边派逢侯丑跟张仪去秦国接收土地。

张仪工于心计，一路上同逢侯丑打得火热，使他坚信不疑。等到了咸阳城外，张仪略施小计，假装喝醉了酒，从车上掉下来摔坏了腿，让手下赶紧抬到城里去。从此一连三月，逢侯丑怎样求见也见不到张仪。逢侯丑无计可施，只得写信给秦王。

秦王答复说丞相应允的事他一定照办，但他不知楚国是否同齐国完全绝交，所以不能兑现张仪许下的诺言。

逢侯丑把这些情况写信如实地报告给楚王。昏庸的楚王信以为真，居然派人去齐国大骂齐王。齐王十分恼怒，同秦王约定一起攻打楚国。

逢侯丑一直苦苦地守候在张仪上朝的必经之路上。一天，逢侯丑终于见到了张仪，张仪反而问道："你为什么还在这里，难道还没有得到那块土地吗？"

逢侯丑说："秦王说要等您病好了才能交割土地，现在请您和我一起见秦王，办理割地事宜。"

张仪这时才露出出尔反尔的真面目，他摆出一副若无其事的样子，吃惊地说："为什么要见秦王？我要把我自己的6里土地交给楚国，不必告诉秦王。"逢侯丑此时才恍然大悟，责问张仪为什么表里不一。

张仪坚决地说："秦国的土地都是靠将士的鲜血一寸寸地争夺过来的，岂可轻易送人，别说600里，就是10里也不行。我没有说过要把秦国商于之地600里割让给楚国。"

逢侯丑一无所获地狼狈回去，把经过跟楚王一说，楚王恼羞成怒，立刻派屈匄为大将，逢侯丑为副将，率10万大军征讨秦国，发誓捉到张仪要食肉寝皮，以解心头之恨。

秦国听说楚国来犯，派魏章为大将进行抵抗。秦军本来军容整齐，军纪严明，战斗力强，又加上齐国派兵策应，轻而易举地打败了楚国。楚军伤亡惨重，连大将屈匄、副将逢侯丑都阵亡了，10万人马只剩下3万人逃回楚国。韩、魏等国一见楚国失败，也趁机侵掠楚国。

楚王走投无路，只好让屈原去齐国赔罪，让陈轸去秦国求和，并万般无奈地献上两座城池，这件事情算告一段落。楚怀王不顾群臣劝谏，逞匹夫之勇，一心想杀张仪，居然派人到秦国提出以黔中的土地来换张仪。秦国那些与张仪不和的人就鼓动秦王答应，认为以一个人换大片土地是占了很大的便宜。

秦王犹豫不决，倒是张仪主动要求去楚国。张仪一到楚国就被扣押下来，楚怀王准备选个日子杀掉他祭祀祖宗。谁知张仪果然有通天之能，他竟然买通狱卒，与靳尚取得了联系。靳尚千方百计拉拢楚怀王的宠后郑袖，一起去迷惑怀王，劝他释放张仪。

怀王心无主见，居然答应了他们的请求，释放了张仪。就这样张仪平安地回到了秦国。怀王的昏庸导致亡国的结局，秦国在张仪的策划下再次攻楚，并最终灭了楚国。

【点评】

"阳动而行，阴止而藏"就是说要抓住有利的形势积极前进，当遇到不利的形势时就停止行动而隐藏自身。张仪便做到了这一点。他不失时机地采取捭阖之术来进行游说：先是以600里土地使楚怀王与齐国绝交，接着拖延时间，直到齐楚两国断交后再露出本来面目，这两步可以说都是采取了守势，采取了"阖"术，见机行事。最后，当时机成熟时，就主动出击，采取"捭"术，灭掉楚国。

装疯卖傻保性命

关汉卿的戏剧《窦娥冤》一上演，就受到了人们的普遍欢迎。由于戏剧无情地揭露了官吏的昏庸无道和贫穷民众的艰辛困苦，因此老百姓争相传诵。但是当朝者却认为关汉卿蓄意诋毁朝廷，有所图谋，就下令通缉他，并四处张贴他的头像，要把他捉拿归案。

关汉卿得知这个消息后，立即决定离开这个危险的地方，暂时避一避。这天晚上，关汉卿正急着赶路，对面走过来几个巡夜的捕快。他想转身逃走，但这样不仅会招来嫌疑，而且还可能会落入他们的手中，他便冷静下来，和对方周旋。那几个人看他书生模样，行色匆匆，立即拦住他。

"这么黑的天到哪里去？干什么的？"一个班头模样的人厉声问。

关汉卿看着眼前的情景，像在自言自语，说："三五步走遍天下，七八人统领千军。"

关汉卿答非所问，还有几分文气，而且口气不小。这个班头本人特别喜欢戏剧，多少还懂一些，于是就不甘示弱地说："你以为我听不出吗？你是不

鬼谷子全集

是唱戏的？快说！别磨蹭！"

关汉卿不为所动，继续胡说一通："或为君子小人，或为才子佳人，登台便见；有时欢天喜地，有时惊天动地，转眼即成空。"

其他的捕快有如听闻天书一般，直嚷嚷："抓起来！抓起来！"

班头是个戏迷，平日也喜欢看关汉卿编演的戏，听到这些话语，顿生疑虑。他把灯火靠近关汉卿的脸一照，失声喊到："我看你像……"

关汉卿急了，赶紧抢过话茬，笑嘻嘻地说："你看我非我，我看我，我亦非我；我装谁像谁，谁装谁，谁就像谁。"

前后几番话都说到班头的心坎里了，人生不过就是一场戏。现在他已经确信面前的人就是关汉卿，但内心非常矛盾："拿下吧，自己不忍心。关汉卿确实是戏剧大家，不仅自己喜欢，百姓对其也敬重有加，说不定因为捉拿了他，自己要臭名远扬；放过去吧，500两的赏银可是一个不小的诱惑，说不定还要担当失职的罪名……"

在一旁胡言乱语的关汉卿很快就看穿了班头的心思，随口又吟出一句："台上莫逞强，纵使厚禄高官，得意无非俄顷事；眼下何足算，到头来抛盔卸甲，下场还是一般人。"

班头细想品嚼，悟出了其中的弦外之音。现在贪图一时之利，到头来功名利禄也是一场空，说不定没有好的下场，自己又何必呢？于是他接着自己刚才的话，训斥道："我看你神经有问题！"说完，一招手，对手下的人说："我们走！不要在这个迂腐的书呆子身上浪费时间了！"一行人趾高气扬地走了，关汉卿算是躲过了一劫。

【点评】

从本篇的捭阖之术来看，关汉卿便成功运用了其中的方圆之道，在不利的形势下装聋作哑，痴痴呆呆，而内心却特别清醒，以此达到麻痹对方的目的，从而使其放松对自己的警觉，而暗地里随机应变，等待时机寻找脱身之计。这种方法的关键是表演逼真，不露破绽，否则被对手识破就非常危险。

【现代活用】

谈判桌上巧捭阖

大家知道，日本商人深谙谈判之真谛，在谈判场上，他们手法多变，谋略高超，其谈判高手素有"圆桌武士"之称。

中国某公司，正是面对这样一些"圆桌武士"，在上海著名的国际大厦，围绕进口农业加工机械设备，进行了一场斗智斗勇的谈判，迫使日商逐步退让，最终达成了交易。

日本生产的农业加工机械设备是国内几家企业都急需的关键性设备。中国某公司正是基于这一需求，与日商进行购销谈判。

谈判开始，按照国际惯例，由卖方首先报价。日方首次报价即为1000万日元，这一报价比实际卖价高出很多。

日方之所以这样做，是因为他们以前的确卖过这个价格。如果中方不了解国际行情，以此为谈判的基础，那么日方就可能赢得厚利；如果中方拒不接受，日方也能自圆其说，有台阶可下，可谓进可攻，退可守。

由于中方事前已摸清了国际行情的变化，深知日方是在放"试探气球"，于是便单刀直入，明确指出，这个报价不能作为谈判的基础。

对此，日方分析，中方可能对国际市场行情的变化有所了解，因而己方的高目标恐难实现。于是日方便转移话题，介绍其产品的特点和优越性，采取迂回的方法来支持己方的报价。

这种做法既回避了正面被点破的危险，又宣传了自己的产品，还说明了报价偏高的理由，可谓一举三得。

但是中方一眼就看穿了对方所设的"空城计"。因为谈判之前，中方不仅摸清了国际行情，而且研究了日方产品的性能、质量、特点以及其他同类产品的有关情况。于是中方明知故问："不知贵国生产此种产品的公司有几家？贵公司的产品优于A国、C国的依据是什么？"

此问貌似请教，实则点破了对方两点：其一，中方非常了解所有此类产品的有关情况，其二，此类产品绝非对方公司一家独有，中方是有选择权的。中方点到为止的问话，彻底摧毁了对方"筑高台"的企图。

中方话未说完，日方便领会了其中含义，顿时陷入答也不是、不答也不是的窘境。但他们毕竟是生意场上的老手，其主谈人为避免难堪局面，借故离席，副主谈也装作找材料，埋头不语。

一会儿，日方主谈人神色泰然地回到桌前，他已利用离席这段时间想好了对策，一到谈判桌前，他就问其助手："这个报价是什么时候定的？"

他的助手早有准备，对此问话自然心领神会，便不假思索地答道："一个月前定的。"

于是日方主谈人笑着说："这样啊，时间太久了，不知这个价格是否有变动，我们只好回去请示总经理了。"老练的主谈人"踢起了皮球"，一下找到了退路。

中方主谈人自然深知此种手段，便主动提出休会，给对方让步的余地。中方深知此轮谈判不会再有什么结果了，如果追得紧，有可能导致谈判的失败。

第二轮谈判开始后，双方首先漫谈了一阵，调节了气氛，融洽了感情。之后日方再次报价："我们请示了总经理，又核实了一下成本，同意削价100万日元。"同时，他们夸张地表示，这次削价的幅度是相当大的。

中方认为日方削价的幅度是不小，但离中方的预期仍有较大的距离，马上还盘还有些难。为了慎重起见，中方一面电话联系，再次核实该产品在国际市场的最新价格，一面对日方的二次报价进行分析，认为日方虽表明这个价格是总经理批准的，但根据情况来看，此次降价是谈判者自行决定的。由此可见，对方的报价水分仍然不少。鉴于此，中方确定还盘价格为750万日元。

日方立即回绝，断定这个价格不可能成交。中方与日方探讨了几次，讨价还价的高潮已经过去。中方认为该是展示自己实力、积极进攻的时候了。于是中方开诚布公地指出："这次引进，我们从几家公司中选中了贵公司，这说明了我们成交的诚意。此价虽比贵公司销往C国的价格低一点，但由于运往上海口岸比运往C国的运费低，所以，你们的利润并未减少。另外一点，诸位也知道我国的外汇政策，这笔生意允许我们使用的外汇只有这些。要增加，需再审批，那只好等，只能改日再谈。"

这是一种欲进先退的手法，中方仍觉这一招分量还不够，又使用了类似于"竞卖会"的高招，把对方推向了一个与"第三者"竞争的境地。

中方主谈人接着说："A国、C国还等着我们的邀请。"说到这里，中方主谈人把一直捏在手里的王牌摊了出来，恰到好处地向对方泄露情况，把中国的外汇使用批文和A国、C国的电传递给了日方主谈人。

日方见后大为震惊，他们坚持继续讨价还价的决心被摧毁了，陷入必须竞卖的困境；要么压价成交，要么谈判告吹。日方一时举棋不定。握手成交吧，利润微薄，有失所望；告吹回国吧，跋山涉水，兴师动众，谈判经费和精力投入不少，最后空手而归，难以向公司交代。

这时，中方抓住有利时机，运用心理学知识，称赞日方此次谈判的确精明强干，已付出了很大的努力，但限于中方政策，不可能再有伸缩余地，如日方放弃了这个机会，中方就只能选择A国或C国的产品了。

日方掂量再三，还是认为成交可以获利，告吹只能赔本。中日双方最终以750万日元的价格签订了成交合同。

【点评】

"阴阳其和，始终其义"就是说阴阳二气必须中和、协调，那么开放和封闭才会节制有度，阴阳才能各得其宜。用之于谈判，就是要把握"进攻和退却"的时机，及时进退，要根据谈判形势的细微变化，灵活地运用积极进取和消极防御这两种基本策略。

以阳求阴，苞以德也；
以阴结阳，施以力也；
阴阳相求，由捭阖也。

【史例解读】

善待别人终脱身

战国时期，齐国有一位公子孟尝君，他以轻财好施、善待宾客而闻名天下。其他各个国家的人物都纷纷投奔到他的门下，他所供养的食客多达数千人，家中汇集了各个地方的人才。孟尝君之所以能将这些人才收于自己的麾下，最主要的一个原因就是：无论这些人出身多么尊贵多么卑贱，他都一视同仁，和他们平等相处。

每当有一个新客人来拜访时，孟尝君都会亲自接见，盛情款待。他和来客坐在一起促膝谈心，亲切地询问客人家中的境况。这时，他会安排自己的侍从隐匿在屏风后，把他们谈话的内容一一记录下来。等客人离开后，孟尝君会派人到来客家中去，奉送丰厚的礼品，表示慰问。他的食客对孟尝君这种一视同仁的态度尤其感激。所有的客人都以为孟尝君对自己最好，和自己是最亲密的，因此每个人都想报答他的知遇之恩。

一天，有两个人先后前来拜访孟尝君。这两个人都不是什么正道中人，没有什么真本领。其中一个人善于学鸡叫，还有一个人竟然是个小偷，模仿起狗来惟妙惟肖。孟尝君打算接纳这两个人，但其他的宾客都反对说："虽然我们也有出身卑微的，但是让这种鸡鸣狗盗之徒加入我们之中，实在是难以接受。"孟尝君却坚持收他们为自己的食客。

有一次，秦昭王把孟尝君囚禁起来，准备杀掉他。孟尝君赶紧派人向秦昭王的宠姬求救。那位宠姬说："孟尝君要是把他的那件狐白裘送给我，我就帮他的忙，保证他平安无事，化险为夷。"

孟尝君的确有一件狐白裘。这件狐白裘一根杂色的毛都没有，价值连城，但他早就把它献给了秦昭王。现在这件衣服还收藏在秦宫之中，唯一的办法就是把这件衣服从宫中偷出来。他向门下的食客求助，那个小偷马上站出来说："偷，我是很在行的！我保证能取出来，而且万无一失。"当夜，他搬出了自己的拿手好戏，装扮成一只狗，潜入秦宫，轻而易举地就偷出了狐白裘。宠姬得到了梦寐以求的狐白裘后，果然在秦昭王面前为孟尝君说好话，秦昭王答应释放孟尝君。

孟尝君变更姓名，逃出了咸阳，后半夜到了函谷关。可是，秦昭王感觉后悔了，立即派人来追，形势危急，而这时城门紧闭。秦国有项规定，鸡叫时才能打开城门，如果等到鸡鸣天亮后，恐怕逃跑就更难了。前有雄关挡路，后有秦军追赶，形势十分危急。孟尝君的门客中那个善学鸡叫的人得知公子的危险后，决定帮他脱险。他一声长鸣，远近村庄的鸡跟着都叫了起来。守关人虽然觉得天色尚早，但听得一阵鸡叫，还以为天亮了，马上开门，孟尝君趁机顺利逃出。

孟尝君供养的那几千食客，原来都同他素不相识。他从不担心他们不为他效力，对他们一律给以关怀和馈赠，也更不计较什么小人、君子的地位和出身，结果正是这些鸡鸣狗盗之徒救了他的性命。

【点评】

"以阳求阴，苟以德也"的意思是欲想以阳势求助于阴势，需要用恩德去感召。孟尝君之所以能从秦国逃脱，依靠的正是不被人看好的鸡鸣狗盗之士。其中的主要原因就是：无论出身多么尊贵、多么卑贱的人，孟尝君都一视同仁，和他们平等相处，从而赢得了更多人的尊敬。正是这些被常人瞧不起的门客救了他的性命。

以静制动平谣言

四川益州自古是兵家必争之地，历朝历代都派能人去镇守。张方平曾奉朝廷之命调任益州太守。正准备起程上任时，突然传来一个很坏的消息：西南少数民族中的依部川的首领四处散播谣言，说壮族首领依智高在南诏正蓄积粮草，大队人马上就要来侵犯四川。益州城内人心惶惶，一片混乱。

朝廷接到益州的急报，火速派兵前去支援。与此同时，朝廷又命令张方平尽快赴任，主持四川地区防御事务，张方平接到命令后，便连夜赶往四川。途中，他仔细打探消息，又经过几日仔细思考，总觉得事情有点蹊跷。众侍从忙问原因。张方平说道："南诏离四川有两千余里，道路艰险，自古飞鸟难逾。并且南诏各族之间语言不通，又没有隶属关系，难以统一指挥。如此看来，定是有人在散布谣言。"侍从们都认同此理。

在考虑妥当后，张方平遣回了援军。进入四川境内后，他又发出命令告诉四川的少数民族："如果南诏的依智高来犯，我定会派兵抵抗的。只要是良民，朝廷都会给予保护，但若要胡说八道、乱造谣言，不论是谁，一律杀头！"接着，张方平把正在修筑城墙的士兵们全部遣回，然后秘密派人去邛部的少数民族里找一个能说汉语的人。当时正逢上元节，张方平下令益州城四门大开，通宵不闭，任人自由进出，观看彩灯，不受任何盘查。百姓们见此情景，渐渐没有了当初的恐惧，安下心来，四川又安定下来。

不久，派到邛部少数民族的人找到了一个懂汉语的良民。张方平向其问明原因，果然是有人故意制造混乱，于是下令将最先散播谣言的人处斩。至此，益州之乱得到圆满解决。

从张方平处理事情的整个过程来看，他在听到那个坏消息后，并没有自乱阵脚，而是"以治待乱，以静待哗"，认真分析事情的原委，并遣回援军，大开城门，最终稳定了民心，平息了混乱局势。

【点评】

以逸待劳、以静制动属于"以阴结阳，施以力也"，是我们常用的战略战术。在军事和政治上都有着很重要的意义。这与孙子所言的"以治待乱，以静待哗"，有异曲同工之妙。我们在人际交往中，做事一定要稳住阵脚，不可急躁冒进。灵活运用"以静制动"的策略，就能更有效地观察和把握对方的动向，从而制订出相应的对策。

软硬兼施惩县令

薛宣担任左冯翊长吏期间，他所管辖的高陵县令杨湛、栎阳县令谢游都是贪婪狡猾、作奸犯科之徒。但他们掌握着一县的大权，以前的郡守曾经多次想对他们的违法行为予以追究，苦于无凭无据，最终都不了了之。

薛宣走马上任以后，杨、谢二人立刻到府衙拜见。薛宣摆下酒宴，热情招待他们。

过了一段时间，薛宣暗中寻找他们的罪证，经过努力调查，终于获得了他们全部受贿勒索的证据。

薛宣观察到杨湛似乎有改正错误的愿望，也能够听从劝告，于是他亲手写了一封信，把他所犯的罪行一一列举出来，随后把信交给杨湛，并告诉他：

"各位吏民检举揭发你的罪行，我已一条条列在信上。还有人状告你犯中饱私囊的'主守盗'之罪，作为县令，我敬重你，不忍心把你的事情张扬出去，所以秘密写了这封信告诉你。我希望你能够妥善地处理这些事情，以便今后能重新清白做官。如果你没有这些不法之事，那么就将这封信封好后再还给我，我一定会为你申冤昭雪，还你清白之身。"

杨湛知道自己所犯的罪行，又见薛宣的语气相当温和，无意伤害，就立刻把县令的大印交给县吏，并写了一封信感谢薛宣，未有半句怨言。

而那位栎阳县令谢游却自以为是，认为薛宣拿自己没办法，根本就看不起薛宣。

薛宣知道谢游的傲慢态度后，当即发出正式公文，对他进行公开的指责，公文中写道：

"告栎阳令：你手下的县吏和百姓告发你治县无方，随意贬罚吏民，做苦差的人高达千人；用不正当的手段敛取钱财数十万，供私自大兴土木之用；

又听任富吏操纵物品价格。以上所有事情已经全部调查清楚，我本来想派遣官吏前来审讯此案，但又怕辜负了当初推荐你的人，给儒士们带来耻辱，所以免去你的县令职务。"

谢游见到公文后，只得灰溜溜地辞官而去。

【点评】

软硬兼施是"阴阳相求"，对不同的对象采取不同的惩治方法。高陵县令杨湛已有悔过之心，所以薛宣顺水推舟，让他在自己的罪状前悔过，省去了很多麻烦。而栎阳县令谢游非但无悔过之心，而且还不把薛宣放在眼里，所以薛宣以硬对硬，把罪证扔给他，免去他的官职。薛宣软硬兼施，一拉一打，运用的力度可谓恰到好处。

【现代活用】

葛兰素反客为主

美国是世界上最大的西药市场。多家百年以上的或势力雄厚的药厂，已把美国的药品市场分割得差不多了，要跻身进去，并非易事。

然而，英国葛兰素药厂却以独特的经营方式，在短短的时间里，不仅在美国站稳了脚跟，而且还以"善胃得"占领了美国很大的肠胃药市场。目前，"善胃得"在美国营业额10亿美元，为其全球营业额的三分之一。

葛兰素药厂打入美国市场是1979年开始的。当时，它兼并了美国一家小型药厂，借以了解当地的市场情况。为了成为地道的美国公司，与美国的文化完全融合，它首先授予该药厂美方负责人充分的权力，使其可以灵活经营。

葛兰素药厂在美国站稳脚跟后，又迅速拓展市场。1981年，美国葛兰素与当地排名前10名的瑞士罗士药厂合作，借助罗士药厂的业务代理和行销网点销售其药品。

当时，不少厂家的做法是把自己的药品商标权借给经销商，并由其销售，签订10年或几年的合同，分享利润。而葛兰素厂却采取垂直组合的经营模式，从原料生产、研究开发、成品制造到发货行销一竿子到底：不包给经销商销售，以保证产品的质量和及时反馈信息。"善胃得"就是这样成为美国的"明星药品"的。

"不入虎穴，焉得虎子。"英国葛兰素药厂在将其产品打入美国市场时，采用了"兼并"工厂这一方法，就像将一探测器安在美国市场上。这样，美国药品市场被葛兰素药厂所把握，这为其产品占领美国药品市场提供了确切的情报。

【点评】

英国"葛兰素"注重进行市场预测调查，从而掌握了美国市场需要，然后循序渐进，一举取得了成功。其"反客为主"的战略为我们留下有益的启示。

第二篇

反应术

反应术可以说是捭阖术的更进一层。捭阖篇多是谈到游说的种类和方法，简略地阐述了其适用的环境，而本篇的反应术则更为全面、辩证、历史地看问题，它需要运用者有更为灵活多变的头脑，要善于把握说话的技巧。明进退之道，当刚则刚，当柔则柔，能直能屈，能进能退，刚柔并济，进退自如，这些都可以说是反应术中技巧性的方法。

本篇提及了说客在运用"反应术"中常用的几种技巧：知己（知己知彼）、钓语（设饵钓鱼）、张网（张网捕鱼）等等，具体说起来有投石问路、欲擒故纵、打草惊蛇等。

【原文】

古之大化者，乃与无形俱生①。反以观往，复以验来；反以知古，复以知今；反以知彼，复以知己②。动静虚实之理③，不合于今，反古而求之。事有反而得复者，圣人之意也，不可不察。

【注释】

①大化者：教化、指导平民百姓的圣人，化是教化指导的意思。无形：没有形迹，指天下大道，即阴阳变化的法则。②反：返回，反复，与"复"的意思相同。句中的"往"与"古"均指过去。③动静：运动和静止，这里指世间一切事物。虚实：是真和伪的意思。

【译文】

古代用大道教化平民、指导万事的圣人，其作为都是与无形的自然之道（自然规律）相伴而生的。他们往往通过追溯既往的历史，然后再据此向前去推测未来；通过回首以往了解历史，然后再了解当今的形势；通过审视以了解他人，然后再据此反省自我。动静、虚实之理，若与当今的常规不符，出现异常，就需要追溯既往的历史，去寻找这种异常现象的规律。有很多事情，往往需要在反求于远古的探索中而得到成功的启示，这些都是圣人处理事情的见解，不可不认真地加以观察和研究。

【原文】

人言者，动也；己默者，静也①。因其言，听其辞②。言有不合者，反而求之，其应必出③。言有象，事有比，其有象比，以观其次④。象者象其事，比者比其辞也。以无形求有声⑤。其钓语合事，得人实也⑥。其张罝网而取兽也，多张其会而司之⑦。道合其事，彼自出之，此钓人之网也⑧。常持其网驱之，其言无比，乃为之变⑨。以象动之，以报其心，见其情，随而牧之⑩。己反往，彼复来，言有象比，因而定基⑪。重之袭之⑫，反之复之，万事不失其辞。圣人所诱愚智，事皆不疑。

【注释】

①人言者，动也：让对方讲话，使他处于动态之下。己默者，静也：自己

沉默不语，使己处于静态之下。②因：顺着，依从。辞：主张，意图。③言有不合：所说的话不合理，前后矛盾。应：应答，反应。④象：法象，模仿，指在言谈中，以某类事物象征所要谈论的事物，使对方更易明白通晓。比：比类，类推。次：次策，下一步。⑤此句意为：根据无形状的道理来探求有声音的语言。声：言语。⑥钓语：如钓鱼投饵一般，在交谈时给对方以诱饵，以便引出对方的话头。合事：符合道理。得人实：得到对方的实情。⑦罝（jū）：捕捉兔子等野兽的网。网：捕鱼等水产动物的工具。会：聚合、汇合，这里指野兽会聚之处。司：通"伺"，候望，等待。⑧钓人之网：这里比喻抓住对方的方法。⑨驱之：驱使对方。其言无比：如果对方发言不合。乃为之变：便改变方法来对付。⑩报：合。牧：驱使，驾驭。⑪己反往，彼复来：我方返回去，对方复过来。一来一往，就使得谈话得以继续下去。言有象比，因而定基：谈话中有了法象和举例，因此也就有了基础。⑫重：重复，再次。袭：也是重复、因袭的意思。

【译文】

（就动静而言）别人在侃侃而谈，是动态的；而自己缄默不语、静心聆听，则是静态的。此时就要在静态中根据别人的言谈，来观察和分析出对方的真正意图。若听出其言辞有自相矛盾和不合情理之处，可以反过来诘难他，追问究竟，那么对方必定会有对应之辞，自然就会吐露真情。凡是语言，都有其可以模拟的形象，而事物也都有其可以类比的规范；既然如此，我们就可以考察出谈话者背后所隐藏的真实意图，并从中预见对方下一步的言行。所谓"象"，就是表现事物本质的表征；所谓"比"，就是言谈举止中的同类共性。要用无形的规律促使有声的语言表露出来（借助无形的逻辑技巧让道理明白易懂）。首先要引导对方通过言词表露自己的想法，如果所言与事实相一致，也就可以从中得知对方的真实想法。这种方法就如同张开网诱捕野兽一样，要多设几处拉网的地点，汇集在一起形成一个恢恢天网，才能捕获到野兽。如果将这个方法运用到实际中，引诱对方多说话，那么对方就会自投罗网，暴露出自己的真实意图，这就是钓人的网。我们应该经常用这种钓人的网去诱导对方，如果对方的言辞并不符合平常的规范，反映不了实际的情况，这时就需要应时而动，改变钓人的方法，要以形象的事物去感化对方，触动其感情，进而了解其真实思想，这样就可能使对方暴露出实情，从而根据对方的实际情况，控制他的思维。我们向对方的言辞提出反诘，对方做出相应的回复，如此循环往复，就有了模拟和类比，依此类推，便有了继续交谈、了解对方的基础。再经过反复推敲琢磨，观察验证，抛却其中妄谬的成分，那么所有的事物都会通过对方的言谈有所反映，而不会因语言失实而导致失败。若像圣人这样用各种不同的方法诱导智愚众人，所有的事情都会顺利通畅，这是毋庸置疑的。

【原文】

故善反听者，乃变鬼神以得其情①。其变当也，而牧之审也②。牧之不审，得情不明；得情不明，定基不审③。变象比，必有反辞，以还听之④。欲闻其声反默，欲张反敛⑤，欲高反下，欲取反与。欲开情者，象而比之，以牧其辞，同声相呼，实理同归⑥。或因此，或因彼，或以事上，或以牧下⑦。此听真伪、知同异，得其情诈也⑧。动作言默，与此出入，喜怒由此以见其式⑨，皆以先定为之法则⑩。以反求复，观其所托⑪，故用此者。己欲平静，以听其辞，察其事，论万物，别雌雄⑫。虽非其事，见微知类⑬。若探人而居其内，量其能射其意也。符应不失，如腾蛇之所指，若羿之引矢⑭。

【注释】

①反听：反复详审。鬼神：指死者的灵魂和山川的神明，此处意为隐秘不可测和玄妙神奇。②当：恰当，得当。牧：驾驭，这里是"诱导"。③定基：奠定的基础。④反辞：相反的言辞。陶弘景注曰："谓言者以象比有变，必有反辞以难之。令其先说，我乃还辞以听之。"⑤敛：收敛，收拢。⑥开情：敞开心怀叙述。同声相呼，实理同归：与对方心理契合发生呼应，就能得到真实的情况。⑦或因此，或因彼：从种种事情发端。或以事上，或以牧下：或者侍奉君主，或者观察民情。⑧情诈：本心虚伪。⑨动作言默：指言谈举止。式：模式，样式。⑩陶弘景注曰："谓上六者，皆以先定于情，然后法则可为。"⑪托：寄托，依托。观其所托：分辨出主张的本意。⑫别雌雄：分辨高低强弱。⑬微：微小，细微。类：种类。见微知类：指从微小的事情上就可以推断出其发展趋向并认识问题的实质。⑭符应不失：如同合于符节一样来响应。腾蛇：传说中一种会飞的神蛇。羿：即后羿，传说中的神箭手。引矢：张弓射箭。

【译文】

所以，善于从反面听取对方言论的人，能通过鬼神般变幻莫测的方法诱导对方说出实情。如果能够随机变通谈话的方式，而且运用得当，就可以清楚地掌握实际情况，周详而有效地驾驭对方的思想，从而明察其真实含义。如果无法周详地掌握对方的情况，不能明察其言语的真实意图，那么得到的情况就不明确；得到的情况不明确，据以制订决策的基础也就不坚实、不周密。如果我们在谈话中改变了事物的表象和事理的类比，那么对方必定会有相应的诘难和辩驳的言辞，此时我们就应该平静地听取对方的言论，以观察其真实情况和意图。所以要想倾听对方的言论，自己就得先保持沉默；要想对方敞开心扉，吐露实情，反而需要先缄默、收敛；要想居高，反而需要先处于低势；要想从对方获取，反而需要先给予。由此而论，如果想让对方敞开情怀，吐露真言，就要先用形象的模拟和比喻去诱导他，以便把握对方的言辞，以产生共鸣，这样真情实理就会归我掌握，也能因相同的观点而彼此接纳。无论是从这件事发端，还是从那件事情谈起，无论是用来侍奉君上，还是用来统御臣下，只有根据以上不同的情况随机应变，方可辨别真伪，比较异同，得知真实或者伪诈的情形。我方的行动、运作、言语、沉默，都要根据所掌握的情况作出反应，欢喜与愤怒的方式和程度应据此作出决定。总之，行动、运作、言语、沉默、欢喜、愤怒都应该根据之前所掌握的实情来确定实行的规则。用主动试探的方法求得对方的反应或答复，借以观察对方心理情感的依托。知人的关键在于了解其内心的情感，所以要运用这种策略，听取他人讲话的原则是，自己首先要平静下来，以便专心听取对方的言辞，进而分析事情的原委，论说万物的兴衰，辨别事物的真伪异同。即使所谈的内容并不是实际的信息，甚至无关紧要，但是仍可以从细微的征兆中探知重要的信息。这种做法就像为了探知对方的情况而深入其内部一样，首先要通过分析对方的能力，再进一步探测其行动意图。通过这种策略所得到的情况，就会像符契一样契合无误，像螣蛇预示祸福一样丝毫不爽，像后羿射箭一样百发百中。

【原文】

故知之始己，自知而后知人也[①]。其相知也，若比目之鱼。其伺言也，若声之与响；其见形也，若光之与影也[②]。其察言也不失，若磁石之取针，如舌之取燔骨[③]。其与人也微，其见情也疾[④]。如阴与阳，如阳与阴；如圆与方，如方与圆[⑤]。未见形，圆以道之，既见形，方以事之[⑥]。进退左右，以是司之[⑦]。己不先定，牧人不正[⑧]。事用不巧，是谓忘情失道[⑨]。己审先定以牧人，策而无形容，莫见其门，是谓天神[⑩]。

①知之始己，自知而后知人：假如你想要了解别人，就必须先了解自己。②相知：指彼此双方互相了解。比目之鱼：比喻并列，挨着。伺言：窥伺对方的言辞。见形：即现形。③燔骨：烧烤骨头上所带的肉。④微：细微，不见形色。疾：敏捷。此句意为：圣人结交人很微妙，但洞察真情很迅速。⑤圆：圆滑、周密、灵活。方：正直、方正、严肃、原则性。⑥未见形圆以道之：形貌未显时以圆融的方法引导他；道，通"导"，引导。既见形方以事之：形貌已显就以方正的法则对待他。⑦进退左右：指用人升迁、黜退、左贬、右升。司，管理。⑧牧人不正：不能公正地驾驭人。⑨事用不巧：指处理事情不灵活。忘情失道：指忘却真情失去方法。⑩形容：踪影。天神：指达到了神鬼莫测，了无痕迹的最高境界。

【译文】

由此可见，要了解别人要从认识自己开始，只有先认识自己，然后才能更好地了解他人内心的想法。若能如此，那么与对方的相互了解，如同比目鱼的两目一般没有距离，彼此明晰可见；窥伺对方的言辞，如同声音和回响一样契合无误；从外形观察对方的内心深处，如同光和影子一样准确细致；侦查对方的言论中的真意，就如同磁石吸针一样没有差失，如同舌头吸取骨汁一样游刃有余，万无一失。这样与对方交谈，不用过多的言辞，暴露给对方的东西微乎其微，就可以非常迅速地洞悉对方的真实意图，就如同阴阳转换一样彼此渗透，方圆交替一样运用自如，相辅相成。在对方的基本情况尚未明晰之前，就应该用圆融的道理诱导对方；待一切明朗之后，就应该用方正的道理去劝服对方，助其成就大事。用人之道，不论提升或罢免，都应该灵活运用上述规则。如果不首先确定方圆进退的策略，那么就无法掌控全局，管理别人。做事不掌握法则技巧，这就叫作"忘情失道"（不考虑实际情况，不遵循事物发展的规律）。自己首先确定周密详细的行动策略，再依此驾驭对方，就能在不暴露意图的前提下，于无形之中驱策众人以致成功，而对方尚不知其门道所在，这样方可称为"天神"。

| 智慧运用 |

以无形求有声。其钓语合事，得人实也。

其张置网而取兽也，多张其会而司之。
道合其事，彼自出之，此钓人之网也。

【史例解读】

巧言应变留楚国

战国时期，张仪以客卿的身份居留在楚国。起初楚王对他非常友好，但后来对他越来越冷淡。张仪心想：这样下去，恐怕自己有朝一日在楚国就没有立锥之地了。不久，张仪想出了一个计谋，于是他满怀信心地去拜见楚王。

张仪毕恭毕敬地对楚王说："最近，我在这儿没有什么用处，只是白白地浪费您赐予我的俸禄，我想到魏国去，不知大王意下如何？"

楚王听后，漫不经心地说："既然你主意已定，我也就不苦留你了。"

张仪见楚王并没有挽留之意，并不失望，于是接着说："为了答谢您对我的知遇之恩，等我到了魏国，无论您想要什么东西，我都会竭尽全力去获得，给您送过来。"

"我各种宝物应有尽有，黄金、宝石、象牙也不足为奇，想必魏国也没有什么值得我羡慕的东西。"楚王傲慢地说。

"不过据我所知，中原美女如云，个个貌似天仙！"

楚王听了张仪的一番鼓动，不觉心有所动，于是靠近张仪说："我早就听说中原美女妙不可言，只是从未见过。好吧，我就要美女。"说完，赏赐张仪一箱黄金作为盘缠。

这个消息很快就传到楚王王后南后和侧室郑袖的耳中，她们非常担心中原美女来了之后和自己争宠。两个人非常着急，一时却又想不出好办法，于是派人给张仪送去一盒珠玉，说是张仪要离开楚国，王后送来的礼物。

临行前，楚王设宴款待张仪，大方地说："现在战乱纷纷，路途艰辛，今天特意为你饯行，还期望你能给我送回几个美女。"

在送别宴上，张仪见楚王有了几分醉意，突然说："王宫上下都说楚王您宠爱的两个女子仪态万千、貌若天仙，她们素日对我不薄，今日一别，不知什么时候才能回来，我想借您的美酒向她们表示我的敬意……"

楚王笑着说："这个好说！"随即让南后和郑袖进来。

张仪一见二位女子到来，就跪在楚王面前说："请饶恕我吧，我犯下了欺君之罪！我曾对您说中原多美女，现在一睹眼前两位美女，才知道还是王宫美女多啊！我又怎么能找到比王后和郑袖更漂亮的女子呢？"

楚王听后，得意洋洋地说："无罪，无罪！起初我就料到肯定没有比她们更漂亮的女子。我想中原的女子也没什么过人之处，你也不用去为我找美女了。"

一旁的南后和郑袖听了张仪对自己的一番赞美，喜不自禁，极力在楚王面前为张仪说好话。最后张仪又在楚国王宫里留了下来，而且重新获得了楚王和两位美女的信任。

【点评】

张仪不愧为战国时期最有名的说客之一，他反应之敏捷、头脑之灵活实非常人可及。在这个故事中张仪便成功地运用了钓语。先以离开楚国来观察楚王的态度，后以寻求美女把楚王"钓"到了自己张开的网中，接着在有利时机献上自己的奉承话，不仅博得了南后与郑袖的欢心，也最终得到了楚王的信任，真可谓一箭双雕。

调虎离山败魏军

公元234年，诸葛亮领兵伐魏，六出祁山。魏明帝曹睿闻报，命司马懿为大都督，领兵40万至渭水之滨迎战。司马懿屯大军于渭水之北，命先锋夏侯霸、夏侯威领兵5万渡河至渭水南岸扎营，又在大营后方的东原筑城驻军，进可攻，退可守，稳扎稳打，使魏军立于不败之地。

诸葛亮深知，自己最根本的弱点是远离后方，粮草困难；他同时也深知司马懿正是看准了自己这一点，一直在设法使蜀军断粮，从而困死蜀军或逼蜀军撤退，然后乘机取胜。于是诸葛亮便将计就计，在粮草上设诱饵，以此引"他"离山。

首先，蜀军分兵屯田，与当地百姓一起就地生产粮食，以供军需，摆出一副持久作战的架势。果然司马懿的长子司马师沉不住气了，他对司马懿说："现在蜀兵屯田，作持久战的打算，如何是好？何不约诸葛亮大战一场，以决雌雄！"司马懿虽说奉旨坚守，不可轻动，心里其实非常着急。

诸葛亮的另一个措施就是自绘图样，命令工匠造木牛流马，长途运粮，蜀营粮草由木牛流马源源不断从剑阁运抵祁山。司马懿闻报大惊："吾所以坚守不出，因为他们粮草不能接济。今用此法，必久不思退。怎么办呢？"

诸葛亮料到司马懿急于破坏蜀军屯田、运粮计划，于是进一步引他上钩。他一方面在大营外造木栅，营内掘深坑，堆干柴，而在营外周围的山上虚搭窝铺草营，造成蜀兵分散结营与百姓共同屯田屯粮，而大营空虚的假象，引诱魏军前来劫营；另一方面在上方谷内两边的山坡上虚置许多屯粮草屋，内设伏兵，同时让士兵驱动木牛流马，佯装往来谷口运粮。而他自己则离开大营，引一支军马在上方谷附近安营，以引诱司马懿亲领精兵来上方谷烧粮。

司马懿虽烧粮心切，却极为谨慎小心，深恐中调虎离山之计，也用声东击西、调虎离山之计来应战。他亲领魏兵去劫蜀兵祁山大营，但一反过去每战必让主攻部队走在前面的惯例，而让部将冲锋在前，直扑蜀营，自己在后，引军接应。他这样做，一是担心蜀营早有准备，怕中埋伏；二是他指挥魏军劫蜀军大营本属佯攻，目的是调动蜀军各营主力，趁机自领精兵奇袭上方谷，烧掉蜀方的粮草。

然而，司马懿的这个调虎离山计，却被诸葛亮料到。当魏军直扑蜀军大营时，诸葛亮只是安排蜀军四处奔走呐喊，虚张声势，趁司马懿"离山"之机，另派精兵夺取渭水南岸的魏营，而自己却在上方谷等待司马懿来烧粮，以便瓮中捉鳖。

司马懿果然中计。他见蜀军都奔大营救援，便趁机领司马师、司马昭及一支亲兵杀奔上方谷。接着蜀将魏延依诸葛亮的安排，用诈败的方法将其诱进谷中，截断谷口。一时山谷两旁火箭齐发，地雷突起，草房内干柴全都被点燃，烈焰冲天。司马氏父子眼看就将葬身火海，幸亏突来一场倾盆大雨，才救了司马氏父子三人及少数亲兵的性命，他们只得大败而归。

【点评】

钓术的运用也可以看作是引诱法的使用，其特点就是利用不利的天时、地利等条件困扰敌人，用人为的方法诱惑敌人，因为自己主动进攻有危险，诱敌来攻则对己有利。

在这个战争故事中，司马懿原本决定深沟高垒、坚守不出，结果却仍被诸葛亮"钓"下山，本想烧掉蜀军粮草，却反中了诸葛亮的"调虎离山"之计。

圣米高张品牌网

在马狮百货公司里，所有的商品，无论是服装、鞋类、日用品还是食品、酒类，都是一个牌子——圣米高。这是马狮公司经营中的最大特色之一。

单一的牌子，顾客没有选择余地，那么为什么还能吸引众多的消费者呢？关键在于"圣米高"这个牌子本身就是高品质的象征，是价廉质优的代名词，因此，对顾客有强大的吸引力。在其他商店里，顾客面对不同牌子的商品，要做出正确的选择并不是一件轻松的事，他们需要靠过去的经验或是从广告中得到的信息去挑选，但这些并不一定可靠，有时牌子越多，越使顾客无所适从。但是，马狮的"圣米高"商标却是一分钱一分货，如果同是圣米高牌子而货品标价不同，那么，价格高的那种商品肯定比价格低的质量高。顾客可以根据自己的经济情况选择商品，绝不会上当。于是，许多工作繁忙的职业妇女都愿意到马狮购物。

马狮的经营思想是：让劳动者买得起以前只有富贵人家才能享用的、甚至质量更好的货品。这种经营思想和相应的经营方法，为其争取到了大多数的劳工阶层消费者。

为了实现这一经营思想，以尽可能低廉的价格出售优质的商品，他们在设计一项产品时，首先考虑的是售价是否在大众消费能力之内，一般的劳工阶层是否负担得起，因此，他们总是先定价格，然后再估算成本。在既定价格下，设计师和制造商一起去探寻既能保证质量又能保证一定利润的条件，尽可能为广大平民大众提供他们有能力购买的高品质产品。如果按一般的商品生产那样，先算出成本，然后确定售价，往往会使商品的价格高出消费者的购买能力，从而影响销售。而马狮的货品不一定是市场上最优质的商品，但在同样的价格下，圣米高牌子的产品必定是市场上最好的产品。

马狮百货由原来两人合伙经营，只有数百英镑资本的百货店，已发展成为英国第一大百货公司，拥有260多家商店，员工4600多人，被经济学家称为"世界上最经营有术的企业"。

【点评】

"其张置网而取兽也，多张其会而司之"，就是说做事如同张开网诱捕野兽一样，要多设几处拉网的地点，汇集在一起形成一个恢恢天网，才能捕获到野兽。"圣米高"这个品牌本身就是高品质的象征，是价廉质优的代名词，是一张无形的网，而它的经营思想、设计理念及商品价格又何尝不是一张张"钓"人的网呢？

欲闻其声反默，欲张反敛，
欲高反下，欲取反与。
欲开情者，象而比之，以牧其辞，同声相呼，实理同归。

【史例解读】

魏国虚与实取之

战国时七国混战，时而合纵，时而连横。

这年，秦国联合赵国打魏国，许以胜利之后，以魏之邺城作为谢礼送给赵国。魏王怕受到赵、秦东西夹击，十分惊慌，忙召集大臣商议对策。芒卯说："秦赵原本不和，今日联合，不过是为了利益，想瓜分我国，各讨好处。他们都各有各的算盘，只要略施计谋，他们的联盟就会解散。"并献上一计。魏王同意了他的计谋，让张倚依计去游说赵王。

张倚见了赵王，说："邺城这地方，照目前的形势看，我们是保不住了。大王与秦国联合攻打我国，无非为争夺土地。为了避免战争，我们大王有意把邺城献给大王，不知大王意下如何？"赵王听后自然十分高兴，但又怕魏国玩弄什么花招，便问："两军还未交战，魏王就主动献地，到底是为了什么？"张倚解释说："两军交战，兵凶战危。大军过后，荆棘遍地。战争之后，必有荒年，尸骨遍地，百姓遭殃。我们大王从仁慈出发，不愿生灵涂炭，故有此举。"赵王问："那么魏王对我有什么要求吗？"张倚说："我们是来谈判，并不是来投降。赵魏两国曾多次结盟，是友邦。与其将土地沦落于夷狄秦国之手，不如交给朋友管理。也希望大王从友邦利益出发，与秦断交，与我国恢复友邦关系，我们奉上邺城作为报答。如若不允，我国只有全国动员，拼死一战了。请大王仔细考虑。"赵王想了一会儿，说："我好好考虑一下，明天定然给你答复。"张倚走后，他找来大臣们商议。相国说："与秦联合攻魏，胜利了也不过得到一个邺城。现在不用动手就可以达到目的，何乐而不为呢？再说，秦本虎狼之国，其目的绝非仅仅灭一魏国，一旦攻灭魏国，其势力更为强大，下一个目标就是我们赵国了，不如答应魏国，让他们在两边抵御强秦，这才是长久之计。"于是，赵王答应了魏国，宣布与秦断交。

秦王一听大怒，赶忙撤兵，谋划报赵背盟之仇。赵王见秦撤兵，赶忙欢天喜地地派兵前去接管邺城，正碰上芒卯在边境陈兵等候。赵将说明来意。芒卯一听大怒："我们的土地，为什么好端端送人？"赵将忙说这是张倚早许诺下的。芒卯仍在发脾气："张倚算什么？我们大王亲口答应过此事吗？我只接到大王让我镇守此地的命令，没接到交出此地的命令。你想硬夺，问问我的将士们同意否。"赵将一见魏军列阵以待，自料不是他们的对手，忙回兵报告赵王。赵王一听，上了当，又气又恼，准备发兵攻魏。可这时已传来消息，说秦为报背盟之仇，正游说魏王联合攻赵。赵王闻听大惊，忙割了五个城给魏，以收买魏国与自己联合抗秦。这样，魏先以虚假的"与"答应赵国，不但从赵国那里"取"到了不与秦合兵攻魏的结果，还"取"到了五座城池。

【点评】

是否能成功地运用此"欲取反与术"，关键在于你的智慧是否高超，计谋是否巧妙。看似"与"而实不"与"或少"与"，而终有所"取"，是使用此计的目的。

【现代活用】

推销商欲擒故纵

加斯加与迈克同是加州的味精公司老板，他们在夏威夷都开辟了新市场，竞争将不可避免，但非常明显，加斯加公司产品的销路很不景气。而迈克的各种准备工作要充分得多，他通过广告将自己的产品打入了各大商场和超市，生意在短时间内做得非常好。两个月后，他发现加斯加的各类产品已在市场上消失了，这使他有了一种打败对手的成就感，由此迈克得出了"加斯加"不堪一击的结论。因此，在夏威夷他竭尽全力与其他同类产品进行竞争，果然不错，那块肥腴的市场被他强占了。

然而天有不测风云，一年后，当迈克正放心地输送自己的产品到夏威夷的时候，他才发现，在各种居民聚居的地方，已出现了若干家挂有加斯加品牌的味精专卖店，他还没有作出反应，电台、报刊、招牌种种形式的商业广告像雪花一样飞来，全都是加斯加的宣传。这且不说，加斯加还使出了一条毒计：他的零售店同时向顾客免费赠送一万袋自己的产品和迈克的味精，让顾客自己来作充分的选择，想好了再买，一周后，全部送完，不同的是他的产品比迈克的东西包装更好，而且味道似乎更带有传统的美国牛排味。这一招果然无比灵验，再加上加斯加的东西除了在大商场及超市可以见到，还可以在居民的家门口买到，大大便利了顾客。一个月后，迈克的产品销售量直线下降。两个月后，迈克几乎失去了整个市场，他辛辛苦苦开拓出来的市场在短时间内即被"程咬金"抢走了，他只得收拾"行李"打道回府，另创天地了。

　　加斯加的成功便在于最初他争而不争，使迈克产生了胜利的错觉，而当他费了九牛二虎之力赶走别人时，加斯加却似从天而降，这时候对加斯加来说，竞争对手仅此一家，压力明显减小，再加之他认真选择了零售地点，人们也愿意因为这点"恩惠"而改变一下自己的口味，但加斯加本人的形象却带着味精走进了千家万户。

【点评】

　　"欲高反下，欲取反与"，在商战中这样欲擒故纵的例子比比皆是。加斯加最初不与之争锋，借以使竞争对手放松警惕，而自己暗地发展，给对手致命的打击。

虽非其事，见微知类。

【史例解读】

邓艾用智败蜀军

　　三国魏齐王曹芳嘉平元年（公元294年），蜀将姜维攻打魏国的雍州（今陕西西安），依曲山（今甘肃岷县内）修筑了两座兵城。曹魏派征西将军郭淮迎击蜀军。郭淮派陈泰和邓艾包围两座兵城，自己率兵截断蜀军援军的道路。姜维无奈引兵退走。郭淮想借此机会进击两城中的蜀军，以除后患。邓艾劝谏道："以往蜀军作战惯使回马枪，这次说不准他们还会再打回来，我们还是预先提防为好。"于是，郭淮分出一拨兵马，让邓艾率领驻在蜀军来路上的白水

（在川陕甘交界处）北岸。

三天之后，姜维果然派将军廖化率兵杀回，遇到阻击，便在白水南岸与邓艾隔河结营。当时，邓艾兵少，廖化兵多，但廖化并不急于出击。邓艾见状，对部将说："蜀军杀回来去救被我们困在两兵城中的同伙儿，敌众我寡，理当架桥急攻我们，但他们并不急于架桥进攻，可见是另有所图。白水附近有一洮城，是军事重地，说不定姜维会偷偷率重兵去袭击。"于是他分出一拨人马，当夜去60里外的洮城（今甘肃临潭）增援。

天亮，姜维果然率大军渡河来攻洮城，由于邓艾早作了准备，姜维没有得手，被邓艾阻在白水以南。两城中的蜀军久盼不到援军到来，粮草用尽，只好开城门投降了曹军。

【点评】

这里，邓艾善于用以往蜀军的行为来推知他们这次所用的战术，能够从对手一反常规、不急于架桥攻击以援救被围困的自己人的细微动作中推知对手另有所谋，因而审时度势，预先作了防范，深得"见微知类术"之精髓。杰出的军事家都善于运用此术，去预计战争发展的形态，去预料对方部署的战术，然后因势为制，因招为制，战胜对手。

公孙鞅料事如神

商鞅姓公孙，是战国时期卫国人。后来他到了魏国，由于智慧过人，很快就成为魏国公叔痤的家臣。

不久，公叔痤就发现商鞅有治国安邦的才能，打算向魏惠王推荐他，不料自己生起病来，而且越来越重。魏惠王闻讯，亲自到相国府来探望公叔痤，并委婉地问道："先生万一有个三长两短，寡人靠谁辅佐呢？"

公叔痤道："我正要向大王推荐一个人。我有个家臣名叫公孙鞅，是个治国安邦的奇才，大王如能将国家委托给他治理，我相信一定能使魏国迅速强盛起来。"

魏惠王低头没有做声。过了一会儿，魏惠王要告辞，公叔痤连忙让左右退下，悄悄地对他说："大王如果不能重用他，就要赶快杀掉他，千万不能让他离开魏国。"

魏惠王应允而去，等他一走，公叔痤就唤公孙鞅过来，向他赔罪说："刚才大王问我谁可以担任相国，我推荐了你，大王没有做声。我身为大臣，不能不忠于国君，所以又对魏王说如果不能重用你，就一定要杀掉你。大王已经答应了，如今我先公后私，又告诉你，你赶快逃跑吧，不然就来不及了。"

公孙鞅听了，淡淡一笑，从容不迫地说："大王既然不肯听你的话重用我，又怎么会听你的话杀掉我呢？你放心吧，我不会有危险的。"

果然，魏惠王离开相府后，并没有像公叔痤所说的那样去抓公孙鞅，而是长叹一声，对左右的人说："公叔痤病得太厉害了，真令人伤心啊！他竟然要寡人将国家委托给公孙鞅治理，如若不成，又要杀掉他。这不是太糊涂了吗？"

公叔痤死后，公孙鞅听说秦孝公正在召贤，就应召到了秦国，受到了秦孝公的重用。后来他实行变法，使秦国很快富强起来。

【点评】

由小及大，见微知类。公孙鞅之所以没有被公叔痤的话吓跑，是因为他由普通的话语了解到了魏惠王的为人，才胸有成竹地留了下来。魏惠王既然不肯听公叔痤的话重用公孙鞅，又怎么会听他的话杀掉公孙鞅呢？

【现代活用】

温成同应变竞争

一个身无分文、一贫如洗的难民，在短短的8年之间竟然成为占整个香港铝业工程界产量3／4的"同记铝业工程有限公司"的总经理，这一成就着实令人惊叹。这个奇迹的创造者就是善于见微知类的温成同先生。

在一次搬运建筑材料时，温成同不小心摔坏了一扇铝合金窗户。在好奇心的驱使下，他把摔坏的窗户反复拆装了好多次，仔细琢磨它的制作程序和构造。接着，他就利用工地的边角废料和一些简单的工具学着干了起来。世上无难事，只怕有心人。他一边钻研，一边有意识地接近技术工人，偷看图纸，暗中苦学技术。功夫不负有心人，经过半年的摸索与学习，他终于弄清了制作铝合金门窗的一套完整工序。

他的第一笔交易是四扇窗户、两扇门，这是为一个私人住宅定做的。由于做工精细，选料考究，加工价格便宜，供货及时，因而得到了房主的赞誉。这笔交易涉及的环节少，而且直接上门服务，因而使他获得了5500港元的收入，除去成本净赚了3500港元，相当于他1个月的收入。意外的成功之"微"使他心中萌生了用铝合金代替木材制作门窗的想法之"类"。铝是地壳中含量最多的金属，加工方便，价格便宜，不但在木材奇缺的香港极为需要，即使在整个业洲也会颇受欢迎的。于是，他毅然辞去了先前的工作，开始独自经营铝合金门窗的生意。由于他的产品质优价廉，服务周到，加上他为人热情，乐于助人，广交朋友，很快便赢得了很多的客户。他又用积攒的资金搭了一个小工棚，找了两个帮手，买了几件简单的工具，"同记铝业工程有限公司"就这样诞生了。

温成同善于揣摩顾客的心理，凡他接待的顾客，没有一个不满意的。他总是区别对待不同的对象，灵活多变，懂得如何揣摩人心，投其所好。有时为了获得几项高额交易，他会把客人的日程安排得满满的，以使客户没有时间再与其他同类公司接触。当你和他谈生意时，你会产生一种不与他成交就欠他情的心理。

温先生善于揣摩手下工人的心理，并善于调动他们的积极性，唤起他们对企业的支持。一次，刚到的铝材要马上卸货，可正巧赶在快要下班的时间。温先生便迅速赶到工地，如实地向工人们说明了困难，工人们把企业的难处看成是自己的事，情愿加班卸货，他也和工人一起干起来。仅两个小时铝材就全部进了仓，省了一天的压舱费。紧接着，他在海鲜酒家摆了两桌酒席，犒劳加班的工人，宴席后他又给大家发了加班费，工人们尽欢而散。他花的这点钱，与压舱费相比真是小巫见大巫。

温成同的事业取得了如此辉煌的成就，这当中不排除有一些偶然的因素，但他善于揣摩人心，善于见微知类，才是他成功的重要原因。

【点评】

"虽非其事，见微知类"，即使所谈的内容并不是实际的信息，甚至无关紧要，但是仍可以从细微的征兆中探知重要的信息，即所谓触类旁通。温成同先生通过仔细琢磨铝合金窗户的制作程序和构造，弄清了制作铝合金门窗的一套完整工序，进而产生了经营铝合金门窗生意的想法。温成同还善于揣摩顾客及手下工人的心理，以诚相待，以情动人，终于取得事业的成功。

故知之始己，自知而后知人也。
其相知也，若比目之鱼。
其伺言也，若声之与响；
其见形也，若光之与影也。

【史例解读】

知己知彼智退敌

公元前666年，楚文王去世，王后息妫是一位倾国倾城的美人，楚文王的弟弟公子元想讨好嫂嫂，得到美人的欢心，在息妫寝宫附近的馆舍中日夜歌舞。息妫知道公子元的用意，感叹道："我的丈夫文王，不问军事，未曾向国外扬威，致使声望日下。阿叔身为令尹，不奋发图强，重振国威，却沉醉于靡靡之音中，真令人担心！"息妫的话传到公子元耳朵里，公子元想讨好嫂嫂，决定率领大军去攻打邻邦郑国。

郑国兵力远不及楚国。面对来势汹汹的侵略军，郑文公惊慌失措，急忙召人商讨对策。叔詹不慌不忙地说："楚国出兵，从未有这么大规模。据我所知，公子元这次出兵，不过是讨好他的嫂嫂，没有什么其他目的。楚兵若来，老臣自有退兵之计。"

不久，楚军先头部队直抵都城。叔詹下令军队埋伏在城内，大开城门，街上商店照常营业。百姓来来往往，熙熙攘攘，秩序井然，毫无紧张气氛，楚军见到这番情景，出乎意料，料定城中早有防备，是在故意诱敌深入。他们满腹狐疑，不敢贸然杀进，于是就地扎营，等候主帅的指示。

公子元率领大部队赶到，大吃一惊，城内秩序井然，似有埋伏。他想到郑国与齐、宋、鲁有盟约，眼下城内有埋伏，万一不能取胜，齐、宋、鲁援军一到，前后夹击，楚军失利，脸上无光，嫂嫂会瞧不起自己。再说这次出兵，已攻下几个地方，几天之间，就打到郑国都城，也算是打了胜仗，目的已经基本达到，还是见好就收吧！

于是，公子元连夜班师回国，又怕郑军追击，命令所有营帐保持原样，遍插旗子，也想摆一个空城计，迷惑郑兵。

次日，叔詹登城遥望楚营，一会儿，便高兴地叫到：楚兵撤走了！众人都不相信，叔詹指着远处说："凡是军队驻扎的营地，必定击鼓壮威，以吓骇鬼神。你们看那里有飞鸟盘旋，证明军营里连一个人也没有了。我料定楚军怕齐国援军赶到，被内外夹击，连夜撤走，还摆下一座空营计来迷惑我们。可惜，公子元会摆空营计，却识不破我的空城计！"

【点评】

空城计采用的是一种心理战术，使用的关键是要清楚地了解并掌握敌方将帅的心理状况和性格特征。敌方指挥官越是谨慎多疑，所得的效果就会越好。这种方法多是在兵力不足的情况下所采取的一种应急措施，如果被敌人识破，敌军乘虚而入，就会变得非常危险。

左右逢源得所求

战国时，中山王宠爱着两个贵妃——阴姬和江姬，她们明争暗斗，都想做王后。

有一位谋臣名叫司马熹，很有谋略，弄钱手段也相当高明。他看出两妃争宠的情形，想趁机敲她们一笔，便暗中使人去致意阴姬，告诉她："要做王后不是开玩笑的，争得到手，自然掌有权威，贵甲天下，傲视全民；万一失败呢，那就危险了，自己的生命保不住不算，还要祸及家族！所以，不争则已，要争必要胜利。如果想成功的话，除非去请教司马熹先生！"

阴姬听后，果然心动，便秘密地亲自去请教司马熹。司马熹巧舌如簧，说得她连连点头，千恩万谢地说："如果事情成功的话，一定重重酬谢。"

于是，司马熹即刻上书中山王，告诉他有一个计划可使本国强盛，邻国衰弱。

中山王很感兴趣，微笑着问他："我非常欣赏你这个建议，要怎样做才行呢？"

司马熹说："我先要亲自去赵国跑一趟，名为访问，实为暗地侦查赵国的险要地方和风土人情，了解它的政治和军事动向，回来才可以制订一个详细计划，知己知彼，才能百战百胜。"

中山王听了又送给他一份礼，打发他去赵国访问。

司马熹见到了赵王，公事完毕，在私谈间他对赵王说："听说贵国是出产美人的地方，但我到这里已经几天了，总看不到哪一个算得漂亮。老实说，我足迹遍天下，也见过无数女人，总觉得没人比得上我国那位阴姬，不知道的，还以为她是仙女下凡呢！她的美，不是笔墨所能描写得来，语言所能说得出的，她那高贵的仪表，胜过母仪天下的王后。"赵王怦然心动，忙问："可不可能把她弄到这里来？"

司马熹故意把话锋一转："我只不过随便说说罢了，至于大王意图怎样，弄不弄得到手，我可不敢保证，阴姬虽是妃子身份，却是国君所宠爱的。这些话，请千万不要传出去，否则要杀头的。"

赵王奸笑一下，表示非达到目的不可。

司马熹回到本国，报告给中山王的就是："赵王根本是一个混蛋，没有道德观念，荒淫无度，不知仁义是什么东西，开口讲打，闭口讲杀。还有，我听到一个可靠的消息，说赵王这个混蛋正在暗中设法想把大王的宠妾阴姬弄过去呢。"

"混蛋，岂有此理！"中山王不听犹可，一听则怒骂起来，"混账东西，竟把脑筋动到我头上来了！可怒也——"

"大王！请冷静一点儿。"司马熹说，"从目前形势来看，赵国比我国强盛，打是打不过的。赵王若索要阴姬，实在没有办法不给。不给就会招致祸患；要给，一定被人耻笑，笑大王懦弱，连爱妃都会送给人！"

"那怎么办？"中山王虽然很生气，但此时也不能不低声下气请教司马熹了。"照我看，"司马熹从容不迫地说，"只有一个办法，就是大王立即册封阴姬为王后，打消赵王的邪念。在列国中，从没有谁敢要别国的王后做妻子的，就是想要，也为列国摒弃，骂作禽兽。"

"很好。"中山王转怒为喜，说："就照你的办法去做，看他这个癞蛤蟆还敢不敢想吃天鹅肉。"

这样，阴姬便很顺利地做了王后，赵王也死了心，司马熹不用说已是王后娘娘的大恩人，地位自然更有保障了。

【点评】

了解了对方的喜好与性格特点后，便可投其所好地施展游说之法，或利诱、或奉承、或蒙蔽等等。司马熹首先从阴姬想做王后开始设计，而后采用了出使赵国这一虚招，其目的便是为阴姬在中山王心中赢得好感，为其登上王后做铺垫。最后，在中山王盛怒的情况下说出心中的计谋，圆了阴姬的梦想，也使自己得到了荣华富贵。

> 如圆与方，如方与圆。
> 未见形，圆以道之，既见形，方以事之。
> 进退左右，以是司之。

【史例解读】

刚柔并济治郑国

春秋末期，郑国的宰相是子产。他善于执政，把国家治理得有条不紊，深得民心。他的执政之道就在于刚柔并济，把握住高压和怀柔两种政策的最佳尺度。

当时，许多大国都觊觎郑国。子产认为，郑国要求得生存，当务之急是加强国力。于是子产一面提倡振兴农业，另一方面为确保军事费用，决定征收新税。一时间，民怨四起，百姓对他恨得咬牙切齿，甚至有人还密谋杀害他。他的家人和朋友都纷纷劝他改变主张，朝中大臣也站出来反对他的政策。

面对来自各个方面的压力，子产没有丝毫的动摇。他力排众议，义无反顾地继续实施既定的政策。

"我所做的一切都是为了国家和人民着想，即使牺牲我自己的名利也在所不惜。如果虎头蛇尾，我殚精竭虑想出来的兴国之道就会付诸东流。我决心一如既往地贯彻我的政策。老百姓的责难只是因为我的政策没有立竿见影的效果。过一段时间后，他们就会明白的。"子产这样对别人解释。他不改初衷，面对责难仍然坚持己见。

过了几年，农业的振兴计划收效甚大，人民的生活水平日益提高。军队也逐步强大起来，足以抵抗外来的入侵。郑国在诸侯国中逐渐树立起不可动摇的地位。

子产的政策并不都是如此"刚硬"，他在教育政策的制定上就表现得非常"宽容"。

郑国为了大力培养知识分子，在各地普遍设立了被称之为"乡校"的学校。但是许多对当政者不满的人就利用乡校传播与统治者相反的观点。若任其发展，就会不利于民心安定，对统治也会造成威胁。因此，许多大臣都提议关闭乡校。

子产却不以为然，他反驳道："如果那些人聚集在乡校谈论政治，我们可以听取他们好的意见，不断改良我们的政策，这样看来，不是一件好事吗？"

子产借用了一个比喻，继续说："人们的言论就好比是河川里的水一样，如果我们控制他们的言论，就如堵塞河水一样。尽管暂时控制住了，不久那些不满就会像洪水一样滚滚而来，堤坝和堰塘终将被冲毁。与其这样，还不如疏通流水，引导它们畅通无阻地流出来，这样不是更合适吗？"从此以后，郑国的教育文化事业得到了繁荣。

由于子产广开言路，集思广益，在他为政期间，郑国国泰民安，国家呈现出一派欣欣向荣的景象。

【点评】

阴阳之道与方圆之说，与刚柔张弛的运用策略是相通的。绵里藏针，柔中存刚是成功的为人之道，刚柔并济更是行之有效的处世手段，治理国家同样如此。子产深知，如果君主严刑峻法，过于苛刻，就会使人们畏而远之；如果太宽松，就会使臣子骄纵跋扈，不易驾驭，所以必须恩威并济，把握好时机和火候。

恩威并施善待人

汉朝时，朱博因善于用人而名扬一时。

有一次，他手下的府功曹对他说道："长陵有一个叫尚方禁的富豪，颇有才华，现在是副守尉。以他的才能，完全可以当守尉。"

朱博听从府功曹的建议，派人去暗中调查他。调查的人回来说："此人年轻的时候行为不检点，曾与别人的妻子私通，后被发现。现在他的脸上有一处刀疤，就是那时候被人砍伤的，府功曹可能是因为接受了尚方禁的钱财，才为尚方禁说话的。"

朱博点头不语。过了几天，他以了解治安情况为由把尚方禁召来，仔细看他的脸，发现果然有一处很深的疤痕。朱博命众人退下，独自留下尚方禁，问他脸上的伤是什么原因造成的。

尚方禁如实做了回答，然后跪在地上请朱博饶恕。朱博大笑，对他说："男子汉大丈夫，有一点过失算什么？我准备为你洗刷掉原先的羞耻，你看如何？"

尚方禁感动得泪流不止。朱博又趁机说道："如果我为你洗刷了羞耻，你可愿为朝廷效力？"

尚方禁连连应诺，朱博就告诉他："这次谈话你知我知，没有其他人知道。你以后的任务就是遇到奸邪之事就记录下来。"

然后朱博撤销了尚方禁蒙羞的案底，并张贴告示"澄清"尚方禁的冤枉，他在一天之内召见尚方禁三次，以表示亲近。

尚方禁早出晚归，四处奔走，揭发了境内多数盗首及其亲信。短短一年，由尚方禁提供线索而侦破的案卷达两尺厚，朱博借机提拔尚方禁为遵县县令，尚方禁感恩戴德，赴任去了。

朱博又召见了那个府功曹，责问道："你收受他人贿赂，依刑律该如何处置？"

府功曹吓得脸色惨白，跪地谢罪。朱博便以将功折罪为由，命府功曹将历年来所受贿赂及其他不义之财，一文不少地记录下来交给他。那府功曹十分害怕，就把自己获得的财物全部都写了下来，交给了朱博。朱博看了记录，知道他已老实交代，就对他说："此事只有你我二人知道，我有心惩治你，可又委实不忍，如果不给你一个罪名，对不起皇上，你看怎么办？"

府功曹坐在那里，一言不发。朱博命令道："你马上坐下来写一个改过自新的忏悔文，然后……"朱博扔给府功曹一把刀，"把你刚才所记的一切全部销毁。"

府功曹如逢大赦，急忙写完忏悔文，拿刀把刚才所记的竹简划烂。

朱博便让他仍归旧职，府功曹从此以后小心谨慎，再也不敢做错事。

【点评】

从"如方与圆，如圆与方"中所得的启示是做事应明方圆之道，朱博在此就成功把握了这一点。金无足赤，人无完人。下属有错，必须纠正，但不必一棍子打死，否则便无人可用。朱博恩威并施，可谓深谙用人之道。尚方禁的羞耻心仍在，说明其良知未泯，仍然可救；府功曹虽贪婪却又惧怕刑法，免其罪责，他必不敢犯错。可见，用方圆之道变通地对待他人，往往能激发其热情，更加忠诚地为自己做事。

圆方决策共生术

"共生"现象使得生物界能够生存发展。日本佳能公司则以"与人类共生"为宗旨，实现了稳健的发展。1987年，在佳能成立50周年庆典上，佳能老板庄严宣布，将"共生"作为公司的基本宗旨。"共生"被解释为"利益均等"和"为人类做出贡献"。

经过半个多世纪的努力，佳能已成为全球性的跨国企业，佳能商标已在140多个国家注册，佳能的产品已深入到世界各个角落。佳能集团现有62000名职工，分布于世界各地，兢兢业业地致力于高科技领域的开发和突破，在照相机、办公与通信系统、精密光学及精细化工等领域不断创新，向人们提供了一系列优质服务。1991年，佳能公司的销售额为149.51亿美元，利润额为4.17亿美元，在世界500家最大的工业公司中排名第83位。

佳能是激光打印技术的先驱，对该领域的研究开发遥遥领先。佳能从电脑领域的早期发展中，就意识到工商界及个人，需要一种噪声低、速度快、质量高的打印机。然而，点阵打印机却做不到这一点。激光打印机则完全填补了这些方面的不足。开发出轻便、高效的佳能激光打印机，代表了佳能在生产技术方面的突破。其中之一是激光扫描器的研制，同时，佳能的照相机、摄录机、传真机以及化学制品、光学产品、电脑与信息系统、医疗系统等也都代表了世界先进水平。

"技术为人类服务"这句名言，深刻地说明佳能是如何发展成为世界领先的跨国集团公司的。

对任何一家跨洲越洋的公司来说，最严峻的考验莫过于与当地社会的交融，为当地提供适于当地客户的创新产品。佳能在世界各主要国际市场建立了研究与开发中心，从而保证了佳能履行其所应承担的职责及贯彻佳能的行动纲领。例如，设于伦敦的佳能欧洲研究中心（CRE），侧重于电脑语言和音频产品的研究。设于加州的佳能美国研究中心则是电脑技术的研究基地。设在加州的佳能信息系统公司，正在开发电脑软、硬件和办公系统。设在法国雷纳的佳能欧洲研究发展中心专门从事数字电信的研究。设在悉尼的佳能澳大利亚信息系统公司，则集中于信息软件的开发。

　　佳能作为一家国际性跨国公司，十分注意与世界的共融共存。佳能在世界各地设立工厂，依靠当地的力量，使各地的工厂逐渐走上了专业化的道路。尽管它们各有所长，但都采用了佳能全球生产系统，从而严格保证了产品质量符合佳能的质量标准。

　　与当地居民融合，与当地经济融合，与当地企业融合，佳能的海外机构尽管都肩负着本身的特定工作，但他们也义不容辞地担当起了向所在地居民提供服务的职责。这正是"共生"精神与"为人类贡献"的实际体现。

【点评】

　　"如圆与方，如方与圆"，方圆交替，彼此渗透，相辅相成。佳能公司倡导的"共生"理念体现了方圆之道，微妙而又恰如其分地反映了佳能在参与社会事务、提供有益技术，以及关心环境等方面做出的卓越贡献。

第三篇

内捷术

内捷术主要讲述的是臣子如何向国君进谏献策，如何拉近与游说对象的关系。内通"纳"，也就是指向君王进谏，以取得君主的欢心与信任；捷通"键"，原意是锁的意思，此处指向君主进献计策，以辅佐国君成就一番大的事业。

在内捷术的运用中，"内"主要是游说对方，能够与对方说上话、搭上腔，侧重于言辞技巧；"捷"是要迎合对方的心意，侧重游说的效果。从"内捷"的根本来看，最关键的是要摸透对方心意去说服、控制对方的思路变化，从而使对方有种心心相印、兴趣相投的感觉，接着便可灵活多变地采用游说之法，使自己进退自如。

【原文】

君臣上下之事，有远而亲，近而疏①，就之不用，去之反求②。日进前而不御，遥闻声而相思③。事皆有内捷，素结本始④。或结以道德，或结以党友，或结以财货，或结以采色⑤。用其意⑥，欲入则入，欲出则出，欲亲则亲，欲疏则疏，欲就则就，欲去则去，欲求则求，欲思则思。若蚨母之从其子也，出无间，入无朕⑦，独往独来，莫之能止。

【注释】

①上下：古时指对立、矛盾的两个范畴，如尊卑、长幼等，此处指君与臣的关系。远而亲：看似疏远，其实极亲密。近而疏：看似亲密，其实极为疏远。②就：归，趋，就职。去：离开，去职。③御：用，指君王信用。遥闻声：指君臣相隔遥远。④素结本始：平时就有了联系。⑤采色：绚丽的颜色，这里指美色、女色。⑥用其意：指推行某种主张。⑦蚨母：昆虫名，形似蜘蛛，又叫土蜘蛛。朕：征兆。

【译文】

君与臣、上司与下属之间的关系是很微妙的，有的貌似疏远，实际上关系却非常亲密，有的看似非常亲近，实际上却各有心思，彼此疏远，主动谋求职位的却不被任用，而那些离去而无所求的反而被召请受到重用。有的臣子每日都能见到国君，却仍旧得不到赏识和重用，而有的臣子与国君距离遥远，但是君王只要听到他的消息，就会起重用之意。归根到底，出现这种情况的原因是由于性情投合，从平日的交往中建立了感情基础的缘故。君王与臣子的结交，有的是以道德为纽带，有的是以同道朋友的方式交往，也有的以钱财利益换取君王的宠信，还有的则是投君王之所好，以美色相赠。只要顺应君主之意，你就能想入就入，想出就出，想亲就亲，想疏就疏，想靠近就能靠近，想离开就能离开，想得到征召就能得到征召，想让国君挂念，国君便会日夜不忘。这种关系就如同母蜘蛛完全依从其子那样，想出便出，想进便进，不给他人留一丝间隙或漏洞。独自出来，独自返回，进退自如，随心所欲，谁也无法阻止。

【原文】

内者，进说辞也，揵者，揵所谋也①。欲说者务隐度，计事者务循顺②。阴虑可否，明言得失，以御其志③。方来应时④，以合其谋。详思来揵，往应时当也⑤。夫内有不合者，不可施行也。乃揣切时宜，从便所为，以求其变⑥。以变求内者，若管取揵⑦。言往者，先顺辞也；说来者，以变言也⑧。善变者，审知地势，乃通于天，以化四时，使鬼神，合于阴阳，而牧人民⑨。见其谋事，知其志意⑩。事有不合者，有所未知也⑪。合而不结者，阳亲而阴疏。事有不合者，圣人不为谋也。

【注释】

①"内"，就是向君王进说言辞。"揵"，就是向君王呈献计策。②隐度：隐藏，小心谨慎地揣度。循顺：依循，顺着。③阴虑：暗地里考虑。明言：公开地发言。志：思想，意志。④方：方法，此处指言谈纵横的方法。应：顺应，适应。时：时宜。⑤详思：详细思考，反复思考。时：顺应时宜。当：指适合君王的心。⑥夫：发语词，此处有"如果"之意。乃：于是。揣切：揣量切摩。从便所为：适合当时的方便计谋。变：换一种计谋。⑦以变求内：以变换了的新计谋来求得君王的采纳。若管取揵：即用钥匙开锁。⑧说来者，以变言：将来是不能预料的，谋士在献策时就要随机应变，妙在发挥。⑨审知地势：审察知晓地理环境。牧：治理、驾驭。⑩谋事：谋划大事。志意：志向，意图。⑪事：指谋臣的计谋。未知：不知道，不了解。

【译文】

所谓内（通"纳"），就是臣子向君王进谏，从而取得君王的信任；所谓揵，就是臣子向君王呈献谋略，以辅佐君王，成就大业。想要游说君王的谋士，务必要事先揣摩出君王的心理；想向君王进献策略的谋士，务必要循势而为，因势利导。想要说服他人，首先要深思熟虑，分析自己的谋略优劣可否，然后再明确地向君王阐明其中的利弊得失，从而迎合君王的思想，掌握君王的意志，进而控制决策的实施。游说的要诀在于顺应时宜，选择恰当的时机，使自己的谋略与君王的意愿切合，以迎合君王。不过首先要审慎地考虑，事先同君王建立稳固的关系，然后再考虑拟献的方略计谋是否顺应时宜、合乎君王的心愿。如果谋士所进献的计谋不合君王的心愿，就不可能被采纳并付诸实践。

因此，进献谋略者需要反复揣度，改变策略以适应时势的要求，提出新的方案，以适应新的变化。这样以变通的方法求得君王的采纳，就会像一把钥匙开一把锁那样游刃有余。与君王谈论过去的历史，应该顺着君王的心思，加以合理解释；与君王谈论未来的趋势，则要留有余地，采用变通的言辞，随机应变。只有善于变通的谋士，才能审时度势，才能与天地自然的法则相通，随四季的更替以适应不同的环境，如同役使鬼神一般得心应手，才能契合丁阴阳变化的规律，从而控驭天下百姓。谋士在观察君王谋划大事时，就可从中洞悉君王的意愿和志趣。如果提出的方略计谋不合君王的意图，与君王的观点不一致，那原因就在于对君王的心愿了解得还不够透彻。如果提出的方略计谋能够合乎君王的意愿，却仍然得不到采纳和实施，以建立稳固、默契的君臣关系，那么由此可以推断，君臣关系只是表面上看起来很亲密，实际上内心却有很大的距离。如果进献的计谋与君王的心愿并不吻合，圣贤之人也不会再为其谋划的。

【原文】

故远而亲者，有阴德也①；近而疏者，志不合也；就而不用者，策不得也；去而反求者，事中来也②；日进前而不御者，施不合也；遥闻声而相思者，合于谋以待决事也③。故曰：不见其类而为之者，见逆；不得其情而说之者，见非④。得其情，乃制其术⑤。此用可出可入，可揵可开⑥。

【注释】

①阴德：心意暗合。②策不得：计谋不当，不合君主的意图。事中来：所策划的事，后来应验了，于是在离开后又被招来。③施不合：措施不合君王的意图。决事：谋大事，指参与决断国家大事。④类：同类事物，共同点。见逆：违逆，与愿望相违反。见非：达不到目的。⑤得其情，乃制其术：与对方情况相合，就掌握了内揵之术，运用自如。⑥此用：即"用此"。

【译文】

因此，与君王表面疏远而实际上关系非常亲密的臣子，是因为双方的情感暗合之故；看上去亲近而实际上关系疏远的臣子，是因为双方的志向和意图并不相符；身居官位、主动进献谋略却得不到君王重用的臣子，是因为其计谋不当，没有得到君王心理上的认可；隐居在野、所言不合君王心意，但后来又被召用的臣子，是因为他当初所献的计策是正确可行的，暗合君王的心意；每天都被君王召见却得不到赏识的人，是因为他所提出的策略不合时宜，也不合君王的意愿；身居江湖乡野、与君王距离遥远反而能引起君王惦念的人，是因为其言行从根本上与君王的谋划契合，君王亟待与他共商大事，成就大业。因此，若不明了总体形势，不了解对方的想法而贸然行动的人，其结果必定事与愿违；同样，不了解君王的意图而贸然进献说辞的人，必然遭到非议和拒绝，想受到重用却会适得其反。只有充分了解对方的真实意图，再依据情况制订策略，才能够充分施展自己驾驭形势的能力，推行自己的主张，这样才可能进退自如，随心所欲。

【原文】

故圣人立事，以此先知而揵万物①。由夫道德、仁义、礼乐、忠信、计谋②，先取《诗》《书》，混说损益，议论去就③。欲合者，用内；欲去者，用外④。外内者，必明道数，揣策来事，见疑决之⑤，策无失计⑥，立功建德，治民入产业，曰揵而内合⑦。上暗不治，下乱不悟，揵而反之⑧。内自得而外不留，说而飞之⑨。若命自来，己迎而御之⑩。若欲去之，因危与之⑪。环转因化，莫知所为，退为大仪⑫。

【注释】

①立事：建立功业。以此先知而揵万物：以得其情而预先认识把握万事万物。②仁义、礼乐、忠信：均为儒家的道德范畴。"由夫道德"句，陶弘景注曰："由夫得情，故能行其仁义道德以下事也。"③先取《诗》《书》，混说损益：先引用《诗经》《尚书》的话，以验证自己的说法，然后加以贬抑或鼓吹。议论去就：议论去和留、进和退。④欲合者，用内；欲去者，用外：从内运动可使情合，在外运动可使情离。⑤道数：即道术，古指治道的方法。揣策：即揣测。见疑决之：出现疑难予以解决。⑥失计：败计失策。⑦产业：产，谋生。业，功业，事业。揵而内合：指谋略被采用，君臣内情相契合。⑧上暗不治：君王昏庸不理朝政。下乱不悟：臣下作乱而不醒悟。揵而反之：指谋略被拒绝，君臣内情不相契合。⑨内自得：内心自以为贤明。外不留：不采纳他人的进言。飞：假意称颂。⑩命自来：指君王有诏命来召。迎：迎接，接受。御：驾御，控制。⑪去之：离开。因危与之：趁着国家将倾之时，将权交还给君王。⑫环转因

化：指游说的言辞像圆环那样转动，随机应变，运转自如。莫知所为：使他人不知道自己在干什么。退为大仪：掌握进退的秘诀了。退：退其位，保全。大仪：大法，秘诀。

【译文】

因此，圣人行事成大业，都是预先洞悉全面情况，从而控制和驾驭世间万物。若向国君进献策略，首先要从道德、仁义、礼乐、忠信、计谋着手，引用《诗经》《尚书》中的立论和教诲，再综合分析其利弊，并进一步确定自己策略中的得失。如果想要赢得君王的信任与宠幸，就要深知君王内心的意图和想法，这样才能接近国君，取得信任；如果无意取得君王的信任和宠幸，一心退出隐居，就不必迎合君王的意愿，自然会失去宠信而离去。善于运用内外之术与君王周旋的臣子，必须明确处理事物的规律和方法，从而预测事物发展变化的趋势，遇到疑难问题能够作出正确的决断，使策略的运用不会出现失误，从而治理百姓、建功立业、积累德行，使朝廷君臣有序，人民安居乐业，这就是君臣内情相契合。若君王昏庸不能治理朝政，臣下庸碌不辨事理，就是君臣内情不相契合。对于那些自以为贤明而不能采纳贤哲谏言的君王，就要假意称颂他，然后再去说服他。如果朝廷有起用的诏令，就应该欣然受命，获得君王的信任之后再施展才能，从而达到自己的目的。如果另有所谋，打算归隐山林，不愿当朝为政，就要利用社稷大厦将倾之机，伺机退隐。是去是留要反复权衡，转换变化要因情制变，让人搞不清自己的真实意图。这才算是掌握了去留进退的真正秘诀。

智慧运用

或结以道德，或结以党友，或结以财货，或结以采色。
用其意，欲入则入，欲出则出，欲亲则亲，欲疏则疏，
欲就则就，欲去则去，欲求则求，欲思则思。
若蚨母之从其子也，出无间，
入无朕，独往独来，莫之能止。

无所畏惧谏成帝

西汉后期，汉成帝执政以后，重用自己以前的亲信，尤其是自己以前的老师张禹，并封他为安昌侯。但张禹是个道貌岸然的伪君子，实际上贪婪淫奢，位高权重之后，他对奢侈生活的追求更是登峰造极。人民都对他深恶痛绝。

朱云是当朝的一位官吏，是个敢怒敢言的硬汉子，他的这种性格朝中上下已是众所周知。他查实了张禹的种种罪行之后，立即上书求见皇帝。朱云当着满朝公卿的面慷慨陈词："现在朝廷有些大臣，只图一己之利，上不能辅佐君主，下不能益于百姓，惹得民怨沸腾，微臣请陛下杀一儆百，斩一奸佞之人，以平民怨，以儆效尤！"

成帝好奇地问："不知你要斩的奸佞之臣是何人？"

朱云上前一步，毫不犹豫地说："恕臣大胆，我说的就是安昌侯张禹！他……"

正当朱云打算一一陈述张禹的罪状时，成帝大声喝断，顿时龙颜大怒："你这个逆臣，简直不知天高地厚，居然敢以下犯上，公然在朝堂上侮辱我的老师！罪在不赦！来人，拿下！"

两边的侍卫立即奉命捉拿朱云，朱云一路挣扎，被拉至金銮宝殿前，朱云死死地抓住栏杆不放，不料竟将栏杆折断。他大声呼叫道："我到九泉之下与已故的忠臣为友，也没有任何的遗憾！现在陛下任恶人大行其道，日后还能以圣明自居吗？"

汉成帝怒火正旺，听得叫声更烦，又下令道："拉出去，斩首！"在一旁几次欲言又止的左将军辛庆忌摘去官帽，解下将军的大印，双膝跪地，对皇上说："陛下息怒！陛下息怒！朱云这个人素来狂放不羁，说话做事喜欢直来直去，相信您也有所耳闻。今日他进谏也是为民着想，并无恶意。如果他所言属实，那岂不是杀错了人；如果他是信口雌黄，也罪不该死，陛下何不查明真相后再判决呢？今日我愿以死相救。"

说罢，辛庆忌连连叩头，磕破了额头，染红了地面。汉成帝想想觉得有理，平息了怒气，收回了成命，并派人查证张禹之事，不再追究朱云。

后来，有人提议把折断的栏杆修整翻新，汉成帝连忙阻止："栏杆勿修了，把那些坏的部分收拾一下就行了。我要让来来去去的大臣都知道朱云和辛庆忌不计自己得失而直言进谏的事迹。这种人是我一直都需要的啊！我差点犯下一个不可挽回的错误！"

【点评】

内捷中有"或结以道德"之交，朱云的劝谏就属于以臣子的赤胆忠心之德感动成帝。虽然劝谏的技巧运用不多，但却是道德、仁义、忠信的具体表现。采用直谏的方法，最好知道君主是个圣贤明君，如果是个平庸无能的昏君，那很可能会招来杀身之祸。只有忠臣明君，才能做到以德相交。

从德行来看：对朱云而言，不计个人得失的正直和诚实永远不会过时；对于汉成帝而言，能够及时转变观念，吸取教训，控制自己，虚心纳谏，并下令栏杆勿修，以示警戒，难能可贵。

忠直谏臣魏国公

有一年，唐太宗派人征兵。有个大臣建议，不满18岁的男子，只要身材高大，也可以征。唐太宗同意了。但是诏书却被魏征扣住不发。唐太宗催了几次，魏征还是扣住不发。唐太宗大发雷霆。魏征不慌不忙地说："我听说，把湖水弄干捉鱼，虽能得到鱼，但是明年湖中就无鱼可捞了；把树林烧光捉野兽，也会捉到野兽，但是明年就无兽可捉了。如果把那些身强力壮、不到18岁的男子都征来当兵，以后还从哪里征兵呢？国家的赋税杂役，又由谁来负担呢？"良久，唐太宗说道："我的过错很大啊！"于是，他又重新下了一道诏书，免征不到18岁的男子。

一次，唐太宗从长安到洛阳，中途在昭仁宫（位于现在的河南省寿安县）休息，因为对他的用膳安排不周到而大发脾气。魏征当面批评唐太宗说："隋炀帝就是因为常常责怪百姓不献食物，或者嫌进献的食物不精美，遭到百姓反对，灭亡了。陛下应该从中吸取教训，兢兢业业，小心谨慎。如能知足，今天这样的食物陛下就应该满足了，如果贪得无厌，即使食物好一万倍，也不会感到满足。"唐太宗听后不觉一惊，说："若不是你，我就听不到这样中肯的话了。"

魏征为人耿直，有才干，是个忠臣，李世民不记前仇，任用他为谏议大夫。魏征不断向李世民提出好的建议，使李世民对他十分佩服。他经常将魏征请入居室，询问得失，魏征越来越被重用，先后被李世民提升为秘书监、侍中、宰相，并封他为魏国公。

李世民曾说："我好比山中的一块矿石，但经过匠人的锻炼，就成了宝贝。魏征就是我的匠人！"

魏征去世后，李世民痛哭流涕地说："用铜制成的镜子，可以照见衣帽是否端正；以史为镜子，可以知道政治的兴衰；用他人作为镜子，可以知道自己的成绩与过错。我经常保持着这三面镜子，现在魏征去世了，我少了一面镜子呀。"

【点评】

"或结以党友"指以同道朋友相结于君王。纵观古今中外历史，君臣之间能以良师益友般的感情相交的莫过于魏征与唐太宗了。唐太宗把魏征喻为明镜来体察得失，把自己比作矿石，把魏征比作匠人，足见其与魏征的"党友"之交。

投其所好连升迁

裴延龄是唐德宗时掌管财政的大臣，虽然他对财政一窍不通，可为了显示自己的能干，就任之初，他便上书皇帝说："我通过清账查库，发现有20万贯的钱没有入账，请将这笔钱放在另外一个钱库中存起来，以供陛下随时取用，永无匮乏。"不久他又上书皇帝说："朝廷仓库收藏的钱物多有失落，最近我在废品中收得银钱13万两，丝绸及其他物品又有100多万。这些钱物也都没有入账，应当算作节余，也该转移到别的仓库收藏，以供陛下支用。"

唐德宗本来贪财，当他得知裴延龄意外发现了这么多钱物，欲望便迅速膨胀起来，今日修这个，明日建那个，都伸手朝裴延龄要钱。其实，裴延龄所说的那些意外之财，全都是子虚乌有，这只不过是他为了炫耀自己能干、讨好皇帝而瞎编出来的。可面对着皇帝越来越多的索取，他又不敢暴露实情，只好加紧对百姓的勒索和巧取豪夺。

有一次，德宗要建造一所寺庙，需用一根长50尺的松木，却无处可得。裴延龄说："我最近在同州发现一座山谷长满树木，大约有数千株，长度都在

80尺左右。"

德宗听了十分惊异，说："听说开元、天宝年间，在附近连五六十尺的树木都找不到，不得不到远方采购，如今怎么会出现这么多的大树呢？"

裴延龄回答道："我听说贤材、珍宝、异物，只有在国君圣明时才会出现。如今这批树木生长在京师附近，也是因为陛下圣明啊！开元、天宝时候怎么会有呢？"

其实根本没有这些大树，全都是他信口雌黄瞎编出来的，只不过是用来欺骗皇帝、讨好皇帝罢了。当时就有人指责他愚弄朝廷、欺骗君主，虽然后来唐德宗也知道了他的荒诞虚伪，可是对他的谎言很受用。德宗后来就不断地给他加官晋爵，只不过裴延龄不到50岁就死去了，否则就能当上宰相了！

【点评】

内揵中有"或结以财货"之交，而裴延龄正是利用了唐德宗贪图财利、爱慕虚荣的性格，以花言巧语来投其所好，使自己青云直上，官至显位。

> 方来应时，以合其谋。详思来揵，往应时当也。

【史例解读】

因势利导进谏言

春秋时期，齐国国相晏子生活非常俭朴，齐景公经常看着他身上的粗布衣裳叹气道："你真是个乡下人啊！"

晏子的住宅和普通老百姓的房子没什么区别，家中陈设甚至比老百姓的还要简陋。

齐景公知道后，便想给他建造一所好一点的房子。

一天，退朝后，齐景公叫住晏子说：您住在靠近集市的地方，每天在嘈杂中度日，实在让您受苦了，更何况灰尘满街，地势很低，狭窄且又潮湿的环境实在不适合像您这样的人居住，请您还是搬到宽敞明亮的地方去吧！一切费用都由我来负担，你看怎么样？"

晏子摇头道："感谢大王的美意。住宅的好坏不一定是以豪华和简陋来区分的，况且我所住的地方是齐国的先代贤士们住过的。我有时想，自己住在这里是不是有资格，会不会有辱先贤们。再说，我住在靠近集市的地方，买东西很方便，怎么可以麻烦百姓再为我另建房屋呢？还是算了吧！"

齐景公见他不肯换房，便转换话题，笑着问："您住在集市附近，可知什么东西最贵，什么东西最便宜吗？"

晏子一听，不由得想起自景公继位以来频繁施用的一大酷刑——刖刑，即把人的双腿砍断。有很多老臣冒死进谏要求废除此酷刑，都徒劳无功。晏子多次想劝谏，但一直苦于没有机会。今日齐景公问起物价贵贱来，晏子想了一想，说道："假肢是最贵的，鞋子是最便宜的。"

齐景公脸色微微一变，若有所悟地低下头，沉思了许久。

"好了！"齐景公严肃地对晏子说道，"从明天开始我就废掉刖刑。"

【点评】

晏子身居高位，却甘居陋室；尽管想谏止刖刑，却要耐心等候时机，可谓深得顺其自然之道。一个人如果享尽荣华富贵，必遭天妒人怨，灾难随时可能加身。晏子贵而不富，就不会被人视为眼中钉、肉中刺了。所以他能安然当权57年之久。至于进谏时机的把握，晏子处理得恰到好处，似谏非谏，点到为止，却力压千钧，一击而中。

以棋为喻劝庄公

春秋时期，齐相国晏婴，是一位家喻户晓、德高望重的政治家，人们尊称他为晏子。他博闻强记，知古通今，他辅佐齐灵公、庄公、景公三世，达57年。他提倡节俭，并能以身作则。他尽忠进谏，对国君从来是知无不言，言无不尽。

一日，齐庄公在花园里与妃子下棋，听说晏子求见，就撇下妃子，与这位棋坛高手在棋盘上厮杀起来。

晏子也不多话，稳稳坐在那里，出车跃马，摆开阵势，不一会儿就吃了庄公不少棋子，占尽优势。但接下来，晏子横冲直撞，走了几步错棋，棋局发生了变化。庄公沉着应战，居然转败为胜，赢了一局。

齐庄公疑惑地问："为什么这局棋你会下得如此差呢？"

"臣有勇无谋，输棋自在情理之中。"晏子手指棋盘说，"下棋是这样，治理国家也是这样，如今的状况，我已经很难胜任相国的重任了。"

庄公吃了一惊，晏子又说："近年来，由于您偏爱勇武有力的大臣，使武夫们滋长骄傲情绪，傲视文臣，欺压百姓，闹得京城临淄乌烟瘴气。许多有才干的文臣得不到重用，官风民风越来越坏。若这些人不加以严格约束，势必会出乱子。"

齐庄公有些自知之明，但身为国君，怎可轻易接受一个臣下的批评呢？于是他不服气地问："请相国直言，古时有没有哪一个国君，是依靠武力而安邦治国的呢？"

晏子说："夏朝末年有大力士推侈、大戏，殷朝末年有勇士弗仲、恶吏，这些人都是神力无边、万夫莫挡之辈，可他们却不能挽救夏桀、殷纣的灭亡。夏、商的覆灭告诉后世一个道理：光靠勇力而不行仁政，是行不通的。"

庄公仔细体会晏子的肺腑之言，认为他说得很对，就恭敬地表示感谢，并同意从今以后减轻赋税，施仁政以固国本，让万民敬仰自己，让文臣亲近自己。

【点评】

"方来应时"意思是反复揣摩，以适应时势的要求去进言，以求其变通。晏子下棋，开始时猛如虎，顾前不顾后，待到后来欲挣扎时，早已成败局。他以此吸引庄公提出话题，并顺势转到以武治国和以仁治国上面来，当庄公不服气时他又举出实例，证明以武治国是不可行的。其婉转自如的口才技巧，令人叹服。

晏子在此便巧妙地抓住了进谏的时机，他不急于进言，而是在下棋中创造有利时机。他先是采用投石问路的方法，以下棋使庄公对棋局的变化莫测而深感迷惑，而后再把话题转到以仁政治国上来，阐述了自己的立场与观点，接着又举出实例，说得庄公心服口服。

乃揣切时宜，从便所为，以求其变。

以变求内者，若管取捷。

言往者，先顺辞也；说来者，以变言也。

顺水推舟阻景公

齐国到齐景公在位时，政治更加清明，国力更加强盛，在众多诸侯国中是屈指可数的大国，这不仅因为有开明的齐景公，还因为有一流的政治家晏子辅佐。

一次，有个人得罪了齐景公，齐景公大发脾气。盛怒下，他下令将那个人绑在大殿下面，要把他一节节地砍掉，这可是一种非常残酷的刑罚。

同时，齐景公下令，谁都不能来劝阻这件事。如果有人来劝阻，就和那人同罪，也要被肢解。作为国君，他的话一言九鼎，谁都不愿意冒险进谏。

晏子听了以后，便把袖子一卷，装出一副凶狠的样子，拿起刀来，把那人的头发揪住，同时在鞋底下磨刀，做出要亲自动手杀掉此人、为君王泄怒的姿态。

然后，晏子仰起头来，向坐在上面正发脾气的景公询问："大王，我看了半天，但不知怎样下手，好像史书上没记载过尧、舜、禹、汤、文王这些贤明的君主要肢解杀人时，到底应该先砍哪一部分。对这个人应该从哪个部位下手去砍，才能做得像那些圣主们一样好呢？"

齐景公听了晏子的话，立即警觉，自己若要做个明君圣主，又怎么能用这种残酷的方法杀人呢？所以他对晏子说："好吧！我错了，放掉他吧！"

【点评】

晏子在此运用了"言往者，先顺辞也；说来者，以变言也。"他先是顺着景公的意图佯装要杀掉此人，却在行动中用暗示的语言警示景公，达到了自己劝谏的目的。

晏子知道如果当时直言规劝，直说心言，必定会事与愿违。因为此时的齐景公正在气头上，如此一来不仅会使之下不来台，还会火上加油，不但救不了要被杀之人，甚至连自己的性命也保不住。正是晏子看清了这个道理，才将计就计，很巧妙地充当"刽子手"，以委婉的方法劝阻了齐景公。

史蒂文斯巧献策

许多跟随英国首相丘吉尔的人给了他一个很有趣的绰号——"一架老的B-2轰炸机"。因为这种轰炸机的最大特点是，任何优质燃料只要进入它的发动机，都会被毫无例外地检测为不合格的油品而禁止进入燃烧室。

与之相似的是，丘吉尔拥有卓越的才能，却相当自负，对于别人的意见或建议常常看不起，要么不采纳，要么根本不予理睬。

有一次，他的助理史蒂文斯被丘吉尔单独召见，史蒂文斯提出了一个方案，尽管他明知首相不容易接受别人的建议，但因为是经过苦心研究的，他自认为这个方案相当可行，所以说得理直气壮，十分自信。

但他没有得到幸运之神的眷顾，丘吉尔听完他的话，尖刻地说："在我愿意听废话的时候，欢迎你再次光临。"

令史蒂文斯吃惊的是，在数天之后的一次宴会上，他听到丘吉尔正在把那天他的建议当作自己的见解发表。这件事使史蒂文斯"大彻大悟"，原来并非是他的建议本身不好，而是他提出建议的表达方式不够完美。

终于，他找到了向首相提建议的最好方法：低调建议，不再强调某个计划是他想到的，就好像那是首相自己的想法一样。在首相不知不觉地感兴趣以后，再将这个计划作为首相自己的"天才构思"公之于众。这样，这个计划就被"移植"到首相的头脑中了，他就会坚定不移地相信这是一个好主意。

史蒂文斯决定，为了使一个好计划得以实现，他甘愿牺牲自己的功劳。

后来史蒂文斯奉命到美国进行外交上的接洽，这一次他已经掌握了提出建议的最好方式。出发前，丘吉尔虽然在原则上同意了史蒂文斯的计划，不过态度却相当谨慎，看起来这个计划短期内很难被批准。

史蒂文斯到纽约以后不久，向丘吉尔寄回了他同美国国务卿的谈话记录。在谈话中，史蒂文斯把自己想出的那个计划说成是"首相的创见"，并且对这个主张热情赞扬。

结果丘吉尔看了这个记录后，毫不犹豫地正式批准了这个计划。

【点评】

员工可以从一点一滴的小事甚至只言片语中揣摩出领导的喜好，由于掌握了领导的特点，摸准了领导的喜好，就可以在每一次的接触中使所说的和所做的符合领导的心意。由于话语顺耳，事事妥帖，员工极容易拉近和领导的距离，为与领导和睦相处、向领导献计献策奠定良好的感情基础。

得其情，乃制其术。

此用可出可入，可捷可开。

【史例解读】

触龙智说赵太后

据《战国策·触龙说赵太后》中记载：公元前265年，赵国的国君惠文王去世，其子孝成王继承了王位，因为年少，便由其母赵后执政。当时正处于诸侯国混战的局面，所以国内形势动荡不安。秦国见有机可乘，便发兵攻打赵国，在分析到自身的力量绝不是秦国对手的情况下，赵太后不得不向齐国请求援助。齐王虽然答应出兵，但要求赵国以长安君作为人质。

平日赵太后对幼子长安君极为宠爱，怕他有什么危险，所以不肯答应。大臣们都极力劝说，结果赵太后大为生气，对大臣们说："若再有敢说让长安君到齐国作人质的，我必唾其一脸口水。"

有一天，德高望重的大臣触龙来求见赵太后。他知道如果直说必定会惹怒太后，于是他便装作若无其事的样子说："由于我最近身体不安，好久没有来向太后问好了，不知道你最近身体怎么样？"

赵太后说："最近我活动得很少，每天吃饭也不多。"触龙说："我也是这样，但还是支撑着散散步，这样对身体有好处。"太后说："我可没那个心情。"几句日常的相互问候后，赵太后的怒气渐渐消了些。

触龙接着说："我有个小儿子叫舒棋，就是不成材，多是平时宠爱的缘故。我已经老了，所以想让太后允许他来宫中当一名侍卫吧，这就是我此次前来的目的。"太后说："好吧，他多大了？"触龙说："15岁了，年纪还小，但我希望在死前能把他托付给太后好好照看。"太后说："没想到父亲也宠爱孩子呀？"触龙说："当然，甚至比母亲还要厉害。"太后笑着说："不会吧，女人家才格外宠爱自己的小儿子呢。"

触龙见太后情绪好多了，便说："父母疼爱子女，也应该替他们做长远的打算。"赵太后点了点头。触龙随即转换话题说："但我觉得太后为儿子打算得不够长远。"赵太后不解地问他为什么这么说。触龙说："如今太后抬高长安君的地位，给他很大封地和诸多财宝，却不让他及时为国家立功，一旦太后去世，长安君怎能在赵国立足呢？所以我认为太后替长安君打算得不够长远。"

此时太后才知触龙的真正来意，也深深被触龙说服了。于是赵太后为长安君准备百余辆车马，以及诸多随从，送他到了齐国，齐国也终于出兵援助了赵国，使其转危为安。

【点评】

"得其情，乃制其术。"此处触龙说服赵太后，正是在了解对方的基础上运用了迂回的策略，而不是直言相劝，用共有的爱子之情达到心灵上的共鸣，然后在谈话中控制住了太后，使自己游刃有余、"可出可入"。后来他便以此为突破口用动之以情、晓之以理的言辞说服了赵太后。从与赵太后拉近关系到找到共同语言，最后使赵太后接受自己的主张，正是内揵术的运用——得其情，乃制其术。

智用妾喻得信任

纵横家苏秦为燕昭王效力，前往齐国，凭三寸不烂之舌，说服了齐王归还燕国十个城池。苏秦有功而返，以为将受到燕昭王的礼遇，可是没料到有人在燕王面前诋毁自己。燕昭王偏听偏信，不但没有以相国之礼相待，反而对他心存成见。苏秦为自己的处境感到委屈，他忍受着压力，想方设法摆脱他人的控制。

一次在拜见燕昭王的时候，苏秦说："近日我听到一个故事，发人深省，愿意和大王您一起分享。"

燕昭王不知道苏秦什么意思，只好耐着性子说："说来听听。"说完就闭上眼睛，不再理会。

苏秦知道只要自己有讲话的机会，就可能改变自己的处境，于是就专心致志地讲故事：

"从前，一个男子为了让自己的家人生活得更好，他常年在外面做生意，只剩下原配夫人和一个小妾在家中独守空房。他的夫人耐不住寂寞，和一个游手好闲的男子私通，这一切都被小妾看在眼里，但是她什么也不说。一天，那名男子和原配夫人在房中商量她的丈夫回家后应该怎么办。女的说：'我们真要在一起，他就必须得死。到时我准备一杯毒酒对付他，一切就好办了。'不巧，小妾正路过，隐隐约约地听到了他们的对话，记在心上，日日忧虑不止。

"不久，丈夫回来，给妻子和小妾带回了许多金银首饰。两个女子忙着迎接丈夫，端上来一道道美味的菜肴。一切都准备好，原配夫人吩咐小妾为丈夫倒酒。小妾左右为难。不倒，害怕丈夫和原配夫人说自己不懂规矩和礼法；倒吧，又害怕毒死丈夫，说不定还要把自己牵扯进去；要是直接说明酒里有毒，又担心丈夫赶走原配夫人，自己于心不忍。她灵机一动，假装被脚下的东西绊了一下，打个趔趄，把手中的酒壶摔破了。可不知情的男主人却破口大骂，后来还打了小妾一顿。"

燕昭王听得津津有味。故事讲完后，他沉思片刻，似有所悟地问苏秦："你不会仅仅是要我听个故事吧？你想说什么？"

苏秦见大王已明白几分，便笑着说："我是想说，有许多在大王您身边的人就像小妾，对大王忠心耿耿。而您却还不能像对待原配夫人那样信任他们，更何况想陷害小妾的原配还不止一个！身陷小妾处境的人最终要被大王遗弃啊！"

燕昭王看看苏秦，对他会心一笑，说："你的意思我明白了！"

不几日他便赏赐苏秦，以相国之礼厚待他。苏秦因此才得以摆脱了"小妾"的命运。

【点评】

"得其情，乃制其术。"此处苏秦知道了燕昭王身边有人说自己的坏话，这便是"得其情"，需要找机会在燕王面前澄清自己，于是他便想到了智用妾喻的"制其术"。苏秦的策略非常有创意，他巧用比喻，变被动为主动，重新取得了燕昭王的信任。

玩具商"得情制人"

靠纸牌起家的日本玩具商——任天堂公司，"善窥形式，因应变化"，获得巨大成功。

1969年，任天堂向家用电脑玩具发起总攻。当时，日本、美国几家公司也推出这种电脑玩具，售价为2万-6万日元，销量不大。任天堂公司推出成本低、功能比美国好的家用电脑的大型集成电路，几乎一夜间，压倒所有对手。

现在每5个美国家庭，就有一台任天堂公司的娱乐系统。难怪美国的杂志上说："美国的孩子，没有任天堂，就会像没有棒球手套一样遗憾。"

美国任天堂子公司的经理荒川发现：美国的父母担心孩子们迷上任天堂的产品后，会减少体育活动，于是任天堂迅速推出一种叫"动力台"的游戏机，孩子们在玩时，必须用跑、跳、蹦等方式控制荧光屏上的人物。如此挖空心思，使任天堂生意红火。

通常，任天堂日本总公司的产品一经设计完成，就会立即被寄到在美国的分部，而早已等候在那里的办公室人员收到快递后，立即开箱检查审视，看美国的市场能否接受这种产品。所有的文字、图画都要被仔细审查，等到确信没有问题后才正式投放美国市场。

由于国情不同，玩具产品很容易"水土不服"，甚至引起民族矛盾。比如，有一次在日本开发出来的一套电视游乐系统中的人物形象就经过了更改才推向美国市场的。因为其中扮演坏蛋的那个角色一看就是印第安人；还有一套"赌博"游乐系统，唯一的贼是一个黑人。为了避免种族歧视问题，有关人员就把"印第安人"的面孔改变，把黑人的肤色"淡化"一番，等等。如果放任有问题的产品推出，后果不堪设想。

产品设计不仅要符合目标市场政治文化环境的需要，而且要符合目标市场审美观念和传统习俗的特点。比如"富翁"电玩，在日本版本中是吃了寿司而增强体力的，而到了美国，就将寿司改变为热狗。相应地，主角的小小黑眼也变成浓眉大眼，这样就容易被美国消费者接受了。

【点评】

任天堂公司的成功在于敏锐把握市场信息，"善窥形式，因应变化"，推出了一系列符合国情、民情、商情的产品，正所谓"得其情，乃制其术。"

"扬家丑"赢得顾客

在传统的文化观念中，人们是很忌讳"家丑外扬"的，在商品经营中更是如此。"王婆卖瓜，自卖自夸"，为了提高销售额，厂商一般都不能恰如其分，总会有夸张的成分。当然，顾客对此会有不同程度的厌恶感。

"家丑外扬"则恰恰相反，它直接站在消费者立场上，设身处地为顾客着想，主动披露产品存在的多方面问题，以诚为本、以诚相见、以心换心，在人们心目中树立诚实的企业形象，以此而招来顾客对产品的青睐，扩大市场占有率。

"家丑外扬"巧妙地利用顾客的逆反心理，对顾客适当地"纵"，这样反而比直接"擒"具有更大的威力。

美国亨利食品加工工业公司总经理亨利·霍金斯先生突然在化验鉴定报告单上发现，他们生产的食品配方中具保鲜作用的添加剂有毒，虽然不大，但长期服用对身体有害，如果悄悄地在配方中删除添加剂，会影响食品鲜度。如果公布于众，会引起同行强烈反对。

然而，最后他毅然向社会宣布：防腐剂有毒，对身体有害。

所有从事食品加工的老板联合起来，用一切手段向他发难，指责他别有用心、打击别人、抬高自己，一起抵制亨利公司的产品。亨利公司到了濒临倒闭的边缘。

这场争论持续了4年。霍金斯在近于倾家荡产之时，名声却家喻户晓并得到了政府的支持，其产品成了人们放心的热门货。

亨利公司在很短时间内恢复了元气，规模扩大了两倍。霍金斯一举登上了美国食品加工企业的第一把交椅。

【点评】

揭产品之"家丑"，扬经营者之真诚，短时间可能会降低效益。但这种"防守"却可以打消顾客的担心和不信任感，使企业赢得顾客的信赖，企业从而可以扩大产品销路，大幅度地提高效益就指日可待了。

若欲去之，因危与之。
环转因化，莫知所为，退为大仪。

陆伯言欲退反进

陆逊，字伯言，是东吴继周瑜、鲁肃、吕蒙之后的又一三军统帅。公元234年，孙权亲自率兵10万，去攻魏国的合肥新城（今安徽合肥西北），他派陆逊、诸葛瑾领一小部分兵马去打魏国的襄阳（今湖北襄樊）。

但围攻不久，吴兵却多染时疾，魏明帝又亲率大兵增援合肥，故孙权无奈撤兵而回，同时派使者通知陆逊、诸葛瑾。哪知使者半路上被魏兵掳去。诸葛瑾闻知大惊，忙派人告诉陆逊，赶紧撤兵。

陆逊接到信后，毫无动静，依旧催促手下种植生长周期短的蔓菁以供军队食用，依旧和手下众将下棋玩乐。诸葛瑾不知就里，忙亲自来见陆逊。陆逊说："要退，也得用计撤退。魏兵知大王退去，必全力对付我们。我们若落荒而逃，必被全歼。"陆逊命诸葛瑾率人督管战船，陆逊不但没撤，反而率兵拔营，向襄阳进发。

魏兵早已畏忌这位曾出奇谋火烧刘备阵营的大将，见吴军逼来，他们不知吴军玩什么花招，忙退守城里。这时，诸葛瑾已派人沿江排开战船，吴军有秩序地登上战船，安全撤走了。

【点评】

"环转因化，莫知所为"，实要退，表面上却在进攻，让敌人摸不清真实意图，不敢贸然围击，这就是"环转退却术"。

朱可夫计调敌兵

1943年秋，苏军反攻德国法西斯，发动了德涅伯河会战。

按最高统帅部命令，沃罗涅什方面军渡河夺取了基辅东南的希克林登场。德军组织强大力量反击，经过两次交锋，苏军受挫。朱可夫元帅决定把主攻力量转移到敌人防御力量较弱的基辅北侧。但是，这样一支机械化大部队在敌人面前转移，很难保守机密。于是，朱可夫元帅运用起"环转退却术"，先假造一个暂停进攻、就地防御的命令，故意放在阵亡军官的皮包内，让敌人得去。将部队悄悄撤回第一线后，仍留下少量兵力，制造声势，并让前线电台照旧工作，以造成大部队重新集结、固守待攻的假象。这使得德军调动大批飞机，对希克林苏军阵地进行轰炸，并调集预备部队，准备决战。

这时，苏军主力已转移到柳捷日，在那里发起了总攻。

【点评】

金蝉脱壳，以假乱真，不但可以用于退却、逃命，还可以用于吸引敌方注意力，以转移主力，发动更有效的攻势。

第四篇

抵巇术

据《辞海》解释，巇原意是险峻、险恶之意，后引申出间隙、漏洞、矛盾等意思，比喻给人可乘之机。本篇主要讲述的是如何洞察事物出现的缺陷和矛盾，以及该采取什么样的措施加以弥补或利用。

鬼谷子认为任何事物都会出现矛盾，如果不加以控制，就会由小变大，到时想补救都来不及了。控制事物最好的方法就是事先预防。出现裂痕时要及时采取措施加以弥补，由内部原因而起就要堵塞；由外部原因而起就要消除外部隐患；刚开始时可以及时补救；无可挽回时就要以新代旧。

从全局来看，抵巇术成功运用的关键是要顺应事物发展变化的规律，唯有如此，才能灵活运用"抵而塞之"或"抵而得之"的策略，使自己不断完善，并找到克敌制胜的方法。

【原文】

物有自然，事有合离①。有近而不可见，有远而可知②。近而不可见者，不察其辞也；远而可知者，反往以验来也③。

巇者，罅也。罅者，涧也。涧者，成大隙也④。巇始有朕⑤，可抵而塞，可抵而却，可抵而息，可抵而匿，可抵而得，此谓抵巇之理也⑥。

【注释】

①物：世间万物。自然：天然，这里有规律之意。合离：聚合分离。②见：发现，觉察。知：了解。③反往以验来：回首观察以往，并推知未来。④巇：缝隙，裂缝。罅：裂缝，义与"巇"同，裂的程度略深。涧：山沟。从文意看，"巇"发展成为"罅"，"罅"发展成为"涧"，这是从小隙向大隙的演变过程。⑤朕：征兆，萌芽之态。⑥塞：阻塞。却：退却，排除。息：止息。匿：隐藏，消失。得：取得，取代。抵巇之理：堵塞缝隙的道理，即如何去弥缝事物的缝隙，使事物不至于崩溃。

【译文】

世间万物的发展都遵循着大自然的规律，世间万事同样也要依照离合聚散的法则发展变化。有些事情，虽近在咫尺，却互不了解，看不清楚；有些事情，虽然远隔天涯，反而了如指掌。近在咫尺却没有了解，是因为没有详细地考察情况，分析其言辞；远隔天涯反而了如指掌，是因为反观其以往发展的规律和历程，从而推断出未来的发展情形。

所谓巇，就是罅，罅也就是涧，涧天长日久就变成大隙。（巇，在古代指容器的裂痕；罅，指的是裂缝；涧指的则是较大的裂缝。三字意思相通，只是程度不同。）巇起初发生时，会有征兆可寻。若是内部有了缝隙，可以从内部堵塞它，使其消失；若从外部出现时，可以从外部使其缩小，从而慢慢击退；若是从下层出现时，可以从下面平息它；当这种征兆处于萌芽状态时，可以从上面着手，让其逐渐泯灭；如果缝隙已经扩大到无法弥补、不可救药时，可以弃旧用新，趁机用适当的途径取而代之。这些就是抵巇之术的道理。

【原文】

事之危也，圣人知之，独保其身①。因化说事，通达计谋，以识细微②。

经起秋毫之末，挥之于太山之本③。其施外，兆萌牙蘖之谋④，皆由抵巇。抵巇隙，为道术。

天下纷错⑤，上无明主，公侯无道德，则小人谗贼，贤人不用，圣人窜匿，贪利诈伪者作，君臣相惑，土崩瓦解，而相伐射⑥。父子离散，乖乱反目，是谓萌芽巇罅⑦。圣人见萌芽巇罅，则抵之以法⑧。世可以治则抵而塞之，不可治则抵而得之⑨。或抵如此，或抵如彼；或抵反之，或抵复之⑩。五帝之政，抵而塞之；三王之事，抵而得之⑪。诸侯相抵，不可胜数。当此之时，能抵为右⑫。

【注释】

①事之危：事情有了危险的征候。独保其身：能够自保。陶弘景注曰："形而上者，谓之圣人。故危兆才形，朗然先觉，即明且哲，故独保其身也。"②因化：顺应变化。以识细微：认识事物的细微之处。③经：始。秋毫之末：比喻极细微的事物。挥：挥动，发展成。太山：也作泰山，是壮观又安定的名山，因此才有"稳如泰山"的成语。④施外：指务外事，不理内政。兆萌：微小的征兆。牙蘖：牙，通"芽"，指草木发芽，比喻事情的开始。兆萌牙蘖：比喻事物开始的不祥之兆。⑤纷错：四分五裂。⑥谗贼：指用恶言挑拨离间。窜匿：逃跑隐藏。土崩瓦解：比喻国家分崩离析，四分五裂。伐射：互相射杀。⑦父子离散：指父子关系失去礼仪。乖乱反目：反目为仇，既无父子礼仪，更相视若仇。萌芽巇罅：由小的缝隙发展为大的裂缝。意为乱政萌芽会逐渐发展为大的裂痕。⑧此句意为：圣人用"抵巇之术"来堵塞这些裂缝。⑨抵而得之：通过"抵"来取得。⑩抵如此：指"抵而塞之"。抵如彼：指"抵而得之"。反之：恢复之。复之：取代之。本句阐明"抵巇之术"的多种方法，说明"抵巇"思想的丰富多样，应灵活运用。⑪五帝：指我国古代五位圣天子，也就是黄帝、颛顼、帝喾、尧、舜。三王：古代三位明王，也就是夏禹王、商汤王、周文王。⑫右：上位。古礼尚右，以右为上。

【译文】

当事情的发展刚刚出现危机的时候，只有圣人才能敏锐地察觉到，从而采取措施进行自保，并在此基础上根据事情的发展变化分析利弊，制订适当的策略，并由此辨识细微缝隙产生的原因。万事万物发展变化的开始，都如秋毫之末一般微小，不过一旦疏忽大意，任其发展，秋毫之末也会动摇如泰山般坚实的根基。当圣人向外推行教化时，对一些危机的萌芽和征兆予以防范和消除时，都是运用抵巇之术。由此可见，抵巇这种堵塞裂痕、漏洞的方法，也是一种处理事情的高超之道。

每当天下纷争不止、混乱无序之时，上无明君，下无有德的公侯将相，于是奸佞小人就会肆意作恶，谗害忠良，以致贤良仁德之士不被重用，圣人贤哲都隐遁山林，远离世事。贪图利禄、虚伪奸诈之徒胡作非为，导致君臣上下相互猜疑，天下土崩瓦解，相互攻伐，父子离散，反目成仇，这样的局面就是裂痕的萌芽。当圣人看到这些乱政的裂痕，就会采用抵巇的方法予以治理。当局势尚可控制的时候，就要采用抵巇的方法加以弥补；一旦世道已经被破坏到无法挽救的时候，就用抵巇的方法弃旧用新，彻底取而代之。同样是抵巇之术，或者堵塞它，或者取代它，或者通过"抵"堵塞缝隙，使其恢复原状，或者通过"抵"将现状彻底打破，用一种新的状态重新塑造，以新换旧。五帝时期，政治清明，偶有缝隙，所以就用抵巇的方法加以堵塞；而夏、商、周三王更迭之时，天下大乱，世事已无法挽救，于是就要打破旧的政局，用抵巇的方法取而代之。如今诸侯之间攻伐兼并不可胜数，纷争连绵不断，在这样混乱的时代，善于运用抵巇之术的人，才是真正的强者。

【原文】

自天地之合离终始，必有巇隙，不可不察也①。察之以捭阖，能用此道②，圣人也。圣人者，天地之使也③。世无可抵，则深隐而待时，时有可抵，则为之谋。可以上合，可以检下④。能因能循，为天地守神⑤。

【注释】

①巇隙：可理解为逆乱事件。本句意为：与天地有离合终始一样，裂隙逆乱总相伴随，不能不明察秋毫。②此道：指捭阖之道。③天地之使：天地的代行者。④上合：对上可合作。检下：对下可督查。⑤因：根据。循：遵循。天地守神：为天地守其神祀，意为国家的统治者。

【译文】

自从天地形成之初，万物就有了离合、始终的运动变化，自然会出现裂痕漏洞，这是当今的谋士们不可不详加考察的问题。若想参透抵巇之术，就必须巧妙地运用捭阖之术加以考察研究，能够做到这一点的，就是圣人。所谓圣人，就是天地万物的使者，是能够掌握天地万物之自然规律的人。当世道太平，还没有出现裂痕，无需堵塞之时，他们就隐居山林以待时机；当世事纷乱、裂痕出现，需要加以堵塞之时，他们就会应时而出，谋划治理乱世的策略。圣人的出现，对上可以协助君王兴邦治乱，对下可以监察督导，安邦定国。能够合理运用抵巇之术处理事物的人，就可以永立于天地之间，处于不败之地，成为天地万物的主宰。

|智慧运用|

事之危也，圣人知之，独保其身。
因化说事，通达计谋，以识细微。
经起秋毫之末，挥之于太山之本。
其施外，兆萌牙蘖之谋，皆由抵巇。
抵巇隙，为道术。

【史例解读】

防患未然禁天子

夏朝的最后一个皇帝是夏桀，他在位时荒淫无道，滥杀忠臣良将，政权岌岌可危。

与此同时，夏的一个属国商国渐渐强大起来，国王成汤在相国伊尹的帮助下，内修德政，发展军事力量，对外逐步征服周边小国，最终灭掉桀王，建立商朝。

伊尹本来是成汤推荐给桀王的，但桀王只同他谈了一次话，以后就再没有理过他。成汤见夏王对伊尹不予重用，于是请他到商国并拜他为相，托付国政。伊尹不负众望，帮助成汤发展农耕，铸造兵器，训练军队，终于灭了夏。成汤死后，他把大权交给了相国伊尹，嘱托他尽心辅佐自己的3个子孙。伊尹答应了他的要求。

成汤有3个子孙：外丙、中壬、太甲，都是很有作为的。但太甲继位的前3年，并没有致力于天下大业，而是整日沉湎于酒色之中。

伊尹曾以长者的身份劝告他，又以相国的权力威胁他，但太甲在治国为民上仍毫无心思。伊尹用尽各种方法，想令太甲改过自新，以继承成汤的业绩，无奈太甲仍不以为然。

有大臣向伊尹劝道："当年先王在位时，你帮他灭掉夏国；先王仙逝，你又辅佐两位人主，已经报答了先王的知遇之恩。现在你既然无能为力，又何必强求呢？你不如带上金银财宝，找一个青山绿水的地方，隐居下来，安享晚年！"

伊尹训斥那位大臣道："为人臣子，应当在国家危难时挺身而出，劝诫皇帝，这才是良臣。如果都像你所说，在君主英明、太平盛世时，大臣都在朝堂食俸禄；而一旦风起云变、国君不明事理时，便隐蔽起来，那么，要我们大臣又有什么用处呢？"

那大臣听完，哑口无言，急忙向伊尹请罪。尽管如此，伊尹还是免了他的职，众人听了不无畏惧。

太甲也知道了这件事，表示赞同。伊尹乘机又劝太甲，太甲仍是不听。无奈，伊尹便将太甲关进南桐宫，责令他反省，他则亲自主持朝中事务整整3年。

经过3年反省，太甲终于悔悟。伊尹又亲自把他接出来，将政权交还给他。

太甲重新登上王位，励精图治，使商朝达到了鼎盛。这其中，伊尹功不可没，他当了30多年的相国，为商朝的统治奠定了坚实的基础。

【点评】

小的缺漏如果不及时加以控制，任其发展就会动摇大山的根基，只有把它消灭在萌芽状态，才不会出现大错。太甲身居帝位而沉迷于酒色，这是小"巇"，只有及时制止才不至于发展到大"巇"，甚至无可挽回的地步。伊尹先是以言语劝告，在无效的情况下才将他软禁三年，这种由低到高、由软到硬的"抵"法可谓运用得恰到好处，因为让太甲尝尝得而复失的滋味，比每天耳提面命效果要好得多。

伊尹能够成功"抵"住太甲的"巇"，这与他由小见大、见微知著的眼光是分不开的，正所谓："圣人见萌芽巇罅，则抵之以法，世可以治则抵而塞之。"

刚愎自用葬性命

古语云："人固有一死，或轻于鸿毛，或重于泰山。"一代名将张飞因盖世的英雄气概而叱咤风云。可是，他的死却一点也不壮烈，让人扼腕叹息。

张飞是三国时期蜀国的名将，骁勇善战，武艺高强。他力大无比，在当阳桥上大吼一声，就喝断了桥梁，使河水倒流。他在百万军中取上将首级的英勇让军中上下叹为观止。

可是，张飞有一个致命的缺点，他对待部下过于严厉，小有过失，便重加惩罚。那些将士每日都提心吊胆地过日子，生怕自己栽到张飞的手上。有的受到了处罚倒也口服心服，但是时间长了也难免会有执法不公。有的也只能忍气吞声，心中又气又怕。

关羽死后，张飞为自己好兄弟的离去痛不欲生，常常拉着部将们借酒浇愁。平日他就特别严厉，喝醉之后，心情更加糟糕，一点不顺心就对身边的人加以鞭挞，有的甚至被鞭打致死，军中上下敢怒不敢言。

张飞为了给关羽报仇，主动请兵讨伐东吴。出师的那一天，刘备劝说他："我知道你的脾气不好，又喜欢喝酒，醉了之后什么也不知道了，动不动就随便打人。现在你官高位重、权势在手，你打了骂了，别人也拿你无可奈何，只好忍气吞声。但是三十年河东，三十年河西，说不定哪天你这个制人者就该受制于人了，那个时候你就大祸临头了。你一定要改改这个坏毛病！"

"他们如何能制得了我？"张飞将刘备的话当耳旁风。

"你要是长此以往，肯定会不得人心的！"刘备警告说。

张飞敷衍了几句，并没有往心里去。回到军中之后，命令手下于三天之内置办白旗白甲，三军将士为关羽挂孝，准备伐吴。帐下两位末将范疆和张达一听说只有三日的限期，估计了一下，回复说："三天时间恐怕太少，请宽限几日。"

张飞听了勃然大怒，呵斥道："我说三日就三日！"

二人觉得实在是办不到，连忙陈述理由："我们说的是实情，三天实在是太仓促了……"

"难不成我说的就是虚情了？你们竟敢违抗我的命令，来人！"张飞下令将二人绑在树上，各鞭打五十，并严令道："三天一定要备齐，若超过时限，三日后你二人的首级就悬于此！"

两个人被打得皮开肉绽、血肉模糊。二人怒火中烧，回到营中商量对策。范疆说："此人性如烈火，要是备不齐，咱俩的命是保不住了！"张达说："就算咱们备齐了保住了性命，恐怕日后也要死在他的乱鞭之下。与其让他杀了我们，倒不如我们杀了他！"两个人计议已定，暗中等待时机。

当晚张飞在帐中又同部将饮酒，大醉一场，卧于帐中，不一会就鼾声如雷。范疆、张达二人半夜里各怀短刀，潜入帐中，瞅准机会将张飞刺死。

一代名将，就这么窝窝囊囊地死在自己名不见经传的末将手中。

【点评】

亡羊补牢，犹未为晚。如果知错不改，任其发展下去，必贻害终生。错误就是"衅"，事有"衅"便不会达到理想的结果；人有"衅"便会给小人以可乘之机，容易被人利用，甚至威胁到自己的生命，张飞之死正说明了这一点。可见，只有做到防微杜渐、悬崖勒马，才不会因小事铸成大错。

【现代活用】

亚信的"希腊模式"

2003年春季，突如其来的非典型性肺炎（以下简称SARS）让众多企业都束手无策，但亚信例外。作为第一家在美国纳斯达克成功上市的中国高科技企业，亚信公司一直专注于信息通信领域，这家曾被"世界经济论坛"评为"全球500家高速成长企业"之一并连续两年入选《福布斯》的企业，在面对突发事件的危机管理中，给国内企业树立了良好的榜样，它所建立起的一整套危机管理机制给国内众多企业提供了很好的借鉴。

处乱不惊，因变而变，危机预警机制的启动是亚信沉着应对突发事件的第一步，而审时度势、深刻精准的形势判断是其重要前提。"SARS可能会影响公司的业务运营，公司所有高层必须密切关注疫情的发展，保持清醒头脑，并24小时开机。"这是亚信面对SARS危机时的预警。

随着疫情发展，亚信又很快判断出事态的严重性，危机管理机制正式启动：建立SARS危机领导小组，软件开发异地备份，发放药品和防护用品，加强公司内部通讯建设，实行远程办公；对客户进行承诺，保证在非常状态下正常服务。

这种被亚信形容为"希腊模式"的危机管理机制，不仅是亚信应对SARS危机的机制，而且是应对所有危机的通用规则。

"希腊模式"是指该机制的整体结构类似于希腊建筑：上层的三角形屋顶是管理团队和管理层次，下面支撑的柱子是所应对的危机类型，而这些"柱子"坐落在一个强大的统一管理的平台之上。管理团队和层次设置的具体方案要根据危机的类型——也就是屋顶下的"柱子"而定。

在此模型下，亚信把危机分成三类：一类是战争、地震，疫病之类的灾难危机，由行政部门指挥处理；二类是业务危机，比如产品质量问题和流程出错等，由业务部门进行协调；三类是公共关系危机，由市场部门主导解决。

一般情况下，危机会牵扯到企业的方方面面，为确保危机机制的有效性，所有问题的解决都应建立在一个统一管理的平台之上，这个平台就是"希腊式"建筑的底座，是各个部门之间的对应与协调；统一管理又要求建立起"一把手工程"，明确处于"屋顶"上的"一把手"的责任与权力，以保证整个机制灵活高效运行，因此，亚信一旦启动应急方案，一个对高层管理人员形成约束的文件也会自动生效。例如，几个高层管理人员不能同时出差、24小时开机、建立规定工作序列，等等。

危机管理机制中的应急方案并不是启动之后便完事大吉，整个危机管理的流程必须形成一个闭环系统，这就是启动、执行和监督。

方案的启动完全取决于决策层对形势的判断，判断正确可以减少企业损失，判断失误有可能带来灾难。而方案的执行则与方案设计的周详程度有很大关系，这就要求对危机的判断与考虑建立在树型思考模式之上，不应该局限在单点之上，一些细节都要连带考虑。对于很多问题的考虑要有连带性，如同树枝生长一样。例如，对于SARS问题的考虑：一旦员工出现感染病例，公司就可能需要第二办公地点，亚信将会选择离公司最近的友谊宾馆；一些关键业务点无法完全实现远程办公，例如亚信的服务支持人员，如果疫情严重，就要考虑租用交通工具接送员工上班，而班车的路线、租赁与考察也必须包括在方案里。

【点评】

对企业来说，应急方案越周详越好，并且在执行中要不断地根据情况进行修正，而且一切都要尽量透明，要保证信息通畅，如果在某些环节上不透明，隐藏的信息无法得到处理，一旦问题出现，足以让整个组织陷于被动。

> 可抵而塞，可抵而却，可抵而息，
> 可抵而匿，可抵而得，此谓抵巇之理也。

【史例解读】

邹忌设计逐田忌

春秋战国时期，齐威王非常聪明，天下闻名，但有的时候也不免糊涂，落入他人圈套，为渊驱鱼。

当时，邹忌为相，田忌为将，二人不和，互相猜忌，倾轧不已。后来，一位名叫公孙阅的人给邹忌出了一个主意。公孙阅说："大人何不向齐王建议讨伐魏国？如果胜了，是您谋划高明，可以领功受赏；如果败了，则是田忌指挥不力，不肯舍命。即使他不死在战场上，也可以找个罪名除掉他。"

邹忌认为这个主意甚为巧妙，于是劝说齐威王讨伐魏国。

于是，田忌督师伐魏，三战三捷。邹忌不悦，又去找公孙阅讨教计策。

公孙阅于是派人携带二百两黄金，到闹市上去卜卦，对卜者说："我是田忌派来的人。将军三战三捷，威震天下，想推翻齐王，自立为王，请先生算一下前景如何？"

公孙阅派去的人走后，邹忌立即向齐威王告密。齐威王捉来卜者审问，果然如此。铁证如山，田忌无奈，只得弃职，逃奔其他国家。

田忌从齐国逃出后，来到了楚国。邹忌独揽大权，更加得势，但又担心田忌借楚国的力量重返齐国执政，心中不安。

杜赫对他说："大人放心，我会使田忌留在楚国。"

于是，杜赫南下到达楚国，对楚王说："齐国的邹忌，之所以仇恨楚国，就是因为担心田忌会借楚国的力量卷土重来。大王您为何不把田忌封于江南，向邹忌表示田忌绝不会返回齐国呢？这样，邹忌就会与楚国交好，和睦相处。再说，田忌亡命楚国，得到江南的封地，必然对大王感恩戴德。如果他将来有机会归国，也会尽心竭力，报答大王。这就是一箭双雕之计，使田忌与邹忌同时为大王所用。"

楚王点头同意，于是把田忌封在江南。

【点评】

邹忌与田忌有"巇"，公孙阅和杜赫便为邹忌出谋划策，想方设法驱逐田忌，运用的便是"抵而得之"的方法，其最终结果不但把田忌逐出了齐国，还使他在楚国没有得到重用，让田忌没有东山再起的机会。

王允巧设美人计

汉朝末年，献帝九岁登基，年幼无知，朝廷大权便由董卓掌控。董卓为人阴险狡诈，经常滥杀无辜，并有谋朝篡位的野心。满朝文武，对董卓既恨又怕，敢怒而不敢言。

官拜司徒的王允，十分担心，朝廷出了这样一个奸贼，如果不铲除他，汉朝的江山恐怕难保。但董卓的势力很大，身边战将无数，正面攻击，必定不是他的敌手。后来王允得知董卓身旁有位骁勇善战的大将，名叫吕布，吕布认董卓为义父，忠心耿耿地保护着董卓。王允经过观察，发现这"父子"二人有一个共同的弱点，都是好色之徒。于是便想用"美人计"，让他们父子互相残杀，来除掉董卓。

在王允府中有位名叫貂蝉的歌女，她不但长得国色天香，而且才艺十分出众。当王允向貂蝉提出用美人计诛杀董卓的计划时，深明大义的貂蝉为了报答王允对自己的养育之恩，决心牺牲自己，为朝廷除害。

在宴请吕布的一次宴会上，王允主动提出欲将自己的女儿貂蝉许配给吕布的事。吕布见了这么美丽的绝色佳人，自是高兴万分，对王允也感激不尽。

次日，王允又把董卓请到家里来，在酒席之间，又把貂蝉唤出给董卓献舞。董卓见到貂蝉的美貌也禁不住垂涎三尺。王允见有机可乘，便说："太师要是喜欢，我就把面前这个歌女奉送给太师吧。"董卓假意推让一番，而后高兴地把貂蝉带回了府中。

吕布知道此事后大怒，当面质问王允为何出尔反尔，王允编出一番谎言哄骗吕布说："太师说此次前来的目的是要看看儿媳妇，我怎么敢违背他的命令呢？太师还说要选良辰吉日让你们完婚，所以便决定把貂蝉带回府去与将军成亲。"

吕布信以为真，于是便在府中等待董卓为他操办婚事。但过了几天仍是没有动静，焦急万分的吕布一打听才知，原来董卓竟把貂蝉据为己有，吕布一时也没了主意，不知该如何是好，只能在暗中与貂蝉约会。

有一天董卓在上朝时，发现身旁的吕布不在，心里顿时疑虑丛生，便马上赶回府中，正好在后花园凤仪亭内看到吕布与貂蝉在一起说笑。他顿时大怒，用戟朝吕布刺去。吕布闪身躲过，没被击中。吕布急忙怒气冲冲地离开了太师府，并大骂董卓人面兽心，拆散了他与貂蝉。其实吕布与貂蝉的私自约会，也是貂蝉在依照王允的计谋行事，以离间他们父子的关系。

王允见时机成熟，便再次请吕布到自己家中的密室相商。王允大骂董卓强占了女儿，夺去了吕布的妻子，实在可恨。吕布咬牙切齿地说："要不是看在我们父子之情的分上，我非杀了他不可！"王允忙说："将军此言差矣，你姓吕，他姓董，怎么能说是父子呢？再说，他霸占你的妻子，又想用戟刺杀你，哪里还有什么父子之情？"吕布说："感谢司徒大人的及时提醒，不杀老贼吾誓不为人！"

王允见吕布已被自己说服，便立即假传圣旨，以皇帝的名义召董卓上朝受禅。董卓不知是计，还耀武扬威地进宫受禅，不料刚进宫门，便被吕布突然一戟直穿咽喉。奸贼被除，朝廷内外无不拍手称快，赞赏王允与吕布的功德。

历史上美人计的应用不在少数，另一个成功运用的范例就是勾践利用西施离间吴王夫差与伍子胥的关系。

公元前496年，越王允常去世，勾践继承了王位。吴王阖闾不听伍子胥的劝阻，趁越国办丧事之机，出兵攻打越国。战斗中吴王阖闾右脚负伤，回到吴国后几天就死了，其嫡子夫差继承吴国王位，他决心为父报仇。

公元前494年，吴王夫差发兵攻打越国，勾践在会稽山被围，被迫与吴王讲和，表示情愿当吴王的臣下。勾践夫妇作为人质在吴国小心伺候吴王，受尽屈辱，取得了吴王的信任，三年后被放回到越国。

勾践回到越国后，卧薪尝胆，立志雪耻复国。勾践与文仲商量复仇大计，文种向勾践献上破吴七计，其中的第三计就是美人计。为了实施美人计，越国大夫范蠡找到了深明大义的美女西施和郑旦，把她们送给夫差。

西施不但相貌绝美，而且能歌善舞，才能出众，很快便得到了夫差的宠爱。夫差对西施言听计从，于是西施便和郑旦用计竭力挑拨吴王夫差和重臣伍子胥的关系，借夫差之手杀掉了足智多谋的伍子胥，从而极大地削弱了吴国的力量。

公元前473年，越王勾践带领大队人马攻打吴国，包围了夫差。夫差被迫自杀，越国大获全胜，不久称霸一方，成为春秋五霸之一。

【点评】

从抵巇术的运用来看，美人计正是根据应用对象本身的"巇"（即董卓和吕布，以及吴王夫差皆是好色之徒的弱点）而使用的，而后利用美色又去制造新的"巇"（即离间董卓与吕布的父子关系、夫差与伍子胥的君臣关系）。美人计运用的高明之处就在于制造新的"巇"，借刀杀人以达到自己的目的，从而省去了许多不必要的麻烦。

从以上这两个美人计的运用效果来看：王允直接达到了自己的目的，借吕布的手除掉了董卓；勾践只是利用西施除掉了夫差身旁的伍子胥，削弱了吴国的实力，其高明程度与王允相比还略逊一筹。

挑拨离间保楚国

战国时期，秦国与韩国在河泽交战，韩国连败，形势危急。

大夫公仲向韩王建议说："我们的军队数量远比不上秦国，内无后备，外无救援，正处于危急存亡的关头。现在秦国意在讨伐楚国而不是我国，不如通过张仪同秦国议和，送给秦国一座名城，约他一同讨伐楚国。秦国志不在我，又有利可图，一定会同意的。这样既保存了我国，又可以灭掉劲敌楚国，这是一箭双雕啊。"

韩王答应了，于是就对外宣称公仲将赴秦国议和。楚王听说韩国要和秦国和解，十分恐惧，就召见陈轸问他怎么办。

陈轸说："秦国想攻打楚国已经很久了，现在又得到韩国一座名城，再和韩国一起南下，这可是秦国梦寐以求的事！楚国肯定要受到两国的进攻。"

楚王点头道："是。一个秦国已经不能阻挡，再加上韩国，我们岂不要灭亡了？"

陈轸忙说："我有一个办法。大王可在国内选拔人马，宣称救韩，知道的人越多越好。再命令士兵用战车布满道路，派使臣带着足够的财物，使韩王相信楚王是他的盟友，一定会救他。即使不能如愿，韩国也会感激你，一定不会前来攻楚。即使两国兵临楚地，韩国也绝不肯奋力攻打，而且有可能反戈相向，而一个秦国对我国不可能造成什么重大的危害。倘若如我所愿，韩国接受了我国的礼物并表示亲近，那秦国知道后，一定大怒，两国便结下仇怨，他们之间的矛盾对我们有利。这就是我依靠秦韩之兵而免除楚国之祸的一个计谋。"

楚王听罢大喜，于是在国内选拔人马，大肆宣称救韩，并派出使臣，送许多财物到韩国。韩王大喜，就阻止公仲赴秦。公仲劝韩王道："不能这样做，秦国告诉我们真实想法，楚国却在说谎。相信楚国的谎言而轻易断绝与秦国的关系，一定会遭到秦国报复的。况且楚韩不是兄弟之国，也不是盟友，更没有约定讨伐秦国，只是秦国想讨伐楚国，楚国才出兵说要救韩。这一定是陈轸的计谋，请大王千万不要中了楚国的奸计啊！"

韩王不听公仲的意见，和秦国断绝了关系。秦王大怒，增派人马讨伐韩国，而楚国的救兵并没有到，韩国大败。

【点评】

对抵巇术的运用，在军事上很多，尤其是在春秋战国时期的战争中。以上这则典故就是以离间计抵而得之的例子。如果能够洞察到他国相互的利害关系，便可运用离间计挑起双方的纷争，而自己则可以坐山观虎斗，以取渔翁之利，以上这则故事便是成功运用离间计的著名事例。楚国面对秦、韩两个国家的进攻，临阵磨枪也为时已晚，而陈轸巧妙地抓住这两个国家之间的利害关系，从中挑拨离间，终于使秦、韩两国反目成仇，兵戈相见，不仅削弱了韩国，更重要的是保全了楚国。

【现代活用】

突入敌后制强敌

古人的"抵巇术"，被现代军事家所借用，便出现了"突入敌后方"、"钻入敌内部"的战术。

第二次世界大战末期，德军两千名会讲英语的士兵穿上美军制服，驾着缴获的美军坦克，乘着美制卡车和吉普，趁德军突破美军防线的机会，钻入美军后方，切断交通，割断电线，制造交通事故，攻击美军零散人员，杀掉美军指挥交通的士兵，代其指挥车辆，把美军运输搞得一团糟，给美军带来了巨大损失。

1973年10月爆发的第四次中东战争中，以色列突击部队进行反击战，也采用此法渡过运河，在西岸潜伏下来，然后配合进攻部队建立桥头堡，扭转了战争局势。

第二次世界大战中，苏军突击到离柏林60公里的奥得河时，后方补给跟不上来，坦克和步兵大量掉队。这时，朱可夫元帅记起了大战初期，德军攻到离莫斯科30公里处时，补给线太长，侧翼出现了空隙，自己就利用这一空隙从侧翼反击，一举挫敌，扭转了战局。但是此时情况倒过来了，敌人也会利用空隙，从侧翼包抄苏军的。于是，他一边下令部队集结，一边向侧翼派出坦克部队。果然，坦克部队遇上了敌人包抄的反击部队。这样，由于苏军及时弥补了侧翼缝隙，才得以顺利地攻入柏林。

【点评】

精明的军事家懂得了"抵巇之理"，就可以利用敌方缝隙，突入敌后，克敌制胜，但同时也要设法弥补自己的漏洞。"可抵而塞"，就是说要堵住自己的漏洞，让敌人难以下手。

汽车商乘隙出击

20世纪50年代，美、日汽车生产和技术水准差距极大，美国人是瞧不起日本货的，"汽车王国"的统治者们根本不担心日本汽车的竞争。可是，在多年后的今天，力量对比发生了显著的变化。日本汽车工业蓬勃发展，雄视世界，不仅日益扩大对美国市场的占有份额，也同时向全球进攻。

日本人向美国人发动汽车战是在20世纪60年代。日本人在调查研究中发现，美国人对汽车的需求已有变化。过去美国人偏爱大型的、豪华的汽车，但由于美国汽车越来越多，城市越来越拥挤，大型汽车转弯及停放都不便，加上油价上涨，人们感到用大型汽车不合算，因此，美国人的偏爱已转向小型汽车，即喜欢价廉、耐用、耗油少、维修方便的小汽车，并要求容易驾驶、好停车，行驶平稳、腿部活动空间要大等等。

丰田正是根据美国人的喜好和需要，制造出一种小巧、价廉、维修方便、速度更快、乘坐更舒适，受到美国顾客欢迎的美式小汽车。

由于这种经过改良的小汽车符合美国顾客所喜所需，迅速在美国市场上树立起物美价廉的良好形象，终于打进了美国市场。打入美国市场后，日本汽车公司并不满足，而是不断调整、不断改进、提高质量，满足顾客所需，因而不断扩大市场占有率。

【点评】

美国汽车业盲目自大，认为自己制造的汽车"顶呱呱"，不去了解美国顾客之所爱与所恶，也没有为了满足美国顾客需求而改进自己的汽车技术。这就给日本汽车商进军美国市场留下了一个大大的空隙。

日本汽车业敢于向先入为主的美国汽车业挑战，并能"反客为主"，取得后发制人的胜利，在于他们了解对方的致命弱点——麻痹大意，看准了小汽车市场这个空隙，乘隙出击，生产出质高价低的小型节油车，从而稳操胜券。

圣人见萌芽蠍罅，则抵之以法，
世可以治则抵而塞之，不可治则抵而得之。
或抵如此，或抵如彼；
或抵反之，或抵复之。

【史例解读】

当机立断讨昏君

萧衍是南朝梁的开国皇帝，他是南兰陵（今江苏常州市西北）人。南齐隆昌元年（公元494年），萧衍被任为宁朔将军，镇守寿春（今安徽寿县）。建武二年（公元495年），因抗击北魏有功，他又被任命为右军晋安王司马、淮陵太守，后又为太子中庶子，领羽林监。建武四年（公元497年），北魏军南伐雍州，萧衍受命领兵赴援，进至襄阳（今湖北襄樊）。同年7月，他被授为持节，都督雍、梁、南秦、北秦四州及郢州竟陵郡随郡诸军事，又兼任辅国将军、雍州刺史，镇守襄阳。

这时，齐明帝萧鸾病死，其子萧宝卷继位。萧宝卷昏庸无能，终日享乐，朝中大事均由始安王萧遥光、尚书令徐孝嗣等人处理。萧遥光等六人号称"六贵"，此六人不以国事为重，整日明争暗斗，互相倾轧，朝中政治极度黑暗腐败。萧衍在襄阳得知朝中的情况，对亲戚张弘策说："政出多门，是国家大乱的开始。《诗经》中说：'一国三公，吾谁适从？'如今国家有六贵，这怎么得了！他们六贵的矛盾一定会激化到大动干戈的地步，而襄阳远离国都，正是避祸的好地方。可是我的弟弟们都在都城，我恐怕他们会遭到祸患。我要和我哥哥商议一下。"

不久，他的哥哥萧懿由益州调到了郢州任职。萧衍便派张弘策到达郢州，给萧懿送去一封信。信中说：如今六贵争权，君臣之间猜忌到一定程度，必将大诛大杀，一旦混乱开始，朝野将土崩瓦解。我们有幸远离京师，领兵在外，可以保全自身，图谋大计。所以我们应趁朝廷还没有猜疑时，将诸弟召集在一起。否则，一旦朝廷对我们猜疑，诸弟们将在京师走投无路。如今，兄在郢州，控制荆湘；弟在雍州，兵马数万。在此政昏朝乱之际，正好以此为据，以图大事，如果坐失良机，悔之晚矣。

萧懿见信，脸色大变。他不同意萧衍这样做，因为万一不成会召来灭门大祸。萧衍见哥哥不从，便独自将弟弟萧伟、萧儋迎至襄阳，秘密制造武器，招兵买马，并在襄阳大伐竹木，将舟系于檀溪之中，以备将来之用。

萧懿拒绝了萧衍的邀请，不久便入朝做了太子右卫率、尚书吏部郎、卫尉卿。永元二年（公元500年），裴叔业、崔慧景集聚众人发动兵变，萧懿带兵平定了叛乱，为朝廷立了大功。可是他不但没有受到奖赏，反而受到猜忌，于当年冬天被杀。

萧懿被杀，既证明了萧衍预见的准确，也为萧衍起兵提供了机会。萧衍及时抓住这个机会，在与亲信密谋后，召集部众，誓师起兵。萧衍对幕僚们说："如今昏主恶毒，穷虐极暴，无端杀害朝中贤士功臣，令生灵涂炭，民不聊生，为天所不容。你们与我同心协力，共同讨伐昏君。事成之后，你们都会大富大贵，我决不食言！"

众人异口同声道："愿听您的安排。"

誓师之后，萧衍令人把竹木从檀溪中打捞出来，做成战舰千艘。又召集士兵万余人，起兵讨伐萧宝卷。在杀掉萧宝卷后，萧衍立了傀儡皇帝萧宝融。一年之后，他废掉傀儡皇帝，自己亲登帝位，建立梁朝。

【点评】

抵巇术中有："或抵反之，或抵复之。"意思是说世道尚可改变时，要用抵巇的方法加以堵塞；世道不可改变时，就用抵巇的方法取而代之。此处萧衍深刻分析到"政出多门，是国家大乱的开始"，既然六贵都不肯轻易退出朝中大权的牢笼，那他们只能互相排斥、互相攻伐，以达到自己的目的，这就是可以利用的"巇"。在他们相互倾轧之际，得利的就只有萧衍了。此时想弥补"巇"是不可能的，因为已经到了无可挽回的地步，必须当机立断地讨伐昏君，以取而代之。如果当断不断，就会反受其乱。

能够成功运用"或抵复之"，必须要有远见卓识，能看清形势，又能仔细地分析透当前形势，当机立断采取行动，这都是成功所必要的前提条件。萧懿的鼠目寸光给自己带来了灾难，而萧衍的目光长远则让他成功登上了帝位。

反行其道补缝隙

战国时期，齐国齐威王的小儿子田婴对齐貌辨非常友善。齐貌辨为人不拘小节，经常得罪一些人，因此田婴许多门客都不喜欢他。有些人嫉恨他曾讽刺过自己，便经常在田婴面前说齐貌辨的坏话，甚至田婴的儿子孟尝君田文也劝谏父亲，不要如此偏爱齐貌辨。

田婴非常生气，他对门客说道："即使铲除我们的家族，捣毁我们的家，只要能使齐貌辨高兴，我也在所不辞。"

为表示自己说到做到，田婴让齐貌辨居住在上等的馆舍，每天以丰厚的美食进献，并命令长子为他驾车。众人都不理解田婴的做法，于是很多门客陆续离开了田府。

几年后，齐威王去世，他的大儿子即位，是为齐宣王。田婴和他哥哥的关系由于种种原因变得生疏，齐宣王觉得田婴留在齐国，迟早对自己不利，便想找机会除掉他。

田婴见此，迫不得已，只好离开都城，到自己的封地薛去居住，齐貌辨也随同他住在一起。

过了不久，齐貌辨对田婴说道："这里哪比得上都城啊！难道您愿在这里住上一辈子？"

田婴说道："我怎么心甘情愿呢？但又如何回去呢？"

齐貌辨拍着胸口说道："让我去见大王。"

田婴惶恐地说："大王不喜欢我，您去了必死无疑。"

齐貌辨根本不听田婴的劝阻，临走时托人向他说："我本来就没打算活着回来！"

齐貌辨见到宣王，还未等他叩拜，宣王就问道："听说你就是田婴最宠爱和听信的人？"

齐貌辨平静地说道："宠爱是有的，但绝没有听信。"

齐宣王哼了一声，说道："你说他不听信于你，有何证据呢？"

"大王您做太子时，我曾对他说：'太子的长相并非仁人，两腮服厚，看人时眼神凶狠，这样的人日后一定会伤害您，不如把太子废了，另立别人吧！'而靖郭君田婴却流着泪说：'不好，我不忍这么做。'这是他不听信我的一件事。我们刚到薛地的时候，楚国请求用数倍的土地来换取薛地，我劝道：'一定要答应他。'靖郭君却说道：'薛地是先王给我的，虽然后王对我不好，但我怎么可以背叛先王和现在的齐国呢？'于是坚决不换，这是他不听信我的第二件事。"

宣王听了，长叹一声，感动得流下眼泪，说："原来他对我的感情竟是如此之深啊！我年少无知，一定要请他原谅我对他的不敬之处，你能请他回来吗？"

于是宣王赐给田婴新的衣冠和威王的宝剑，让齐貌辨带给田婴。两兄弟见面后，都流下了眼泪。

【点评】

许多门客与齐貌辨有"衅"，便在田婴面前用言语诋毁他，但田婴不为所动，反而进一步深化了与齐貌辨的感情。当宣王继位后，兄弟之间的"衅"迫使田婴远离都城，回到自己的封地。此时，便到了齐貌辨补"衅"报恩的时候了，就如文中所说："世无可抵，则深隐而待时，时有可抵，则为之谋"。更为令人称奇的是齐貌辨补"衅"的独特方法，他不像常人那样去陈说利弊，或是使用阴谋诡计，而是利用反其道而行的方法，表面在说自己曾经欲害宣王之事，实际在赞颂田婴对宣王的仁义德行。恰恰是这种反常的补救方法，使齐宣王深受感动，并收回成命，两兄弟才和好如初。

齐貌辨反其道"抵而塞之"，用起死回生之计补"衅"成功，也使自己摆脱了困境。他的巧言善辩，将自己置于危险境地，而将田婴捧于大仁大义之位。这种做法看似很反常，但在某些特定的情况下能得到理想的效果。

不辩自明驱诽言

汉代公孙弘小时候家里很贫穷，过着清苦的日子。所谓穷则思变，他发奋学习，苦读诗书，十年寒窗苦，终于飞黄腾达，做了丞相。虽然他居于庙堂之上，手握重权，但是在生活上依然保持小时候俭朴的优良作风。吃饭只有一个荤菜，睡觉也是普通人家用的棉被。他的仆人们也感叹："我家主人才是真正的清廉啊！"

这些话很快就传进了朝廷，文武百官为之感动不已，但是大臣汲黯却不这样想。他向汉武帝参了一本，说："公孙弘现在位列三公，不像当年那样穷困，他有相当可观的俸禄，可是为什么还盖普通的棉被，吃简单的饭菜呢？"

汉武帝笑着说："现在朝中上下不都称颂他廉洁俭朴吗？公孙弘是不忘旧时之苦，也不忘旧时之德！"

汲黯摇摇头，继续说道："依微臣所见，公孙弘这样做实质上是使诈以沽名钓誉，目的是为了骗取俭朴清廉的美名。"

汉武帝想想，觉得有几分道理。有一次，上早朝的时候，他得了个机会便问公孙弘："汲黯说你沽名钓誉，你的俭朴是故意做样子给大家看的，他说的是否属实？"

公孙弘一听觉得非常委屈，刚想上前辩解一番，但是转念一想，汉武帝现在可能偏听偏信，先入为主地认为他不是真正"俭朴"。如果现在自己着急解释，文武百官也会觉得他确实是"沽名钓誉"。再想一想，这个指责也不是关乎性命的，充其量会伤害自己的名誉。清者自清，只要自己坚持自己的作风，以后别人自然会明白的。这样想着，公孙弘把刚才的一股怨气吞下去，决定不做任何辩解，承认自己沽名钓誉。

他回答道："汲黯说得没错。满朝大臣中，他与我交往颇深，来往甚密，交情也很好，他对我家中的生活最为熟悉，也最了解我的为人。他对您说的，正是一针见血，切中了我的要害。"

汉武帝满以为他要为自己辩护，听到这番话颇感意外，问道："果真是这样吗？"

"我位列三公而只盖棉被，生活水准和小吏一样，确实是假装清廉以沽名钓誉。"公孙弘回答道，"汲黯忠心耿耿，为人正直，如果不是他，陛下也就不会知道这件事，也不会听到对我的这种批评了！"

汉武帝听了公孙弘的这一番话，反倒觉得他为人诚实、谦让，更没有想到他还会对批评自己的对手大加赞扬，真是"宰相肚里能撑船"。从此，对他就更加尊重了。其他同僚和大臣见公孙弘对自己的目的供认不讳，如此诚实，这种人哪里会沽名钓誉呢？

【点评】

"圣人见萌芽巇罅，则抵之以法"，公孙弘在此运用的抵巇是修补，以求挽回名誉。其特点是对自己"莫须有"的"巇"不加辩解，而是顺情而说，那么虚假之言便可不攻自破。可见，许多事情是不需要解释的，对相信自己的人而言，解释是多余的；对不相信自己的人而言，解释是没有必要的。所以对有些指责也是不需要辩解的，清者自清，有时候解释反而起到负面作用。

世无可抵，则深隐而待时，时有可抵，则为之谋。

【史例解读】

楚庄王"一鸣惊人"

春秋时期，楚穆王死了，楚庄王即位。庄王即位后，整日吃喝玩乐，打猎巡游，不理国事。奸邪大臣们暗中高兴，忠直大臣们内心着急。其实，庄王另有一番打算。原来，楚国令尹权势太大，把持朝政，庄王觉得自己刚刚即位，党羽未丰，难以与之抗衡，需要先麻痹他，免生不测。另外，自己刚刚即位，对大臣们的忠奸也心中没底，需要观察甄别。出于这两种考虑，楚庄王才把自己"深隐"起来，将满腹雄心"隐"在吃喝玩乐中。

这样过了三年，令尹等一帮奸臣更加肆无忌惮，惹得民愤吏怨。一帮忠臣却再也沉不住气了，有位出名的忠直大臣叫申无畏的便出面责问庄王。庄王见申无畏到来，不知就里，便问："你来干什么？是来喝酒的，还是来听音乐的？"申无畏说："我只想来请教一件事。有人给臣下出了个谜语，臣下猜不出，特来请教。"庄王说："讲给我听一下。"申无畏说："楚国山上有只大鸟，身披五彩，气宇华耀。一停三年，不飞不叫。我们不知，此为何鸟？"庄王听完，哈哈大笑，答道："这不是平凡之鸟。三年不飞，一飞冲天；三年不鸣，一鸣惊人。"申无畏明白了底细，叩头称谢说："大王英明。"

此后，又有几位忠臣来进谏。庄王与他们谋划，一举从令尹手中夺回实权，改革政治，振兴经济，操练士兵，国势大振。

【点评】

"世无可抵，则深隐而待时"，也就是当世道没有可让人利用的"缝隙"，无法施展抵巇术时，就深隐而等待"缝隙"出现。等到那恰当的时机一旦到来，就"为之谋"，运用权术去大干一场。楚庄王"深隐而待时"，就是为了积蓄力量，争取舆论，一举制胜。

曲意逢迎待时机

北宋真宗时，宰相丁谓把持朝政，嫉贤妒能，独揽大权。为闭塞皇上耳目，他不准百官单独留在皇上身边，怕他们借机奏事，对自己不利。那些忠直之士侧目而视，却苦无机会奏明圣上。有位大臣名曰王曾，对丁谓唯唯诺诺，服服帖帖，唯丁谓马首是瞻。天长日久，丁谓觉得王曾对自己非常忠诚，倒也另眼相看。这天，王曾向丁谓请求："我没儿子，想过继弟弟的儿子，请求皇上恩准。但怕大人误会，不敢单独去奏明。"丁谓觉得王曾一向对自己顺服，又想奏个人私事，故点头应允了。于是王曾单独留下面见皇上，呈上自己预先写好的列有丁谓罪行的奏章。过了几天，皇帝查明真相，终于免了丁谓的宰相之职，不久又把他贬为崖州司户参军。

为了等待最有利的时机，有时便不得不对强大的对手假意逢迎，委曲求全。刘备暂受挫折时，委身于曹操门下。曹操素闻刘备有雄才大略、鸿鹄之志，心中也加以提防，常常暗中试探。刘备怕他加害于己，便施展起"深隐待时术"来，灌园种菜，追寻野趣。曹操素来多疑，仍不放心，在青梅黄熟季节，于后花园凉亭之上设宴摆酒，请来刘备，海阔天空，议论天下之事，以观刘备之志。曹操问："您说当今天下，谁是真正的英雄豪杰？"刘备说了袁绍、刘表等拥兵割据的大军阀。曹操哈哈一笑，说："差矣！当今天下英雄，唯您我二位！"刘备以为被曹操看破了"深隐待时术"，怕有生命之虞，便惊慌失措起来，一失手，把手中的筷子掉在地上。曹操一看，忙盯着问："怎么啦？"恰巧老天帮忙，阴沉沉的天上刚划过一道闪电，闷雷炸耳。刘备借机掩饰，说被雷惊吓得掉了筷子，曹操自此再不把这位怕雷的胆小鬼放在心上了。

刘备看他懈怠下来，才找了个时机逃出曹营。

【点评】

"世无可抵，则深隐而待时"，但有利的"时机"不仅需要人们耐心等待，还需要人们积极地争取和把握，甚至需要用权术手段。为了等待最有利的时机，有时便不得不对强大的对手假意逢迎，委曲求全。

【现代活用】

牛仔裤大王莱维

如今年轻人穿上一条牛仔裤，信步走在街上，不会引起什么遐想。

但你可知道，当初牛仔裤的诞生是"牛仔裤大王"莱维·施特劳斯隔岸观火的结果。

100多年前，美国加利福尼亚州因发现金矿掀起了一股淘金热。许多先行者一日之间成为百万富翁的消息不胫而走，更多后继者潮水似的涌来。

随着淘金者日益增多，竞争日趋激烈，除了矿脉成为角逐的对象之外，优良、适用的淘金用具和生活用品也炙手可热。

德国犹太人莱维·施特劳斯也来到这个巨大的竞争地，他带来的不是淘金工具以及所需的资金，而是他原来经营的缝纫用品，和他认为可供淘金者做帐篷用的帆布。一到目的地，缝纫用品便被一抢而空，这使他熟悉了当地的裁缝市场，但帆布却无人问津。

莱维没有介入淘金者的竞争，而是冷静地观察眼前千变万化的情况，莱维静静地等待着，他相信，他面前将会出现他所寻求的机会。

机会终于被莱维等到了。一天，莱维和一位疲惫不堪的矿工坐在一起休息，这位井下矿工抱怨说："唉，我们这样一整天拼命地挖，吃饭、睡觉都怕别人抢在前头，裤子破了也顾不上。这个鬼地方，裤子破得特别快，一条裤子穿不了几天就得扔了……"

"是吗？如果有一种耐磨的裤子……"莱维顺着他的话说到一半就呆住了。帆布不正是最耐磨的布料吗？对！就这样！他一把拉住那个矿工就走。莱维把矿工带到熟识的裁缝店里，对裁缝师傅说："用我的帆布给他做一条方便在井下穿的裤子，你看行吗？"

"当然可以。最好是低腰、紧身，这样既方便干活，看上去又潇洒利落。"裁缝师傅出主意道。

"行，你看着做好了，一定要结实。"

第一条牛仔裤的前身——工装裤就这样诞生了。由于它美观、方便、耐穿，深受矿工欢迎。

在此基础上，莱维不断地改进和提高工装裤的质量，逐渐演变成了一种新时装——牛仔裤。从加利福尼亚矿区推向城市，从美国推向世界。莱维成了闻名于世的"牛仔裤大王"。

如果当年莱维不假思索地投入到淘金的热潮中，而不是"以静待观"，冷静观之，寻找自己的突破点，那么"牛仔裤大王"恐怕就不是莱维了。

【点评】

袖手旁观彼岸之火，混乱局面泰然处之。静观其变化，直到事情发展到有利于自己的地步，才趁机采取行动，从中取利。激烈的商战中，若想少花本钱，多赚利润，此"深隐待时"计不能不用。

第五篇

飞箝术

本篇主要讲述的是如何运用褒扬之词去收服人心，使对方被我们所控制、掌握。在此处"飞"是夸奖、表扬的意思，有意识地去给予肯定和赞许，以讨得对方的欢心，得到信任，使其暴露实情。"箝"是掌握住对方的一举一动，使之按照自己意图行事，由此可知，"飞"的目的是为了"箝"。

掌握了运用飞箝术的方法，明白了飞箝术的目的，便可对万事运筹帷幄，自身也可来去自如，这便是飞箝术的最高境界。

【原文】

凡度权量能，所以征远来近①。立势而制事，必先察同异②，别是非之语，见内外之辞，知有无之数③，决安危之计，定亲疏之事④，然后乃权量之。其有隐括，乃可征，乃可求，乃可用⑤。引钩箝之辞，飞而箝之⑥。

钩箝之语，其说辞也，乍同乍异⑦。其不可善者：或先征之，而后重累⑧；或先重以累，而后毁之⑨；或以重累为毁，或以毁为重累⑩。其用，或称财货、琦玮、珠玉、璧帛、采色以事之⑪；或量能立势以钩之⑫；或伺候见涧而箝之⑬。其事用抵巇。

【注释】

①度：量长短。权：权变，灵活，人的计谋。量：测量。能：能力，才能。征：征召。来近：使近来，意即使近处来投奔。全句意为：大凡测量人的智慧谋略和才能，是为了征召远近人才，使远近的人才来归附。陶弘景注曰："凡度其权略，量其材能，为远近声誉者，所以征远而来近也。谓览者所在，或远或近，以此征来。若燕昭尊隗，即其事也。"②立势而制事：制造有利形势，干一番大事业。察同异：考察事物的相同之处和不同之处。③内外之辞：内，指里面的，真实的情况。外，指表面的，虚浮之辞。内外之辞，指事情的真伪。有无之数：有无，能否。数，指术数。有无之数，指是否具有某种能力。④亲疏之事：指或亲密或疏远。⑤隐括：这里指订正、修正。乃：于是。⑥钩箝：引诱他人归顺己方。飞而箝之：以激昂言论引诱从而控制对方得到实情。飞箝之术是鬼谷子论辩术的一个重要方法，飞是褒扬、激励，箝是挟制。⑦乍同乍异：时而相一致，时而不相一致。⑧不可善者：即使运用飞箝之术也不能改变的人或事物。征：征召，征用。重累：同重叠，反复试验，这里有排列比较的意思。⑨或先重以累，而后毁之：有的先委以重任，然后再挑出他的毛病，诋毁他。⑩或以重累为毁，或以毁为重累：有时用委以重任的方式来诋毁对方，有时以诋毁对方的方式来重用对方。⑪其用：准备要重用时。事之：对待他，这里指考验他。⑫量能立势：衡量、考察对方才能，确定去留的趋向。⑬伺候：伺机，等待。见涧而箝之：涧，在此指缺点。见涧而箝之指发现对方的弱点箝制对方。

【译文】

凡是揣度人的权谋、衡量人的才能，其目的都是为了征召和吸引或远或近的人才。一旦人才归附之后，就要确立相应的制度，考察和辨别人才的优劣，首先必须考察彼此之间的同与异，辨别言论的是与非，分析对内对外言辞的真伪优劣，了解他们是否名副其实，是否有真才实学，能够提出决断安危之大计，确定亲疏之大事，然后权衡他们的轻重优劣，裁量彼此的长处和缺漏，以便能够为己所用。一旦时势需要时，就可以征召他们，可以依靠他们、任用他们。在与对方交谈时，要用一些话语诱导他们说出真实的意图和想法，从而洞悉他们内心的真实感情，再用褒扬恭维的方法控制对方，这就是"钩箝"之术。

钩箝之语，作为一种游说辞令，其特点就是诱导对方说话进而控制对方的语言，时而赞同对方，时而提出相对的观点。对于那些不易被说服的人，或者先征召他们，然后恭维其才能，反复试探和感化；或者先恭维其才能，进而进行反复试探和感化，然后再对其缺点进行诋毁，挫其傲气；或者借恭维其才能之名，行诋毁其不足之实；或者借诋毁其不足之名，行褒扬其才能之实。如果能够感化对方，并打算重用他，此前进行试探的方法有很多种，有的可以用赏赐财物、珠宝、璧帛或美色以打动和引诱他们，从而观察其贪廉；有的则要确立相应的制度，立赏罚去就之势，以考察其内心真实感情和能力的高下；有的则需要等待其遇到艰难困苦之时抓住对方的弱点和漏洞，进而了解其智愚勇怯，控制对方。以上这些都要配合运用抵巇的方法。

【原文】

将欲用之于天下，必度权量能。见天时之盛衰，制地形之广狭，岨险之难易①，人民货财之多少，诸侯之交孰亲孰疏、孰爱孰憎②；心意之虑怀，审其意，知其所好恶，乃就说其所重③，以飞箝之辞钩其所好，乃以箝求之④。用之于人，则量智能，权材力，料气势⑤，为之枢机⑥，以迎之随之，以箝和之，以意宜之。此飞箝之缀也⑦。用之于人，则空往而实来⑧，缀而不失，以究其辞⑨。可箝而从，可箝而横；可引而东，可引而西；可引而南，可引而北；可引而反，可引而覆⑩。虽覆，能复，不失其度⑪。

【注释】

①见：识别，鉴别。制：掌握，知晓。岨险：险要的山川。②孰亲孰疏：谁跟谁亲密，谁跟谁疏远。孰爱孰憎：谁与谁友好，谁与谁敌对。本句及上句"人民货财之多少"均是讲了解人和的方面。③虑怀：思虑和希望。乃就说其所

重：于是就游说其所重视的。④钩其所好：引诱对方说出自己的喜好。⑤材力：材同才，是与生俱来的才干。料：估量。⑥枢机：指关键之处。枢，门上转轴；机，机关。本句意为把握关键要害之处，以迎合对方或随顺对方。⑦以箝和之，以意宜之：以箝制之术达到与对方协调，以意念态度达到与对方融洽。飞箝之缀：这是飞箝术的运用与发挥，飞箝之术的秘诀。缀，连结。⑧空往：以空洞赞美之辞套引。实来：得到实际的东西，使对方打开心扉，归服己方。⑨缀而不失：连结而不失去。意即把握好"实来"的好时机不要失去。究：探究。⑩从：通"纵"，与"横"相对。南北为纵，东西为横。引：引导。反：反转，翻转。覆：回去，回来。⑪覆：覆败。复：恢复。不失其度：不失去节度。陶弘景注曰："虽有覆败，必能复振，不失其节度，此箝之终也。"

【译文】

如果要将飞箝之术用于辅佐君王治理天下，就必须事先揣度君王的权谋智慧，衡量君王的才能，再观察天时的盛衰，考察疆域的广狭，以及地势的情况，人心的向背，国家财富的多寡，还有君王与各方诸侯的亲疏远近、爱憎好恶，还要洞悉其意愿、胸怀、志向，然后投其所好，采用具有诱惑性和针对性的说辞，求得采纳和重用，进而控制对方，将其牢牢抓住。如果打算用飞箝之术对付诸侯，同样需要仔细揣摩对方的智慧和能力，从而权衡出对方的实力，估量出对方的气势，进而把握住关键之处，并以此为突破口，迎合他的意图、附和他的建议，控制并亲和他，进而运用飞箝之术引导对方顺着自己的思路行事，最终达成和议，促成合作，这就是飞箝之术的妙用。如果把飞箝之术用于游说他人，就是要用溢美的褒奖之词称赞对方，从而使其暴露真实的想法，讲出真实的情况，以此使关系亲密无间，从而进一步探究其言辞的真伪。若能如此，让他接受"合纵"他就会"合纵"，让他接受"连横"他就会"连横"；可以引之向东，也可以促其向西；可以引之向南，也可以促其向北；可以引之返还，也可以促其复去。如此运用飞箝之术，即使有暂时的覆败，但大多能转败为胜，让局势在自己的掌控之中。

╬╬╬╬╬╬╬╬╬╬╬ | 智慧运用 | ╬╬╬╬╬╬╬╬╬╬╬

凡度权量能，所以征远来近。

立势而制事，……其有隐括，乃可征，乃可求，乃可用。

引钩箝之辞，飞而箝之。

不计私仇用管仲

公元前687年，齐襄公不理朝政，荒淫无道，以致民怨沸腾，国家大乱。为了避难，鲍叔牙随公子小白流亡莒国，管仲随公子纠逃往鲁国。不久，公孙无知杀襄公自立，后被杀，造成齐国君位空缺。

公子纠和小白听到这个消息都想赶回齐国争夺君位。管仲为了让公子纠当上国君，就带兵埋伏在莒国通向齐国的必经之路上，见到小白乘车而来，就用箭射倒车上的小白。他以为小白必死无疑，就放下心来，带领公子纠慢慢向齐国进发。

实际上，管仲的箭只射在小白的衣带钩上，小白灵机一动，咬破舌头，口吐鲜血，装死骗过了管仲。当管仲离开后，他急忙同鲍叔牙抄近路返齐，昼夜兼程，抢先赶回齐国都城，登上君位，是为桓公。

齐桓公于是准备拜鲍叔牙为相，但鲍叔牙极力推辞，并极力推荐管仲。他说："管仲从小就是我的好朋友，他有经天纬地之才，如果拜他为相，齐国很快就能强盛起来。"

齐桓公不高兴地悦："管仲差一点射死我，我怎能重用仇人呢？"

鲍叔牙说："当初，管仲是为了让公子纠登上君位才这样做的。国君不可只记私仇，而忘掉齐国的大业，失掉这位难得的人才。"

齐桓公见他说得有道理，决定重用管仲。他派人到鲁国，向鲁庄公说："我们国君要报管仲一箭之仇，请把他交给齐国处治。"

鲁国大臣施伯知道管仲回齐后会被重用，将来肯定对鲁国不利，就极力劝鲁庄公不要交人。鲁庄公害怕得罪齐国，便命人把管仲装进囚车，送回齐国。

管仲坐在囚车内，归心似箭。他深知自己返回齐国是好友鲍叔牙的主意，施展才能的机会就要来了。可是押解囚车的士兵行走速度非常慢，管仲心里着急，担心鲁庄公万一醒悟过来，派兵追赶。他于是想了个主意，编了一首名叫《黄鹄》的歌曲，唱给士兵们听。唱了两三遍后，他又教士兵一起唱。士兵们边听边唱，忘记了疲劳，行军速度逐渐加快，只一日半就到了齐国。

就在齐国君臣迎接管仲入境的同时，鲁国公子偃也带兵追来了。

原来，鲁庄公突然醒悟，放管仲归齐，等于放虎归山，急忙下令追杀，但已经晚了一步。

【点评】

飞箝是一种制人之术，"制人"又可以分为两种：一是识人为己所用，这是国君与谋臣必须掌握的基本功；另一种就是利用对方的弱点把其铲除，扫清前进道路上的障碍。在此齐桓公便是运用"制人"的前一种——识人为己用。本篇开始便提到"度权量能"，其目的就是要根据每个人的能力大小、所善专长来量才而用，使人尽其才，才尽其用。而不是大材小用，或小材大用。

齐桓公不因一箭之仇而心怀怨恨，其胸襟实在宽广，同时他又能听取鲍叔牙的意见，将管仲封为相国，更是难能可贵。后来管仲一心一意辅佐齐桓公，改革变法，励精图治，最终使齐桓公成为春秋霸主。

宽容之心得良将

公元前606年，楚庄王率领军队一举平定了斗越椒的反叛，天下太平。庄王兴高采烈地设宴招待大臣，庆祝征战胜利，并赏赐功臣，美其名曰"太平宴"。

文武百官都在邀请之列，只见席中觥筹交错，热闹异常。到了日落西山，大家似乎还没有尽兴。楚庄王便下令点上烛火，继续开怀畅饮，并让自己最宠幸的许姬来到酒席上，为在座的宾客斟酒助兴。大家本来喝得差不多了，一见美女频频向自己敬酒，又都来了兴致，不觉又喝了半个时辰。

突然，外面一阵大风吹来，宴席上的烛火熄灭了。也许是喝醉了，也许是看到许姬灿若桃花的笑颜，一个人趁着漆黑一片，伸手扯住她的衣裙，抚摸她的手。许姬一时受到惊吓，慌乱之中，用力挣扎，不料抓住了那个人的帽缨。她奋力一拉，帽缨竟然被扯断了。她手握那根帽缨，急急忙忙走到楚王身边，凑到大王耳边委屈地说："请大王为妾做主！我奉大王的旨意为下面的百官敬酒，可是不想竟有人对我无礼，乘着刚才烛灭之际调戏我。"

庄王听后，沉思片刻。许姬又急又羞，催促他："妾在慌乱之中抓断了他的帽缨，现在还在我手上，只要点上烛火，是谁干的自然一目了然！"

说罢，便要掌灯者立即点灯。楚庄王赶紧阻止，高声对下面的大臣说：

"且慢！今日喜庆之日难得一逢，寡人要与你们喝个痛快。现在命令你们统统折断帽缨，把官帽放置一旁，毫无顾忌地畅饮。"

众大臣见大王难得有这样的好心情，都投其所好，纷纷照办。等一会儿点烛掌灯，大家都不顾自己做官的形象，拉开架势，尽情狂欢。

许姬对庄王的举措迷惑不解，仍然觉得委屈，便问："我是大王您的人，遇到这种事情，您非但不管不问，反而还替侮辱我的人遮丑，您这不是让别人耻笑吗？以后您怎么严肃上下之礼呢？妾心中还是不服！"

庄王笑着劝慰说："虽然这个人对你不敬，但那也是酒醉后出现的狂态，并不是恶意而为。再说我请他们来饮酒，邀来百人共欢，庆祝天下太平，又怎么能扫别人兴呢？按你说的，也许可以查出那个人是谁。但是如果今日揭了他的短，日后他怎么立足呢？我不就失去了一个得力助手吗？现在这样不是很好吗？你依然贞洁，宴会又取得了预期的目的，那个人现在说不定如释重负，对你对我感激不尽，以后肯定会对我更效力"。

许姬觉得庄王说得有理，就没再追究。

后来，楚国率领军队讨伐郑国。主帅襄老手下有一位副将叫唐狡，他毛遂自荐，愿意亲自率领百余人在前面开路。他骁勇善战，每战必胜，出师先捷，很快楚军就得以顺利进军。

庄王听到这些好消息后，面见襄老，要嘉奖他的战绩。襄老诚实地回答说："您要犒赏就重奖副将唐狡吧！要不是他在前面冒死打通层层关口，我们也不会这样顺利。"

唐狡站在庄王面前，腼腆地说："大王昔日饶我一命，我唯有以死相报，不敢讨赏！"

楚庄王疑惑地问："我何曾对你有不杀之恩？"

"您还记得'绝缨会'上牵许姬手的人吗？那个人就是我呀!"

【点评】

楚庄王以宽容之心"制人"，而后使其忠心为己所用。楚庄王揣摩到了臣子只是酒后失态，并非恶意之举，如点灯查办，就会失去一得力助手，于是便以宽容之心不了了之，这就为以后唐狡在讨伐郑国时立下战功埋下了伏笔。可见，智慧不只是表现在运筹帷幄中，而且也体现在简单行动中。楚庄王酒宴上一个简单的举动，不但保全了许姬的名声，而且得了一名尽忠的大将，赢得了一场战争。

投其所好拉广告

有一次，美国《黑檀》月刊的主编约翰逊想拉到森尼斯公司的广告。当时，该公司的首脑麦唐纳是个极其精明能干的人。

开始，约翰逊先写了一封信给麦唐纳，要求和他当面谈谈森尼斯公司的广告在黑人社会中的重要性。

麦唐纳当即回信说："来信已经收到，不过我不能见您。我并不主管广告业务。"

约翰逊并不气馁，他又写了封信给他，问："我可不可以拜访您，谈谈在黑人社会进行广告宣传的政策。"

麦唐纳回信道："我可以见您。不过，要是您想谈在您的刊物上登广告的事，我立刻就结束会见。"

约翰逊翻阅了美国名人录，发现麦唐纳是一位探险家，曾到过北极，时间是在汉森和皮尔瑞于1909年到达北极的那次著名探险以后几年。汉森是黑人，他曾就本身的经历写过一本书。

这是个可以利用的条件，被约翰逊觉察到了。

于是，他找到汉森，请他在自己的书上签名，以便送给麦唐纳。此外，他又想起汉森是他们写篇文章的好题材，于是，他从还未出版的《黑檀》月刊中抽去一篇文章，而代之以介绍汉森的一篇文章。

麦唐纳在约翰逊走进他的办公室时，第一句话就说："看到那边那双雪鞋没有？那是汉森给我的。我把他当作朋友，你看过他写的那本书吗？"

"看过，"约翰逊说，"凑巧我这里有一本。他还特地在这本书上签了名。"

麦唐纳翻着那本书，显得很高兴。接着，他又说："您出版一份黑人杂志，在我看来，黑人杂志上应有一篇介绍像汉森这样的人的文章才对。"

约翰逊对他的意见表示同意，并将一份7月份的杂志递给他，然后告诉他，创办这份杂志的目的，就是为了宣传像汉森这样克服一切障碍而达到最高理想的人。

这时，麦唐纳合上杂志说："我看不出我们有什么理由不在您的杂志上登广告。"约翰逊终于如愿以偿。

【点评】

"引钩箝之辞，飞而箝之"，当洞悉对方内心的真实感情后，成功便近在咫尺。约翰逊拉广告受挫后，并不气馁。他知道每个人都有乐意显示自己辉煌战绩的心理，根据麦唐纳的经历，他变换了接近麦唐纳的方法，攻心求同，终于使麦唐纳答应在他的杂志上刊登广告。

> 其用，或称财货、琦玮、珠玉、璧帛、采色以事之；
> 或量能立势以钩之；
> 或伺候见涧而箝之。

【史例解读】

巧施借刀杀人计

三国时期，曹操带领80万大军，进攻江东孙权。不料初次交锋，便被周瑜打败，他心里忧闷，便召集文武官员，商量进兵之策。蒋干和周瑜是同学，他自告奋勇要求去东吴说服周瑜投降，曹操答应了他。

蒋干过江，直奔周瑜的营寨。周瑜正在帐中议事，听说蒋干来见，心中暗道：曹操的说客到了，我要做好准备。接着，周瑜压低声音，把他的计划告诉众人，各位将领听完后就去执行命令。

周瑜迎接蒋干进帐，让文武官员和他相见，接着大摆酒席，招待蒋干。周瑜将盔甲和宝剑交给属下，并告诉所有人，蒋干是自己的同窗好友，今天只叙友情，不谈军事，如有人违犯，定斩不饶。蒋干一听，吓出一身冷汗，哪里还敢提劝降的事！

宴会结束后，周瑜留蒋干同宿。周瑜脚步踉跄，没脱衣服，就上床睡觉了，只一会儿，便鼾声如雷。蒋干心中有事，望着桌上灯烛，哪里睡得着。三更时分，他悄悄起床，只见桌上放着许多来往的信，里面竟有一封"蔡瑁、张允寄"的信。蒋干大吃一惊，打开一看，才知曹营水军都督蔡瑁、张允暗中勾结东吴，并打算割了曹操的头来献给周瑜。

这时，周瑜翻了个身，蒋干连忙把信藏在怀里，周瑜含糊地说着梦话。下半夜时，蒋干听到有人进来小声地唤醒周瑜，周瑜迷迷糊糊问："谁睡在我床上？"来人说："都督自己请蒋先生一起睡的，怎么倒忘了？"来人又低声说了一句："江北有人来了。"周瑜连忙喝住，回头轻声唤蒋干，蒋干不应，周瑜就悄悄下床，走出屋子和那人说话。蒋干假装睡着，却竖起耳朵，隐隐约约地听到有人说：张、蔡两都督说，一时还不能下手……以后声音越来越低，就听不清楚了。

一会儿，周瑜回来，又唤了几声"蒋干"，蒋干仍装睡不应。周瑜见蒋干睡得正香，才放心地上床睡了。蒋干怀揣书信，哪里还睡得着，暗想：周瑜心细，天亮发现书信不见，必然怀疑我。于是他连夜渡江向曹操复命，拿出信向他报告。

曹操听完报告，看完信，大怒："叫蔡瑁、张允进来见我。"蔡、张两人进来后，曹操问道："我想让你们领兵攻打东吴。"蔡、张说："水军还没有训练好，不能轻易出战。"曹操厉声说："等水军操练好了，我的脑袋就要搬家了！"不等他们答话，就下令杀了他们。等刀斧手捧着两人脑袋上来，曹操才突然醒悟，知道中了周瑜的反间计。但他死不认错，又令毛玠、于禁为水军都督，代替两人统领水军。

消息传到东吴，周瑜非常高兴，对众人说："这两人久住江东，熟悉水战，不除掉他们，是我的心腹大患啊！"

【点评】

要成功运用引诱法，就必须摸清对方的性格特点和意图。周瑜之所以能够成功，就是预料到了蒋干前来的目的是劝降，于是他提前设下圈套等蒋干来钻。

周瑜在此运用的便是飞箝制人术的另外一种：铲除前进道路上的绊脚石。欲破曹操80万水军，必须先除掉水军都督蔡瑁、张允这两个心腹大患。从飞箝术的运用方法来看，周瑜运用的是引诱法，其计谋成功的关键人物便是蒋干。周瑜先以同学之情留蒋干同宿，引诱其"偷看"书信，而后又在半夜引诱蒋干"偷听"军情，进一步使其深信不疑，并最终借曹操之手杀了蔡瑁与张允。

范雎计逐四家族

秦昭王时，秦国的四大家族穰侯、泾阴君、高陵君、华阴君掌握着秦国的内政与外交大权，十分嚣张。其中穰侯的权势最大，他依仗太后的威势，飞扬跋扈，不可一世，根本不把秦昭王放在眼里。

昭王三十七年，魏国人范雎入秦游说昭王道："远交而近攻，则大王得寸土则为王之寸土，得尺土则为王之尺土。如今中原的韩魏两国强盛无比，大王若要称霸于诸侯，应亲近中原两国，而威慑楚赵两国。楚赵两国如归附秦国则齐国必然畏惧，所以也要归附于秦，韩魏两国就可以趁机征服了。"

昭王听罢，赞赏不已，于是拜范雎为客卿，共谋国事。随后昭王用范雎的谋略，攻城略地，无往不胜，秦国大名威震天下。

昭王四十一年，范雎在4年里通过精心辅佐昭王，已完全得到了他的信任，很多机要事宜都由他去办理。

范雎觉得秦国军事上虽然强大，但由于四大家族党同伐异，内政千疮百孔，所以他决定着手改革内政。不过，要想改革内政，首先就要削夺四人职权，否则寸步难移。

一次，范雎对昭王说："早年臣在山东之时，只听说齐国有孟尝君，不闻有齐王；秦国有穰侯、泾阴君、高陵君、华阴君，却不闻有秦王。这是为何呢？"

秦昭王默不作声，范雎接着说："能独揽国家大权的才可叫王，能兴除利害的才能叫王，能掌生杀大权的才是王。如今太后专权40余年，穰侯出使，可不报大王；泾阴、华阴二君肆意妄为，目无法纪；高陵君任免官吏，擅作主张，无人敢言。这四个人若在朝中日久，国家一定会灭亡的。"

秦昭王听后大惊失色道："原来危机就在眼前啊！那我该怎么做呢？"

"善治国者，内则威严，外则重权。如今穰侯内仗太后之势，外借大王之威，对各国发号施令，与各国订立盟约，各国没有敢不服从的。如今更有太后同他串通一气，那三人也扶持左右，他们终究会铲除大王的。万一真有变故，恐怕大王来不及准备，就已经被他们砍于刀下了"。

秦昭王于是与范雎秘密商议如何驱逐四大家族和太后。

过了不久，昭王借故收回穰侯相印，将他驱出秦国，又把太后废黜，让其居于深宫。没过多久，他又把其他三人也驱逐走了。秦昭王大权独握，于是拜范雎为相，治理国家。

【点评】

范雎在此运用的是引诱法中的以名相诱，他抓住秦昭王的虚荣心，婉言相劝，终于达到了铲除政坛劲敌，执掌大权的目的。王者高高在上，如果居于上位，名声反而不如居下者，是难以容忍的。范雎正是利用了秦昭王这·空隙，高谈治国的方略，最终使自己登上了相位。

夸奖他人戴高帽

袁枚是清朝非常有名的才子，名满天下。他对为人处世之道也很精通，尤其善于给别人戴"高帽子"，且每次都是"百发百中"。

他考取功名后，被朝廷任命为地方县令。赴任之前，他特地去向老师尹文瑞辞行。老师问他："你现在年纪轻轻就受到朝廷重用，一定要谨慎行事，做好充分的准备。不知道你此次赴任前都为自己做了哪些准备工作啊？"

袁枚说："老师，我已准备好了一百顶高帽子。"

尹文瑞是乾隆时期的一位名臣，不仅学问好、知识渊博，而且德行、操守堪称一流。他听了袁枚的话，很不高兴地说："年轻人怎么搞这一套？太庸俗了！"

袁枚对老师恭敬地说："现在社会上人人都喜欢戴高帽子，不准备不行。说句真心话，世上有几个人能像老师这样富有德行和操守，不喜欢别人送高帽子呢？"

尹文瑞一听，不禁频频点头，认为他说的话很有道理，脸上也转嗔为喜了。

当袁枚从老师那里回来后，同学纷纷问他与老师谈得怎么样？袁枚把经过述说一遍，感慨道："看来，多准备些高帽子的确不错，老师那里我已送出一顶了！"

【点评】

在飞箝术中，飞的意思就是运用褒扬之辞去夸奖、表扬对方，也就是俗称的"拍马屁"、"戴高帽"。使用者以恭维、抬举对方为手段，把不是出自内心实感的话讲给别人，以消除与对方的矛盾与争端。从其运用方法上来看，这也是使用的引诱法，其关键便是抓住了世人皆有爱好美名、美食、美色的特点，而美言也不例外。

在给别人戴"高帽子"时，必须掌握好一定的尺度，既要善于适度地利用给别人戴"高帽子"的方法赢得他人的赞赏和喜爱，也要避免阿谀奉承、一味溜须拍马；既要善于给别人戴"高帽子"，也要善于鉴别人家给自己送的"高帽子"，尤其要提防被别有用心的人所利用。

用之于人，则量智能，权材力，
料气势，为之枢机，以迎之随之，
以箝和之，以意宜之。此飞箝之缀也。

【史例解读】

陈说利害取范阳

秦朝末年，农民起义风起云涌。其中武信君率领的起义军攻下赵国的10座城池，继续向前进攻范阳等其他城池。范阳县令死守范阳，誓与武信君抗衡到底。

蒯通前去拜见范阳令，他躬着腰说道："听说您就快要死了，所以我特来吊丧！"

范阳令大怒，命令手下将他拉出去砍掉。蒯通大叫道："等我把话说完，你再碎我尸体也不迟。"

范阳令便叫他快说理由。

蒯通说："您当范阳令已有10年了。这10年里由于秦朝法律严酷，所以您依照法律杀死的人已不计其数。虽然您使这么多人成了寡妇、孤儿，但10年里，却没人敢用刀子捅你的肚子，这并不是因为你肚皮厚，而是因为法律严，他们害怕秦法罢了。现在天下大乱，谁曾见秦法的实施？那些被你杀害过亲人的人会甘心让你活吗？他们一定会拿刀子来杀你的，这就是我来吊丧的原因"。

范阳令听完，忙叫侍卫退下，让蒯通坐下，恳求道："我又何尝不知呢？可又有什么办法呢？"

蒯通说道："现在各诸侯都背叛朝廷，武信君的大兵即将临城，而您却想坚守范阳，以羸弱之卒，抗百万雄师。您不知道吧，县里有许多人都想杀了你，拿你的人头来投降武信君，谋一份奖赏呢！"

范阳令面露忧色，当即痛哭流涕，请求蒯通帮忙。

蒯通说："幸好您遇见我，可以不用死了。您现在马上派人随我去见武信君，就可以转危为安了。"

范阳令立即命人保护蒯通去武信君驻地。蒯通到了武信君的面前，对武信君说道："您如果听我的计谋，不发一兵一卒，便可轻易占领许多城池。"

武信君忙问他有什么计策。蒯通小声说道："您只需传递战书便可平定千里！"

武信君不大相信。然后蒯通又大声说道："现在范阳令胆怯怕死，贪图富贵，想赶在别人前面先投降，却又怕您像攻下前面10座城时那样把他杀了。您为什么不让我带着侯印，去拜见范阳令并封他为侯呢？如果他被封侯，那其他城池的守将知道后，都会来投降的。所以，仅靠封一人为侯便可以轻取数城。"

武信君虽不太信，但还是照他说的去做了。

果然，赵国的人们听到范阳令被封侯的消息后，纷纷不战而降。

【点评】

蒯通在此游说范阳令运用的便是量能立势法，指出其单薄的实力无法与武信君抗衡，于是向其提出自己劝谏的合理性，从而使其欣然接受了自己的建议。成功运用这种游说方法并非轻易就能做到的事，需要准确判断当前形势，分析各方利害关系，如果没有准确的信息，只凭借脑瓜聪明是不可能做到的。

见缝插针巧进言

三国时期，刘备胸怀大志，一心想复兴汉室，灭曹吞吴，进而统一天下。他出身低贱，原是一个贩卖草鞋的乡村农民，但他努力进取，终于在蜀汉之地建立了属于自己的政权。

一开始，他还能克制自己贪图享受的心理，但是越到后来他就越安于现状，没有了以前的斗志。谄媚之徒也都围绕在他身边。这一切都被他的妻子甘夫人看在眼里。

甘夫人是刘备驻守徐州时纳的小妾。刘备对她十分宠爱，一方面因为她貌美异常，身姿优美，肌肤如玉；另一方面，甘夫人知书达理，通晓人情世故。刘备的原配糜夫人去世后，刘备就把甘夫人带在身边，舍不得和她分开。

刘备盘踞在巴蜀之后，把里里外外的事务交由丞相掌管，也不再考虑兴复汉室基业的目标。那些小人见刘备丧失了往日的斗志，便想出各种花招讨他欢心。

一次，一位地方官吏给刘备送来一个用玉雕琢而成的人像。人像有四尺高，精雕细琢，栩栩如生。刘备一见欣喜不已，拥着甘夫人，指着玉人说："你的肌肤可以和这个玉人相媲美啊！"

从此，他把玉人安放在自己的卧室里，一边欣赏冰清玉洁的甘夫人，一边把玩玉人，两相对照，爱不释手。

甘夫人见刘备玩物丧志，还为自己寻找冠冕堂皇的理由，心中甚是着急。如果长此以往，刘备就会沉溺于安逸之中，不思进取，最终会沦为平庸之辈。可自己是一个妇道人家，如果向他直言进谏，似有参与政务之嫌；如果摔碎玉人，恐怕刘备会怨恨自己，破坏夫妻关系。这天，她在房中看着玉人，突然想起了"子罕不以玉为宝"的故事。

等到晚上，刘备回来，甘夫人柔声说："你这样喜欢玉，我来给你讲个有关玉的故事吧！"

刘备也很有兴致，于是催促道："好啊！快讲！"

"春秋时期，宋国的正卿子罕收到了别人送来的一块宝玉，那玉浑然天成，和你的玉一样，也是人的形状。但是子罕断然拒绝了，说：'你送来的宝物委实罕见。你以玉为宝，而我以廉为宝。如果我接受了，你和我都丢失了各自心爱的东西，你还是拿回去吧！'那个人对子罕敬佩不已，逢人就说'子罕不以玉为宝'，这个故事一直流传到今天。"

刘备听后若有所思。甘夫人接着说："同样是玉石，子罕不以为宝，而你却爱不释手，抚玩不止。玩物必丧志，居安要思危，现在还有两大对手尚未消除，你任重而道远啊！"

刘备惭愧不已，就当着夫人的面把那玉人摔碎了。他从此远离那些奸佞之徒，勤于政务。

【点评】

甘夫人在劝说刘备之前充分考虑到了实际情况，怕直言相劝有参与政务之嫌。在权衡利弊的情况下便借故事启示刘备，不但达到了目的，还进一步加深了夫妻间的感情。由此可见，在劝谏别人时，不仅要注意说话的方式，还要讲究策略。在别人不经意间，抓住有利时机，或借用比喻，或反面论说，都可达到进谏的目的。

【现代活用】

库恩的钳制之术

库恩先生曾到一家商店买冰箱，营业员问明库恩所要的规格并告诉他这种冰箱每台489.95美元。库恩先生走过去这儿瞧瞧，那儿摸摸，然后对营业员说："可是这冰箱外表不光滑，还有点小瑕疵！你看这儿，这好像是小割痕！有瑕疵的货物通常不都要打一点折扣吗？"这是库恩先生从商品的外表上进行挑剔。

库恩先生又问营业员："你们店里这种型号的冰箱一共有几种颜色？可以看看样品吗？"营业员马上为他拿来了样品册。库恩先生指着店里现在没有的颜色说："这种颜色与我家厨房的颜色相配。其他颜色同我家厨房的颜色都不协调。颜色不好，价格还那么高，若不调整一下价钱，我就得重新考虑购买地点了，我想，别的商店会有我需要的颜色。"这是库恩先生从商品的颜色上进行挑剔。

过了一会儿，库恩先生又打开冰箱，看后问营业员："这冰箱附有制冰器？"营业员回答说："是的，这个制冰器一天24小时都可以为你制造冰块。每小时只需要二分钱的电费。"可库恩先生却说："这太不好了，我孩子有慢性喉咙炎，医生说绝对不能吃冰。你可以帮助我把这个制冰器拆下来吗？"营业员回答说："制冰器是无法拆下来的，它是冰箱的一个组成部分。"库恩先生又接着说："我知道……但是这个制冰器对我根本没用，却要我付钱，这太不合理了。价格不能便宜点吗？"这是库恩先生从商品的设计上进行挑剔。

谈判的结果，由于库恩先生的一再挑剔，营业员将冰箱的价格一降再降，终于库恩先生以最低的价格买回了那台冰箱。

【点评】

在运用钳制之术对付别人时，要"量智能，权材力，料气势，为之枢机"，顺着对方的话头，顺着对方的心愿去搭话，从而探知他的底细而设计钳制他。在这里，库恩先生通过对商品的外表、颜色和设计的一再挑剔，从而达到以最低的价格买回商品的目的。

第六篇

忤合术

"忤"是忤逆、反忤的意思，也就是违背了事物发展的要求，与其规律背道而驰的；合则是符合、顺应的意思，即遵循事物发展和变化的规律。

本篇忤合术讲述的就是关于分合与向背的问题，强调要善于把握两者间相互转化的态势。无论是谋臣，还是说客，只要顺势而行，便可成功施展忤合术，使自己"乃可以进，乃可以退，乃可以纵，乃可以横"。

【原文】

凡趋合倍反，计有适合①。化转环属，各有形势②。反复相求，因事为制③。是以圣人居天地之间，立身御世，施教扬声明名也④，必因事物之会，观天时之宜⑤，因之所多所少，以此先知之，与之转化⑥。

世无常贵，世无常师⑦。圣人无常与，无不与；无所听，无不听⑧。成于事而合于计谋，与之为主⑨。合于彼而离于此，计谋不两忠，必有反忤⑩。反于是，忤于彼；忤于此，反于彼。其术也⑪。

【注释】

①趋合：趋向合一，相当于"合"。倍反：背逆，相当于"忤"。倍，通"背"。适合：适应，符合。②化转环属：事物的发展变化，犹如圆环旋转一样变化无穷。形势：指具体背景和现实状况。③因事为制：因，依据。制，法则。这里是指要根据实际情况进行控制。④施教：施行教化。扬声：传播声名。明名：显示名誉。明，显著，显示。名，名分，名誉。⑤事物之会：事物转化的时机。天时之宜：合适的天时，这里是指社会发展的必然趋势。⑥因之所多所少：指国家教化所宜多所宜少的地方。因，顺着。以此先知之，与之转化：预先察知宜多宜少的地方，调整而使之发生转化。⑦常贵：永恒的尊贵。常师：永恒的榜样。⑧本句意为：圣人不会一直赞同，也不会一直听从。⑨合于计谋：实现或符合预定的计谋。与之为主：与之，与他们。为主，为主人，做其主人。这里指吸收别人决策中的合理因素。⑩计谋不两忠，必有反忤：任何计谋都不可能同时忠于两个主人，必然要相抵触。⑪反：此处意为顺从。其术也：指反忤之术。

【译文】

世间万事都有趋向于融合统一或朝背逆相反方向发展的两种趋势，是否尊重事物发展的趋势乃是计谋适合与否的关键。万物分合的变化就如同连环旋转一样变化无穷，会依据情况的变化不同而转换，从而形成不同的形势。因此谋臣在制订策略时，应该根据循环往复的实际情况，反复寻求最佳的计策，并且制订不同的措施去适应不断变化的情况。所以，圣人立于天地之间，无论是立身行事，还是施行教化，提高自己的地位和声望，都必须洞悉事物发展变化的规律，观察天时变化的合宜与否，抓住有利时机，权衡利弊，从而了解行政教化的优势在何处，劣势在何处，如此随情况的变化而制订不同的方略，才能促进事态向有利于自己的方向转化。

世间没有永恒的尊贵，做事也没有可以永远效法的榜样。圣人不会恒久不变地赞同，也不会恒久不变地听从。假如事情必然能成功，而且又合乎计谋的原则，就应该以此作为主体。计谋合乎一方的意思，就会背离另一方的原则，这就叫作"计谋不两忠"。其中必有顺逆的道理存在：合于彼就一定会逆于此，合于此就一定会逆于彼。因此要根据实际情况灵活运用"忤合术"。

【原文】

用之于天下，必量天下而与之①；用之于国，必量国而与之；用之于家，必量家而与之；用之于身，必量身材能气势而与之②。大小进退，其用一也③。必先谋虑计定，而后行之以飞箝之术④。

古之善背向者⑤，乃协四海、包诸侯，忤合之地而化转之⑥，然后以之求合⑦。故伊尹五就汤，五就桀⑧，而不能有所明，然后合于汤。吕尚三就文王⑨，三入殷，而不能有所明，然后合于文王。此知天命之箝，故归之不疑也⑩。

【注释】

①用：使用。本句意为使用反忤之术管理天下，一定要度量实际情况。②身：个人。材能：才智和能力。气势：气概和声势。③大小：指事情的大小。其用一也：它的功用是一致的。④计定：确定计谋。而后：然后。⑤背向：背弃和趋向，反对和支持，即"忤合"。善背向者：即善于运用"忤合"之术的谋臣策士。⑥忤合之地而化转之：驱置于忤合之地而转化他，改变他。⑦以之求合：指利用某种势力开创新局面。⑧伊尹：商汤的大臣，开国名相。汤：商朝的开国之君。桀：夏朝最后一个暴君，被商汤所灭。⑨吕尚：即姜太公，为周文王所用，后辅佐周武王灭商。文王：即周文王，商末周族领袖。⑩天命之箝：即天命的钳制、暗示。归之不疑：指上述伊尹"合于汤"，吕尚"合于文王"而不迟疑。

【译文】

假如用这种反忤之术管理天下，就必须衡量天下的实际情况，决定顺合或者反逆；如果要把这种反忤之术运用到治理国家上，就必须度量诸侯国的实际情况，以决定顺合或者反逆；如果要把这种反忤之术运用到治理家族事业上，就必须度量家族事业的实际情况，以决定顺合或者反逆；如果要把这种反忤之术运用到个人方面，就必须度量个人的才能气势，以决定顺合或者反逆。反忤之术的运用，无论事情的大小或策略的进退，其原则都是一致的。一定要首先思谋考虑，确定计谋策略之后，再将飞箝之术付诸实施，作为辅助手段。

古代那些善于运用向背之理、反忤之术的人，能够联合全国各地军民，驾驭他们，使对方根据己方的实际需要而改变，然后与他们相合。所以贤相伊尹五次投奔商汤、五次投奔夏桀，可是还是不明白该投奔谁，最终才决定一心辅佐商汤。姜太公吕尚三次投奔周文王、三次投奔殷纣王，可是他还是不明白该投奔谁，最终才决定一心辅佐周文王。这样反复多次就知道了天命的规定，所以伊尹和吕尚才义无反顾地归顺商汤王和周文王。

【原文】

非至圣达奥，不能御世[1]；非劳心苦思，不能原事[2]；不悉心见情，不能成名[3]；材质不惠，不能用兵[4]；忠实无真，不能知人[5]。故忤合之道，己必自度材能、知睿，量长短、远近、孰不如[6]，乃可以进，乃可以退，乃可以纵，乃可以横[7]。

【注释】

①至圣：至，最，极。圣，具有最高的智慧和道德。达奥：达，通晓。奥，深奥玄秘的道理。本句意为如果不是具有最高的智慧和道德，并且通晓深奥玄秘的道理，也就不能立身处世、治理天下。②劳心：费心思。原事：了解事物本来面目。③悉心见情：尽心发现真实情况。成名：成就名声。④材质：才能资质。用兵：运用军事谋略。⑤忠实无真，不能知人：如果为人不够真诚，也就不会有知人之明。⑥知睿：聪明才智。孰不如：哪一项不如他人。⑦陶弘景注曰："既行'忤合'之道于不如己者，则进、退、纵、横、唯吾所欲耳。"

【译文】

假如不能达到非凡的圣人那种穷尽世理的境界，就不能治理世事；如果不费心苦思，就不能了解事物的本来面目；如果不尽心努力洞见世情，就不可能成就声名；如果没有很高的素质才能，就不能进行军事运筹；如果不能诚心忠实，就不能知人善任。所以忤合之术的法则，一定要估量自己的才干和能力，度量自己的优势和劣势，哪一方面不如别人。这样才可以知己知彼，可进可退，既可以使其纵，亦可以使其横，达到随心所欲、游刃有余的境界。

凡趋合倍反，计有适合。

化转环属，各有形势。

反复相求，因事为制。

【史例解读】

平原君杀姬留士

平原君，名胜，是赵惠文王的弟弟，以喜欢养士而闻名。他曾在赵惠文王和孝成王时为相，三次被罢相，又三次官复原职，历经三起三落而不倒。

赵胜出身王室，家财充盈，又喜欢交友，所以他就散财养士，每天到他家来的客人都络绎不绝。一天，一位奇怪的客人要见赵胜。赵胜到门口迎接，一看认识，这人跛脚驼背，人称跛子，就住在赵胜家的旁边。每天早晨他都经过赵胜家门口，一瘸一拐地到城东的井里提水。赵胜把他请进正屋，让到正座上，问道："高邻找我有何见教？"

跛子怒气冲冲地说："听说公子礼贤下士，重友轻色，天下寒士皆蜂拥而至。而我与公子近邻多年，却发现公子沽名钓誉，徒有虚名。我现在向公子讨一颗美人头，不知可否？"

赵胜有点莫名其妙，摸不着头脑，便问："愿听先生详说。"

跛子说："我自幼患病致残，驼背跛脚。每每路过公子家门，皆受公子美姬艳妃的取笑，使我蒙受耻辱。可我虽然驼背跛脚，却未曾有损公子名利。今请公子杀了美人，为我补偿名誉和尊严。"

赵胜说："原来如此，先生暂且息怒，明日即送美人头向先生谢罪。"

跛子一走，赵胜即对门客说："一个跛子，竟因一笑换人头，也未免太过分了！"说完，就把这件事置之脑后。

事情过去不久，就有门客陆续离开赵胜，另投他处。到了年底，门客走掉了一半。

赵胜甚觉奇怪，便对剩下的门客说："我对门客，未曾失礼，他们为什么都纷纷离我而去呢？"

一位门客说："先生还记得那位跛子吗？"

赵胜连说："记得，记得。"

门客说："当初跛子请您杀了美人，维护尊严，可您舍不得。宾客们以为您重色轻友，在您门下不会有什么前程，因此生离去之心，另择明主。若先生不能忍痛割爱，过几天，我们也要走了。"

赵胜如梦初醒，心想，我不能因为一个美人而失去众多才士，坏我一世美名，于是下决心把取笑跛子的美姬杀了，并提了美人头亲自到跛子家登门道歉。

跛子见赵胜杀了美姬，非常感动，自动投到赵胜门下为他效劳。

原先走了的门客听说赵胜杀姬买士，重才尚义，又纷纷回来了。赵胜斩姬留士的名声不胫而走，前来投奔的人比以前更多了。

【点评】

"良禽择木而栖，贤臣择主而事"，有远见的谋臣善于观察眼前的形势对己是有利还是有弊，从而选择适合自己的君主，这样才有可能得到重用，成就大事。平原君开始没把跛子的请求落到实处，而失信于手下谋士，使诸多门客离他而去。在得知原因后，提美人之头向跛子道歉，又重新赢得人心，从而招来了更多的门客。

偷梁换柱吞戴国

周桓王三年（公元前715年），郑庄公假托周天子之命，联合齐鲁两国攻打宋国。宋殇公听说此事，大惊失色，急忙召司马孔父嘉问计。孔父嘉奏道："我已派人打听清楚，周天子并无讨伐宋国之命，齐鲁两国是受郑庄公的欺骗才出兵的。现在三国合兵而来，其锋甚锐，不可与其正面交战。但其国内防守必然空虚，只要我们以重金收买卫国，要卫国联合蔡国，以轻兵袭击郑国本土，威胁郑都荥阳，这样，郑庄公自然就会退兵。而郑兵一退，便群龙无首，齐鲁两国也必退"。

宋殇公听从了孔父嘉的计策，卫宣公果真派右宰丑领兵与孔父嘉会合，经由间道，出其不意，直逼郑都荥阳城下。郑世子忽和大夫祭足急忙守城，右宰丑便要趁势攻城，孔父嘉说："我们袭击荥阳，只是乘其不备，如果继续攻城，万一郑庄公回兵救援，将会对我形成内外夹攻之势，那是很危险的，不如就此借道戴国，胜利回师。我估计当我军离开时，郑庄公的兵马也该从宋国撤退了。"于是，按照孔父嘉的布置，宋卫两国向戴国进发，想从戴国假道。不料，戴国国君以为宋卫是来攻打戴国的，便关上城门死守。孔父嘉大怒之下，多次攻城，但总也攻不下来。

郑庄公领兵攻打宋国，忽然听说宋卫两国正进逼郑都，便传令班师。当大军回到半路时，又接到国内送来的军报，说是宋卫已撤离荥阳，转向戴国，庄公便命令军队向戴国进发。

孔父嘉正率联军攻打戴国，听说郑国领兵救戴，已在离城50里处下寨。接着，他又听说戴君得知郑兵来救，已打开城门将郑军接到城内。孔父嘉和右宰丑出来观战，忽然见城楼上遍插郑军旗号，郑将站在城楼上，大声说多谢二位将军，我们已经取得戴城了。

原来郑庄公设"偷梁换柱"计，假说救戴，一进城，便吞并戴军。孔父嘉在城外见庄公不费吹灰之力便占了戴城，气愤填胸，决心要与庄公决一死战。

第二天，他刚把寨营扎好，忽听寨后一声炮响，火光冲天，都说是郑兵到了，孔父嘉刚要出寨迎战，火光却熄了。方要回营，左边炮声又响，又是火光不绝。他刚要看个究竟，左边火光已灭，右边火光又起。孔父嘉认为这是庄公之计，命令全军不许动乱。

不一会儿，左边火光又起，而且喊声震天。孔父嘉正想前往营救，忽然右边火光再起，一时分不清是谁的人马，孔父嘉挥军向左，慌忙间迷失方向，遇上一队兵马便与之厮杀起来，结果发现竟是卫国的人马！于是两军合在一起，赶回中营，却发现中营已被郑将占领，孔父嘉无心恋战，夺路而走，遇上伏兵，只得弃车徒步，逃回宋国。跟随他回去的只有20多人，右宰丑阵亡，三国兵马辎重，也全被郑军俘获。

【点评】

有些事反其道而行之能得到更佳的效果，也就是所说的"忤合之而转化之"，其成功运用的关键在于灵活变通地把握形势，才可找到克敌制胜的办法。

宋卫两国只是想从戴国借道而行，本无"忤"意，却被戴国误解，发展到兵戎相见；郑庄公表面打着救戴的"合"意，实际上利用了宋卫两国攻宋的机会灭掉了戴国，其"合"是假，其"忤"才是最终目的。郑庄公成功的原因就是适时利用了忤合相互转化的条件。

让人三分化干戈

清代中期，当朝宰相张英是安徽桐城人。他素来注重修身养性，颇得他人的喜欢和尊重。同时他也非常孝敬父母，在朝廷为官时，他把母亲安顿在家乡，并经常回家探望。张老夫人的邻居是一位姓叶的侍郎。张英在一次回家看望母亲时，觉得家中的房子呈现出破败之象，就命令下人整修一番。安排好一切后，他又回到了京城。

很巧的是，侍郎家也正打算扩建房屋，并想占用两家中间的一块地方。张家也想利用那块地方做回廊，于是，两家发生了争执。张家开始挖地基时，叶家就派人在后面用土填上；叶家打算动工，拿尺子去量那块地，张家就一哄而上把工具夺走。两家争吵过多次，有几次险些动武，双方都不肯让步。

张老夫人一怒之下，便命人给张英写信，希望他马上回家处理这件事情。张英看罢来信，不急不躁，拿起如椽大笔写下一首短诗："千里家书只为墙，再让三尺又何妨？万里长城今犹在，不见当年秦始皇。"封好后派人迅速送回。

张老夫人满以为儿子会回来为自家争夺那块地皮，没想到左等右等只盼回了一封回信。张母看完信后，顿时恍然大悟，明白了儿子的意思。为了三尺地既伤了两家的和气又气坏了自己的身体，这样太不值得了。老夫人想明白了，立即主动把墙退后三尺。邻居见状，深感惭愧，也把墙退后三尺，并且登门道歉。这样一来，以前两家争夺的三尺地反而形成了一条六尺宽的巷子。

当地人纷纷传颂这件事情，引为美谈，并且给这条巷子取了一个特别的名字——六尺巷。有人还据此作了一首打油诗："争一争，行不通；让一让，六尺巷。"

【点评】

可以利用"合"转变为"忤"，同样也可以利用"忤"转化为"合"。张英以宽广的胸怀不仅化解了邻里之间的矛盾，还融洽了双方的关系，从而更有利于事情的圆满解决。张英在此并没有运用什么高超的计谋，而是以博大的胸怀化解了争端，以圣人般的高尚品德去化"忤"求"合"，这是上上之策，对我们为人处世也有着很好的启迪作用。古语有"小不忍则乱大谋"之言，如今又有"退一步海阔天空，忍一时风平浪静"的说法。可见忍让有时是一种策略，它的目的是为了更好地进。

【现代活用】

退货赢得众客户

上海某鞋厂与日本株式会社做成一笔布鞋生意，价值达160万日元，但因日方市场预测失误，加上运期长，布鞋抵日后已错过销售季节造成大量积压，日方请求退货。按惯例这显然是行不通的，但中方却原则上同意了。

消息传开，有关部门哗然，不少人表示不理解，然而中方同意退货的考虑还是颇有道理的。首先，货退回后，在国内销售并不赔钱，"出口转内销"还是具有一定吸引力的，而且日方支付所有退货运杂费用，中方没受任何损失。其次，这批货虽退回，但可用同等价值的一批畅销货替代，于是重新做成一笔买卖。再次，日方答应，以后再购货首先考虑此鞋厂产品。中方借以稳定了贸易伙伴。此外，日方如不退货该株式会社就要破产，其不利影响必然波及并损害中方的利益。日方对中方的合作十分钦佩与感谢，鞋厂又保质保量地很快出口了替代的一批货，使日方大赚了一笔。中方的信誉也由此传播开去，日本几家客户纷纷来人来函洽谈。鞋厂于是身价倍增，产品供不应求。

【点评】

"反复相求，因事为制"是指谋臣在制订策略时，应该根据实际情况的变化，反复寻求最佳的计策，并且采取不同的措施去适应不断变化的情况。即所谓"文无定法，计无长施"。所以，在商业往来中，只要摈弃"你败我胜，你输我赢"的争斗心理，双方都遵循互惠互利原则，就可以找到一条共同受益，长期合作的途径。

世无常贵，世无常师。
圣人无常与，无不与；
无所听，无不听。

成于事而合于计谋，与之为主。

合于彼而离于此，计谋不两忠，必有反忤。

远交"好友"近攻敌

春秋初期，周天子的地位实际上已经架空，群雄并起，逐鹿中原。郑庄公在此混乱局势下，巧妙地运用"远交近攻"策略，取得霸主的地位。当时，郑国的近邻宋国、卫国与郑国积怨很深，矛盾十分尖锐，郑国时刻都有被两国夹击的危险。

于是，郑国在外交上采取主动，接连与较远的邾、鲁等国结盟，不久又与更远的实力强大的齐国签订盟约。

公元前719年，宋、卫联合陈、蔡两国共同攻打郑国，鲁国也派兵助战，将郑都东门围困了5天5夜。虽未攻下，但郑国已感到本国与鲁国的关系存在问题，便千方百计想与鲁国重新修好，共同对付宋、卫。

公元前717年，郑国以帮邾国雪耻为名，攻打宋国。同时，向鲁国积极发动外交攻势，主动派使臣到鲁国，商议把郑国在鲁国境内的一块地方交归鲁国。果然，鲁国与郑国重修旧好。齐国当时出面调节郑国和宋国的关系，郑庄公又表示尊重齐国的意见，暂时与宋国修好。齐国因此也对郑国加深了"感情"。

公元前714年，郑庄公以宋国不朝拜周天子为由，代周天子发令攻打宋国。郑、齐、鲁三国大军很快攻占了宋国大片土地。宋、卫军队避开联军锋芒，乘虚攻入郑国。郑庄公把占领宋国的土地全部送与齐、鲁两国，迅速回兵，大败宋、卫大军。郑国乘胜追击，击败宋国，卫国被迫求和。这样，郑庄公努力扩张，取得霸主地位。

下面还有一则以远交近攻为计来忤合离间的例子。

赵匡胤上台后，杯酒释了老战友们的兵权，驯服了节度使"十兄弟"，杀了兵变时为他开门放行的封邱守门官，这一些均为近攻。

同时，赵匡胤也十分善于注重远交。他很注意发现人才，起用了很多没有资历但很有才学的人担当重任。

陈桥兵变时，陈桥守门官忠于后周，闭门防守，不放赵军通过。赵军改走封邱，封邱守门官开门放行。赵匡胤当皇帝后，杀了封邱守门官，起用了陈桥守门官。

一次，赵匡胤宴请群臣，翰林学士王着喝醉了酒，当众痛哭后周故主。有人上奏说应当严惩。赵匡胤说："在世宗时，我和他同为朝臣。一个书生，哭哭故主，没有什么问题，让他哭吧!"王着什么事也没有。

一次，赵匡胤乘驾出游，突然，有人向他射来一箭，正中黄龙旗。禁卫军大惊，有人主张追捕杀手。赵匡胤说："谢谢他教我箭法。"下令不准禁卫军追捕射箭之人。

赵匡胤的近攻，有效地抑制了功臣和皇亲国戚势力的不良发展；远交网络了大批人才，营造了宽松的政治气氛与社会环境，促进了国家的发展。

【点评】

"合与彼而离于此，计谋不两忠"的意思是说运用的计谋使双方的利益产生了冲突，在维护一方利益的同时，就会损害到另一方的利益，这时就要运用到忤合离间术，其特点就是表面上合于此方，为此方作打算，其实得利的是彼方。郑庄公远交鲁、齐，表面是合好，好像有利于齐鲁两国的发展，其实是在为自己能够一心一意地"近攻"创造条件，其计谋的使用还是更有利于自己，在强大自己的同时，相对削弱了远交之国。

赵匡胤近攻巩固皇位，但远交曾经对自己不利的人，这是为何？他表面仍是打着"合"的旗号，实际上又网络了一批对自己忠心耿耿的人才，使他们为己所用，其利还是更多地在自己一方。

离间胜长平之战

秦国在统一六国的进程中，首先是对邻国魏、韩大肆攻伐，夺取其土地后，经过精心谋划，开始了对赵国的攻伐。公元前261年秦攻取赵国上党；公元前260年，秦将王龁率军攻打赵国长平。长平是秦军进入赵国的门户，地理位置十分重要，两国对此都十分清楚，因此都派出了主力和精锐。赵国派经验丰富的老将廉颇镇守长平，无论秦军怎样攻打，他就是不肯出战。尽管开始秦军取得了一些小胜，斩杀了几名赵将，夺取了几座城池，但始终无法取得决定性的胜利。

战局的发展引起赵国内部的争论，一方主张求和，一方坚持主战。最后主战派占了上风。赵国派人前往魏国，劝魏王与赵国联合抗秦。秦国也怕魏国与赵联合，也派人到魏国游说。魏国这时候大耍两面派，表面上答应援赵，实际上是挑动赵国与秦国一战再战，试图待双方元气大伤后，自己坐收渔翁之利，操纵关东局势。赵人自以为魏国真会帮助自己，于是下定决心与秦国血战到底。

秦国发誓要拿下长平，在国内征召15岁以上男子从军上前线，摆开与赵国决战到底的阵势。这从历史上也可以得到证明，长平之战实际上是秦国与关东诸侯的大决战。这年七月，秦军又夺取了赵国的许多土地。足智多谋、能征善战的老将军廉颇看秦国锐气日益消耗，战斗力大不如前，便突然发动反击，夺回部分失地，然后选择有利地形坚守不出。秦军数次挑战，廉颇仍坚守，秦军无法前进半步。战役进入相持阶段，呈胶着状态。时间一久，毕竟对补给线太长的秦军不利。秦王急忙召集群臣商议对策。

秦国此时听说赵王对廉颇据守不出十分不满，多次派人到前方督战，而廉颇以"将在外，君命有所不受"，坚持固守。听到这个消息，范雎觉得机会来了。他立即向秦王进献反间之计，派奸细潜入赵国，散布流言蜚语，说廉颇害怕秦国，担心失败会毁了自己一世声誉，所以只是坚守不出。奸细还说，秦国人不怕廉颇，只怕饱读兵书的赵奢的儿子赵括。这些奸细还用重金收买赵国大臣，让他们请求赵王派赵括接替廉颇，速战速决。这一招儿果然奏效，赵王在亲秦大臣的煽动下，撤回廉颇，而任命赵括为大将，率兵迎敌。

赵括的母亲听说了，赶到宫中对赵王说："赵括的父亲在世时，常说赵括只会纸上谈兵，不能进行实战，不宜用他为将"。赵王以为赵母惜子，不愿让儿子上前线，所以仍坚持用赵括。

赵王中计之后，赵括便来到长平指挥军队，他立即更换将吏，另立规矩，使赵军人心涣散。秦人得到这个消息，立即任久经沙场的名将白起为主将，王龁为副将，并严密封锁消息，有泄露者斩首。

经过紧锣密鼓的暗中安排，秦军准备一举取胜。赵括一改廉颇的坚守战术，率全军攻秦。白起诈败，有意让赵括尝到一点甜头，使他的军队取得几次小胜，而自己败退时兵分三路，左右两路布下口袋阵，中路诱敌深入，待赵括军追赶至秦军阵地前，白起又坚守不出，只等合围形成。赵括完全为眼前的胜利冲昏了头脑，根本不知道自己已成瓮中之鳖。白起待口袋阵形成后，立即反攻，三路军一起出动，将赵军断为两截，绝其粮道。形势急转直下，赵军坚守待援。与此同时，秦国内新军源源不断来到长平参战，将赵军围得水泄不通。可怜赵军被围46天，粮草用尽，杀人而食。赵括无奈，领兵强行突围，没有成功，被秦军乱箭射死。主将一死，兵败如山倒，40万赵军全部投降。白起怕赵国降兵作乱，也借此威慑诸侯，下令将240名15岁以下的童子军放回赵国，其余全部活埋，这成为历史上最残酷的大屠杀。这个赵括，只会"纸上谈兵"，在真正的战场上，一下子就中了敌军"关门捉贼"计，损失40万大军，使赵国从此一蹶不振。

长平之战，前后历时3年之久，以赵国的惨败而告结束。自此，关东诸侯再也无力抗击秦国了。

【点评】

纵观长平之战的全过程，其根本败因便是赵王听了范雎所散布的流言，用只会"纸上谈兵"的赵括代替了经验丰富的老将廉颇。其中决定战役成败的另一个关键人物便是范雎，虽然此中很少提及，但他以离间之计蒙蔽赵王更换主将可以看作是战争的转折点。散布流言表面好像是在为赵国出谋划策，实际上还是在为秦国取胜创造条件，这也就是所说的"计谋不两忠"，计谋的使用只会有利于一方，而有害于另一方。

【现代活用】

介绍顾客给对手

俗话说"同行是冤家"，这句话并不是绝对的。企业在处理与竞争对手的关系时，应尽量主动创造良好的竞争氛围。那些破坏良好关系的不正常做法，其实于竞争双方都是有百害而无一利的。

美国最大的百货公司——纽约梅瑞公司的购物大厅里，有一个小小的咨询服务亭。如果你在梅瑞公司没有买到自己想要的商品，它会指引你去另一家有这种商品的商店，也就是说，它把你介绍到自己的竞争对手那里。

梅瑞公司之所以这样做，除为满足顾客需求以便更多招徕顾客外，主要是向竞争对手表示一种友好，以此协调竞争关系。这种一反常态的做法，取得了意想不到的效果，既获得了顾客的普遍好感，又争取了许多竞争对手的友谊与回报。因此，该公司生意日趋兴隆。

【点评】

在商战中不要拘泥于某种既定的策略，取胜的关键在于依据现实环境，依据对方的计谋，采取一种控制对方的措施，改变斗争形势，变被动为主动，争取有利时机，从而一举克敌制胜。

非至圣达奥，不能御世；

非劳心苦思，不能原事；

不悉心见情，不能成名；

材质不惠，不能用兵；

忠实无真，不能知人。

故忤合之道，己必自度材能、知睿，

量长短、远近、孰不如，

乃可以进，乃可以退，乃可以纵，乃可以横。

【史例解读】

解散湘军求自保

曾国藩的老家在湖南。太平天国起义爆发后不久，他在家乡的母亲就去世了。于是曾国藩回家安排老人的后事，尽孝守丧。

当时，清朝政府编练的八旗兵和绿营兵，正在镇压太平军，却连连败北。无奈之下，清政府命令各省组织地方团练，成立地方武装，用来镇压太平军。

曾国藩得知这一命令后，立即组织湖南团练。他起用自己的亲朋好友、同乡、同学和门生做营官，然后由营官亲自选募哨官，哨官再选拔士兵。这样逐层选募，创建了湘军水师和陆师。两军皆由曾国藩掌管，不接受政府的调遣，只服从曾国藩一个人的命令。因此，湘军具有强烈的封建个人隶属关系，清政府很难拥有军权。

但是，湘军军纪严明，操练所用的军械都是洋枪洋炮，战斗力比较强。与朝廷的八旗兵和绿营兵相比，富有生气和活力。在曾国藩的指挥下，湘军攻占了太平天国的部分地区。

清朝政府看到曾国藩团练有功，为鼓励他继续镇压太平军，就把江苏、安徽、江西和浙江四省的军务都委托给曾国藩。从1861年11月起，曾国藩管辖四省的巡抚、提督及其以下的文武官员。

这是清政府有史以来给予汉族官员最大的权力，以往汉族督抚最多辖制三个省。当曾国藩的亲朋好友纷纷向他表示祝贺时，曾国藩并未得意洋洋，他知道仕途变幻莫测，因此常常如履薄冰，一直怀着谨慎戒惧之心。

咸丰帝得知湘军攻占了湖北武昌城后，喜形于色，对曾国藩大加赞赏："曾国藩一介书生，没想到还有这等军事上的才能！他立下大功，等太平军镇压完毕，我一定要好好犒赏犒赏他！"

但有一位大臣却上前提醒咸丰帝说："在他家乡，曾国藩以在籍侍郎的身份竟能振臂一呼，应者云集，从者万人，皇上您还是多加提防，是福是祸，恐怕一时之间难以判断。"

咸丰帝听完，脸色渐变，沉默良久，再也没有在大臣面前夸奖过曾国藩。

曾国藩很快镇压了太平天国起义。咸丰帝遵守诺言，封他为一等毅勇侯，并且可以世袭。曾国藩的家人和亲朋好友都欣喜不已，以为曾氏家族从此可以一劳永逸。但曾国藩并没有因此春风得意，反而担心树大招风，招致其他人的嫉妒和皇上的怀疑，落得兔死狗烹的下场。因此曾国藩只想如何明哲保身、急流勇退，以免前功覆没、名声受损。

他立刻写信给弟弟，嘱咐他见机抽身而退，以免招致不必要的排挤。他也察觉到咸丰帝已心生芥蒂，为了表明自己无心揽权，他上折给皇上说：湘军成立的时间很长了，已经沾染上一些军队的恶习，有些混乱。现在镇压太平军的目的已经达到，奏请朝廷裁兵，遣散自己编练的湘军。

对自己的去留，曾国藩却左右为难。如果说明要留在朝廷效力，恐怕皇上会以为他贪恋权位；如果请求告老还乡，皇上会以为他不愿为国效力，甚至还会招来自组军队、图谋皇位的嫌疑。因此在奏折上，他对这个问题避而不谈。

由于裁撤湘军是咸丰帝首先要处理的，因此，他一边感叹曾国藩"善解人意"，一边立即下令解散部分湘军，让他仍担任两江总督。

【点评】

"非至圣达奥，不能御世"，意思是如果不能像圣人那样穷尽世理，探求事物本质，就不能立身处世、治理天下。为官要居安思危，功成名就要及时抽身而退，同时要善于察言观色和揣度人心。曾国藩做为中国古代封建社会最为出色的官员之一，他深知官场之道。他一生为官，小心谨慎，如履薄冰，居功不自傲，为人不自高，终成大业。

曾国藩在功成名就后，以裁撤湘军明哲保身，不仅避免了被皇帝猜疑，还进一步得到了"善解人意"的美名。

忍辱负重报兄仇

东汉末年，王莽篡权，统治腐朽，天下大乱。各地农民纷纷起义，南阳蔡阳（今湖北省枣阳西南）人刘演、刘秀兄弟乘机起兵，以重建汉朝为旗帜，四处招兵买马。

两人后来率领自己的队伍加入了绿林军。他们的同族人刘玄，起初参加平林兵，被推为更始将军，后来也与绿林军合并。

公元23年，刘玄称帝，年号更始。随着王莽统治的灭亡，他迁都长安，很快就背叛绿林军，调转矛头杀戮农民军。刘秀的兄长刘演，就在这时被刘玄杀害。

刘玄知道，刘秀肯定不会放过自己，一定会找他报杀兄之仇，所以他一直希望刘秀尽快替兄报仇，他便可以找理由杀掉刘秀。

可是他一直未能如愿。因为刘秀有自己的考虑，他不但没有找刘玄算账，反而表面上不动声色，若无其事。当他朝见刘玄时，表情如平时一样，低声相应，从来没有提过关于兄长的一句话。而且他不穿孝服，不办丧事，言谈饮食也犹如平日。所以刘玄一直没有找到借口除掉刘秀。

刘秀心中当然清楚，他的哥哥本是有功之臣，只因争权被杀，他内心一直愤愤不平，深为兄长难过。他虽然白天如平常一样，但夜晚却常常泪流不止，暗暗发誓一定要完成兄长未完成的事业。

可是刘秀知道目前他毕竟是刘玄的属臣，必须要克制自己，以自己现在的实力，还不是刘玄的对手。如果贸然行事，很可能就会失败被杀，落得与兄长一样的下场。那样更没有什么大业可图了！为兄报仇的目的又怎能实现？

同时他也知道自己是有功之臣，在昆阳大战中，他亲率13人突围求援，为刘玄建立奇功，刘玄也很清楚这一点，不会贸然杀掉自己。此时如果重提那段历史，或许会讨好刘玄，增加他对自己的信任程度，但刘秀却只字不提。

刘玄见刘秀如此宽宏大量，深感惭愧，于是下令任命刘秀为破虏大将军，加封琥信侯。

刘秀见此，趁机扩充自己的军事势力。公元23年，刘秀到河北一带活动，废除王莽苛政，释放囚徒，深得民心。接着，他以恢复汉家天下为号令，取得当地官僚、地主的支持，势力越来越大。他同时镇压并收编铜马等农民起义军，力量不断壮大。刘秀觉得实现自己宏图大志的时机已到，便与刘玄决裂，起兵讨伐刘玄。

经过长期斗争，刘秀终于打败刘玄，替兄长报仇并最终取得天下，建立东汉王朝，是为光武帝。

【点评】

"材质不惠，不能用兵"，就是说要有聪明灵活、明于事理的素质，能够抓住关键，不拘小节。刘秀深知自己势单力孤，如果立即向刘玄报杀兄之仇，只会性命难保，于是便忍辱负重，坐待有利时机。这样他不仅保全了性命，还给了自己积蓄力量的时间，从而最终杀掉刘玄，登上帝位。

【现代活用】

转移市场谋发展

网景通讯公司是1994年4月由当时刚从伊利诺伊大学毕业的学生吉姆·克拉克和马克·安德里森创立的。

在1994年初，网景航海家1.0版也许是市场中最好的浏览器，可其优势不是很明显，但是几项行动一下子把网景推上了顶峰。

网景的第一个行动是瞄准一个被所有的竞争者都忽略了的市场。大多数早期的浏览器都提供一套完整的互联网工具，包括拨号上网、一个浏览器和一个电子邮箱。设计者们坚信最大的需求就来自于产品能牵住消费者的手，引导他们迈开上网的第一步。相反，网景提供了一个初始时只能通过互联网获得的简单的、单独的浏览器。这一行动使得网景瞄准了早期的用户——相对高级的已有上网经验的电脑用户。同时，网景干净利落地回避了它在建立完整的互联网产品体系方面经验不足的缺陷。

网景的第二步行动是设计了一个创新性的定价模式，马克·安德里森将它称为"免费又不免费"的定价模式，航海家1.0版的正式定价是39美元，但它对教育和非盈利性用途是免费的，而且任何人都可以下载它免费试用90天。网景的管理层对这一策略并没有抱多大幻想：有些消费者也许会在试用期满后付钱购买，但大多数不会。但是"免费又不免费"的策略使得网景迅速占领了一定的市场份额，而且如公司所愿，有助于使市场标准化。"免费又不免费"的策略也使网景成功地敲开了许多企业的大门，这些企业一旦发现功能良好的软件最终就会购买它。同时，网景的网络服务器分别定价为1500美元和5000美元，可以补偿其中的费用。

网景的第三步行动是探索出了产品测试和销售的新途径。作为一个起步者，网景缺乏足够的资金来雇用大量的质量维护方面的工程技术人员，或是一次性地为一个企业建立备用的测试服务人员。庞大的、富有经验的销售队伍和共同的营销基金的缺乏在战斗中会成为不利条件妨碍企业占领传统的销售渠道，因此，网景通过把测试和销售搬到网络上，从而开拓出一个新的天地。

1994年10月，网景通过它的主页推出了航海家的第2版。经过对第2版的下载、试用，然后提出他们的意见，消费者就充当了——有时是不知不觉地——网景实质上的质量保证队伍。以网络为载体的测试和销售方式如今应用得相当普遍了，但网景是第一个以这种方法充分开发网络优势的公司。

网景的竞争对手们发现很难对抗这些行动。因为许多公司的经营模式严重依赖了得自浏览器的收入，所以，很多经营者认为使高昂的零售价格显得合理的唯一途径就是把他们的浏览器捆绑进一个多样的产品包里。但由于他们的产品都要求较大数额的前期投资，这样他们就更加不可能是免费的了，更不用谈什么"免费又不免费"。另外，网景的大部分对手都要为他们在推出的每一个浏览器中使用"马赛克"代码而支付许可费。而网景公司本身就是"马赛克"的开发商，所以，当网景生产浏览器时，其边际成本几乎为零。

一些企业试图通过在网上提供免费的浏览器来与网景对抗。但由于担心与零售环节发生冲突，这些努力最多也是迫于压力，等到大多数企业意识到网景模式的力量时，想阻止网景也已经为时太晚了。

正如一个当时的竞争者回忆的："我们机警地发现了浏览器是一个不可

鬼谷子全集

思议的工具，很早就涉足了这个领域，然后设计了一个进入市场的有力途径。但是我们无法想象把它泄露出去，让它可以通过网络免费下载。回过头去再看，我深悔自己没有具备这种远见去说：'现在我们确实需要打破这一模式了'"。

网景在浏览器大战的第一回合中成功地使得大多数公司的竞争行动丧失了功效。然而，在接下来始于1995年的回合中，网景不得不面对一个更加强硬的对手：微软。微软可以与网景采取的任何一个关键行动相对抗。微软于1995年8月发行的浏览器IE，是一个与Windows95捆绑在一起的免费产品，而且也可以通过网络下载。实际上，微软看到了网景设下的赌局，并通过使IE对包括企业在内的所有用户都免费来加大赌注。

微软的挑衅行为进一步扩大了网景已经面临的问题；"免费又不免费"的策略意味着网景从消费者那里能够获得的利润是微乎其微的。在充分考虑自身情况后，网景的管理层认为不宜与对手进行直接的对抗，要把战场转移到对手的优势相对较小的、防守较弱的领域，闯进企业市场。

网景认为微软的真正实力是集中在消费者和企业的桌面系统市场上的，但企业的办公支持系统市场是脆弱易攻的，所以，网景试图在那里确立它的企业市场基础。网景一开始瞄准的是内部网市场，后来就逐渐将重点扩展到外围的外部网和电子商务的相关产品和服务上。最近，网景已经探索出一条支撑其电子商务战略的途径，就是在万维网的主要终端上建立中心网站。

通过不断地向新领域的转移，网景找到了避免直接对抗对手的方法。英特尔公司的总裁安迪·格鲁夫把网景比拟成一个与集团军作战的游击队："他们的优势来自于他们能够在丛林中生存，远离陆地而又非常机动灵活，而且能做出一些对职业军队来说永远无法想象的举动。考虑到这些，网景已经构成了对微软的有力挑战……问题是，他们缺乏活动空间、装备和食物。"正如格鲁夫所指出的，快速行动时起步者的帮助也就仅限于此了。最后，大多数队伍和企业都被迫停下脚步。但是在大约三年的时间里，网景的竞争策略就是向新的无人争夺的市场转移。

【点评】

"非劳心苦思，不能原事"就是说如果不费心苦思，就不能了解事物的本来面目。网景公司通过对市场的深入洞察，发现并转移到了无人占领的领域，从而占得先机。在市场竞争中，面对实力强大的对手，是直接与之对抗还是避其锋芒，企业需要根据自身的实力灵活机动地加以考虑，不能不假思索，不考虑自己的情况胡干蛮干。网景公司的可贵之处即在于"自度材能、知睿、量长短、远近、孰不如"，成功地另辟蹊径，培育新的市场。

范旭东"调虎离山"

范旭东是位有远见的企业家，原本从事盐业生产，第一次世界大战爆发后，"洋碱"输入中国大幅度减少，中国的碱市场出现异常稀缺的状况。机会难得，在范旭东先生的极力倡导下，中国第一家制碱企业——永利制碱公司于1918年宣告成立。

永利制碱公司的成立，引起英国卜内门公司的极大不快，卜内门公司驻华经理对范先生说："碱在中国的确非常重要，只可惜先生办得早了些，就条件上说，再晚30年不迟。"

范先生立刻反驳道："我恨不得早办30年，事在人为，今日奋起直追还不算晚。"

英国卜内门公司一直垄断着中国碱市场，第一次世界大战后，它又卷土重来，见到中国自己的制碱企业成功了，便恼羞成怒地向永利制碱公司发起猛烈进攻，但是没有成功。卜内门公司不甘心与永利制碱公司共享市场，便又调来一大批纯碱以低于原价40％的价格在中国市场倾销，企图以此挤垮永利制碱公司。

面对卜内门公司的屡屡侵犯，永利制碱公司老板范旭东决心还击。永利公司与卜内门公司实力相差悬殊，无法正面与其抗衡。如果永利公司也降价销售产品，用不了多久，就会元气大伤；如果不降价，产品卖不出去，资金无法收回，再生产无法进行，用不了多久，永利公司照样破产。如何是好呢？

范旭东先生苦思冥想，某日，他在书房踱步，瞧见了自己年轻时因参加"戊戌变法"失败后逃亡日本留学时的相片，触景生情，受到启发，现在，为什么就不能暂避卜内门公司的锋芒而去日本发展呢？公司的创立，不就是钻了卜内门公司无暇顾及的空隙吗？范先生决定东渡日本，替永利制碱公司谋求生存和发展，他立即着手进行市场调查。范旭东想："日本是卜内门公司在远东的大市场，战争刚刚结束，百废待兴。卜内门公司产量有限，能运到远东来的数量不会太多。卜内门公司现在在中国市场倾销这么多碱，那运到日本的数量肯定不多，日本碱市场肯定缺货。我何不来个'调虎离山'之计，乘虚将碱打入日本市场，等他回顾日本市场时，我公司再猛击他在中国的碱市场，令对手穷于应付，首尾难顾。"

永利制碱公司的纯碱，虽然在日本的销量只及卜内门公司的1／10，但却如一支从天而降的轻骑兵，向日本的卜内门公司发起突袭。

卜内门公司为了保住日本的大市场，迫不得已停止在中国碱市场的进攻，主动要求谈判讲和，并希望永利制碱公司在日本停止挑战行动。范旭东先生理直气壮地说："停战可以，但得有个说法，卜内门公司今后在中国市场变动碱价，必须事先征得永利公司的同意。"卜内门公司别无选择，只好同意了。上例谈判的成功，是范旭东先生巧用"调虎离山"之计的结果，此计，使英国卜内门公司做出让步，范先生为中国人民争了口气，同时又促进了中国民族工业的发展。

【点评】

历史上各种势力集团，无时不在营造地盘或势力范围，并且倚仗地盘进行较量与争斗。而调虎离山，一直是一个集团消灭或兼并另一个集团最常用的手法，其重点在于将最关键、最重要或最危险的敌手引出他的地盘，使他失去反抗的屏障。

在现代经商活动中，当自己和对手共同争夺一块市场时，如果用协商的方法不能解决，就可以考虑攻击对手的另外一个市场，以分散对手和自己竞争的精力，使其首尾难以兼顾，迫使对手做出让步，以达到自己的目的。

第七篇

揣术

　　本篇讲述的是如何揣摩他人的心思，从对方的外在表现去了解其内心的活动。

　　所谓"揣"就是指揣摩、估计、推断等，通过这些方法对游说对象作出较为准确的判断，以达到自己的目的。

　　揣的范围有两种：一是"权量"，也就是考察一国的综合国力，包括财富的多少、民众的贫富、地形的利弊、谋士的忠奸、君臣的关系，以及百姓的向背等等；二是"揣情"，也就是揣度游说对象的内心想法，了解对方的喜好与厌恶，以求迎和其心意，以便制订出具体的切实可行的游说之策。

古之善用天下者，必量天下之权^①，而揣诸侯之情。量权不审，不知强弱轻重之称^②；揣情不审，不知隐匿变化之动静^③。何谓量权？曰：度于大小，谋于众寡^④；称货财之有无，料人民之多少、饶乏，有余不足几何^⑤；辨地形之险易，孰利孰害；谋虑孰长孰短^⑥；揆君臣之亲疏，孰贤孰不肖^⑦；与宾客之知睿^⑧，孰少孰多；观天时之祸福，孰吉孰凶；诸侯之亲，孰用孰不用；百姓之心，去就变化，孰安孰危，孰好孰憎，反侧孰便^⑨。能知此者，是谓权量^⑩。

【注释】

①善用天下：善于治理天下。量天下之权：衡量君王的权力的大小。②量权：衡量天下形势变化。审：详细，周密。称：又作秤，天平，指诸侯强弱的虚实。③隐匿：隐瞒藏匿。动静：情况，消息。④度于大小，谋于众寡：估量（疆域）的大小，预测（人口）的多少。⑤料：估计，预测。几何：多少。⑥谋虑：计谋，策略。⑦孰贤孰不肖：哪个臣子贤良，哪个臣子怀有野心。⑧宾客：指谋士，幕僚。⑨反侧：反覆和倾斜，这里指百姓的反叛。孰便：如何察知。⑩权量：即量权。

【译文】

上古时代善于治理天下的人，必定要权衡天下的形势，并且要揣摩各地诸侯的实情。假如衡量权势而不够详细，就不能知道诸侯的强弱虚实。假如揣摩实情而不够准确，就无法洞悉全天下的时局变化。什么叫作"衡量权权"呢？答案是："要考虑地域的大小，谋士的多寡，衡量物质财富的有无与数量的多少：估料民众的多少及其富足还是贫乏、有余还是不足的程度如何；辨别地形的险要与平易，以及对谁有利，对谁有害；谋略运筹方面，哪一方高明，哪一方拙劣；考察君臣之间的亲疏关系如何，以及谁更贤能，谁个不肖；还有宾客幕僚的智慧，哪一方少，哪一方多；观察天时的祸福，何时吉利，何时凶险；与诸侯之间的关系亲疏远近，哪些诸侯可以效力，哪些诸侯不能利用；天下百姓的人心向背变化，哪些地方平静，哪些地方有危机，哪些人受人拥戴，哪些人受人憎恶，如果发生反叛，如何察知？能做到以上这些的统治者，就可以称作是善于权衡天下形势的政治家。"

【原文】

揣情者，必以其甚喜之时，往而极其欲也[1]，其有欲也，不能隐其情；必以其甚惧之时，往而极其恶也[2]，其有恶也，不能隐其情。不能隐情欲，必出其变[3]。感动而不知其变者，乃且错其人[4]，勿与语，而更问其所亲，知其所安[5]。夫情变于内者，形见于外[6]。故常必以其见者，而知其隐者。此所谓测深揣情。

【注释】

①极其欲也：使对方欲望达到极点。欲，情感，欲望。②极其恶也：使对方厌恶达到极点。③不能隐情欲，必出其变：由于对方不能有效地控制情感，他的情欲必定会在其甚喜、甚惧之时表露出来。④乃且：就暂且。错：通"措"，安置。⑤所安：安身立命的根据。⑥情变于内者，形见于外：情感在内心发生变化，就会有外在的显现。

【译文】

揣度别人的实情，一定要在他们最高兴的时候去刺激他们的欲望，使其达到极点，这样他们有了强烈的欲望，就不容易隐瞒其真实的情感；还要在他们最恐惧的时候去刺激他们厌恶的心理，使其达到极点，这样他们内心有着强烈的厌恶情绪，就难以隐瞒其真实的情感。这样，由于不能有效地控制情感，人的情欲必定能在其甚喜、甚惧之时表露出来。如果遇到其情感受到触动却不能体现其内心善恶、好恶变化的人，就暂且搁置起来，不与他交谈，而应该去了解其所亲近的人，从而从侧面了解其外表不为所动、处之泰然之时的内心真实情感。一般来说，内心的情感发生变化，必然会在外在形态上表现出来。所以人们必须常常根据自己所观察到的外在表现，来探测别人内心的隐情。这就是所谓的探测对方内心和洞悉实情的方法。

【原文】

故计国事者，则当审权量；说人主，则当审揣情[1]；谋虑情欲必出于此。乃可贵，乃可贱；乃可重，乃可轻；乃可利，乃可害；乃可成，乃可败。其数一也[2]。故虽有先王之道，圣智之谋，非揣情，隐匿无所索之。此谋之大本也，而说之法也③。常有事于人，人莫能先，先事而生，此最难为④。故曰揣情最难守司，言必时其谋虑⑤。故观蜎飞蠕动，无不有利害，可以生事⑥。美生事者，几之势也⑦。此揣情饰言成文章⑧，而后论之也。

【注释】

①计国事者：谋划国事的人。说人主：向人君游说陈情。②数：数术，法术，这里指揣术。③法：普遍法则。④此句意为：常有事情发生，人却不能预知，在事情发生前就察知是最难的。⑤时其：抓住时机。⑥蜎飞蠕动：泛指昆虫的飞动。⑦生事者，几之势也：事物变化时往往表现出一种微弱的趋势。几，隐微，不明显。⑧饰言：修饰言辞。文章：文采。

【译文】

所以，凡是谋划国事的人，都应当详细缜密地衡量；在向君主游说或陈情献策时，应当仔细揣摩其内心的实情。一切谋虑和考虑的出发点都在于此。懂得揣术的道理并加以运用，就可以使自己富贵，使别人贫贱；使自己受到重用，使别人受到轻视；使自己获利，使别人受损；使自己成功，使别人失败。其中的道理都是一样的。所以虽然有古圣先王的德行和智谋，假如不揣摩敌情也无法得到隐匿的情报。这是谋略的基本原则，而且是游说的通用法则。常有事情发生，人却不能预知，在事情发生之前就能察知是最难的。所以说揣摩敌情这件事最难，必须抓住时机，小心应对。所以观察昆虫的飞动，都有其利害关系存在，可以利用顺逆利害的道理成就大事。而事情发生变化，往往表现出一种微弱的趋势。这就要求我们善于修饰言辞，然后再去论说。

智慧运用

古之善用天下者，必量天下之权，而揣诸侯之情。
量权不审，不知强弱轻重之称；
揣情不审，不知隐匿变化之动静。
何谓量权？……料人民之多少、饶乏，有余不足几何？
辨地形之险易，孰利孰害；
谋虑孰长孰短；

揆君臣之亲疏，孰贤孰不肖。

【史例解读】

赤壁之战胜曹操

三国时期，曹操在官渡之战中击败袁绍，统一了北方，而后兴兵向南。在强敌压境、存亡未卜的危急关头，孙权和刘备为了避免彻底覆灭，终于结成了联合抗曹的军事同盟。

公元208年10月，周瑜率兵沿长江到樊口与刘备会师，尔后继续挺进，在赤壁与曹军遭遇，曹军受挫，退回江北，屯军乌林，与孙、刘联军隔江对峙。

孙、刘联军虽占有天时、地利、人和方面的优势，但毕竟力量弱小，要打败强大的曹军谈何容易！当时曹军疾病流行，又多是北方人，不习水性，只好把战船用铁环首尾连接起来。周瑜的部将黄盖针对敌强我弱及曹军士气低落、战船连接的实际情况，建议采取火攻，奇袭曹军战船。周瑜采纳了这一建议，制订了"借助风势，以火佐攻"，因乱而击之的作战方略。

周瑜利用曹操骄傲轻敌的弱点，先让黄盖写信向曹操诈降，并与曹操事先约定了投降的时间。曹操不知是计，欣然应允。于是，黄盖率蒙冲（一种快速突击的小船）、斗舰数十艘，满载干草，灌以油脂，并巧加伪装，插上旌旗，同时预备快船系在大船之后，以便放火后换乘，然后扬帆出发。当时，江上正刮着东南风，战船迅速向曹军阵地接近。曹军望见江上船来，以为这是黄盖如约前来投降，皆"延颈观望"，丝毫不加戒备。

黄盖在距曹军不到一里时，下令各船同时点火。一时间火烈风猛，船往如箭，直冲曹军战船。曹军船只首尾相连，分散不开，移动不得，顿时便成了一片火海。这时，风还是一个劲地猛刮，熊熊烈火一直向岸上蔓延，烧到了岸上的曹军营寨。

曹军将士被这突如其来的大火烧得惊慌失措、鬼哭狼嚎、溃不成军，烧死、溺死者不计其数。在长江南岸的孙、刘主力舰队乘机擂鼓前进，横渡长江，大败曹军。

曹操被迫率军由陆路经华容道向江陵方向仓皇撤退，行至云梦时曾一度迷失方向，又遇上大风暴雨，道路泥泞不堪，曹军以草垫路，骑兵才得以通过。一路上，人马自相践踏，死伤累累。孙、刘联军乘胜水陆并进，穷追猛打，扩大战果，一直追击到南郡。曹操留曹仁、徐晃驻守江陵，乐进驻守襄阳，自己则率领残兵败将逃回到北方。这场赤壁大战至此以孙权、刘备大获全胜而宣告结束。

【点评】

"辨地形之险易孰利、孰害"提到的是如何辨别地形的利弊，从而为自己谋划策略创造有利条件。赤壁之战是历史上著名的以少胜多的战役。曹操失败的原因，除了个人的骄傲轻敌之外，更重要的一个原因就是对地形分析不够。北方人不善水战的致命弱点被孙刘联军加以利用，从而以火攻导致了魏军的惨败。

体察民情筹粮草

李膺是南朝宋时涪县（今四川绵阳县）的县令，公元501年，萧衍在襄阳起兵讨伐南齐，立萧宝融为帝。此后，萧衍又联合邓元起进攻郢州城。不久便攻下郢州，萧衍便让邓元起任益州刺史，代替原益州刺史刘季连。

刘季连原是南齐皇帝萧宝卷任命的，萧衍起兵讨伐萧宝卷时，刘季连犹豫不定，左右摇摆。当他得知自己将被取代时，就征召士兵，誓守益州。

邓元起得到刘季连誓守益州的消息后，便先进兵巴西（今四川绵阳），太守禾士略开城投降，听从指挥。于是他开始招兵买马，一时间便增至三万人。可是四川长期战乱，人们大多逃亡，田地荒芜，无人耕种，三万人马的粮草供应竟成为问题。邓元起对此一筹莫展，不知如何是好。

这时有人出主意说："蜀地政治混乱，连年争战，很少有人想在这里获取东西。他们认为这里的百姓已所剩无几，即使有，也是伤残带病的，没有丝毫用处。但实际上并非如此，老百姓往往趁政治混乱、管理松懈的时机，在户籍上假装残疾，以欺骗官府、逃避赋税，这种情况在巴西郡尤为严重。如果您现在下令核实户籍，把那些假装残疾的人给以重罚，粮草之事，几天便可解决。"

邓元起听从了这个意见，准备派人核查户籍，以筹备粮草。

涪县县令李膺知道了这个消息后，连忙拜见邓元起说："请大人先不要这样做，我对巴西的情况很熟悉，让我来告诉您怎么办吧。"

鬼谷子全集

邓元起见李膺相貌堂堂，一股浩然正气，便下令先不要核查户籍，看看这位涪县县令有什么高明之策。李膺说："刘季连拥兵誓守益州，又派出强将准备讨伐大人，现在您是前有强敌，后无增援。如今又处在粮草短缺的境地，巴西人们刚刚依附于您，正在观望您的德政如何。这时候如果核查户籍，对隐瞒的人，施以重罚，势必会造成他们的不满。他们忍无可忍，便会趁机作乱，对您有百害而无一利。万一离心离德，您后悔都来不及了。孟子说过'为渊驱鱼者，獭也；为丛驱雀者，鹯也；为汤武驱民者，桀与纣也。'大人该不会不懂这个道理吧！"

邓元起听了之后高兴地说："我差点听信小人之言啊！既然你能分析透这件事情，又对巴西很了解，那粮草之事，就交给你去办吧！"

于是李膺答应邓元起，五天之内筹备齐粮草。他命人把当地的富户找来，对他们说道："如今形势朝不保夕，谁能预料到第二天还能不能活。难道你们不想过太平日子吗？现在邓元起将军领兵接任益州刺史，而原益州刺史刘季连却陈兵反对。邓元起将军一心要为民造福，却因粮草短缺不能实现。我劝各位往长远处着想，帮邓灭刘，如果到时天下太平了，我们巴西也可沾光，如果死守财物，说不定哪天就会被乱兵抢夺一空啊！"

众人听了，都连声说："正应如此，正应如此。"

不到三天，李膺便将粮草如数交给邓元起。

【点评】

"称货财之有无，料人民之多少、饶乏、有余不足几何"说的就是在制订策略时要考虑到百姓钱财的多少、民众的反应如何。在战乱纷纷的年代，百姓深受其害，所以才假装残疾以逃避征兵和纳税。这是他们谋求生存的最后一道防线，如果把它也打破了，后果不堪设想。李膺深明此理，所以不向穷苦的百姓筹粮，只从富户身上想主意。富户虽然爱钱，但是毕竟性命重要，为了保住生命，就只能拿钱来换了。

明察秋毫息争斗

宋仁宗时期，富弼采用了李仲旦的计策，从澶州的商胡河开凿六漯渠流入横陇的故道，以增加宋朝的水利灌溉渠道。贾昌朝素来憎恨富弼，于是暗地勾结宦官武继隆，想置富弼于死地。正在这时候，宋仁宗生病，不能上朝理政，贾昌朝便密令两个司天官趁朝中官员商讨国事时上奏道：

"国家不应该在北方开河，以致皇上身体不安。"

众大臣听了，都不以为然。

文彦博知道他们是别有用心，但当时无法制止。

数天之后，这两个人又上疏请皇后一同听政，并罗列许多理由来证明皇后听政是上策。

史志聪把他们的奏疏交给宰相文彦博，文彦博看后默不作声，把它收藏在怀中，没有给任何大臣看，脸上却露出得意的神色。诸大臣都很奇怪，问他上面写的是什么，他只字不提，只是命人把那两个司天官召来责问："你们两人的职责是静观天象，只要略有动静，应马上上报朝廷。可是现在你们怎么想干预国家大事啊？你们的所作所为按法律应当灭族！"

两人听后非常害怕，脸色惨白，浑身发抖。

文彦博又说："我看你们只不过是自作聪明，所以不想治你们的罪，从今以后不准再如此狂妄了。"

两个人连忙退出，文彦博这才取出奏疏让诸位大臣观看。

大臣们看后全都愤怒地说："这两个人如此大胆，为什么不斩首呢？"

文彦博说："把这两个人斩首，事情就会张扬开来，对皇后和在宫中养病的皇上都不是好事，一定会影响他们。"

诸位大臣连忙说："你说得有道理。"

接下来他们一同商议派遣司天官去测定六漯渠方位，文彦博便指名让那两人前去。

武继隆请求把他们留下，文彦博说道："他们只不过是小小的司天官，竟敢如此胆大妄为，议论国事，这其中一定是有人在暗中教唆！"

武继隆铁青着脸，一言不发。

那两个人到了六漯渠以后，恐怕朝廷治他们的罪，于是就改口说："六漯渠在京师的东北方向，不是正北方向，开河之事根本没有什么害处。"

后来宋仁宗的病渐渐好了，精神也渐渐地恢复，这件事就这样化于无形之中。

【点评】

文彦博不但明察秋毫，还有一双善辨忠奸的眼睛。为了平息这场风波，他尽量把大事化小，小事化了，以免事态扩大而导致无可挽回的损失。面对两个司天官的无理，他丝毫没有动怒，而是在平静中制止了一场争斗，同时又让皇上、皇后得到了安宁，而武继隆也受到了震慑，真可谓一箭三雕。

【现代活用】

神奇的基因猎手

托尼·怀特在辞职后不久，出人意料地选择了濒临倒闭，惨淡经营多年的实验仪器制造企业——帕金艾默公司。

怀特入主帕金艾默首先面临的是公司董事们一致的诘问："世界上有那么多前景好的公司你不去，怎么选择了帕金艾默？"的确，帕金艾默已每况愈下，产品造价高昂，销售已成为最大的难题。然而，怀特看好这家公司的理由是：帕金艾默拥有极具开发价值的聚合酶链反应技术专利，即PCR技术，这是一种已广泛应用于法医鉴定和研究领域的DNA复制技术，此外基因分析仪器在生物制药领域已得到越来越广泛的应用，该公司可转型生产用于基因和糖精核酸（DNA）的编码分析仪。在其他企业家都没有看到生物技术正方兴未艾，是一个潜力巨大的朝阳行业时，怀特使公司悄无声息地进入了这一领域并从另一破产的公司手中买下了一个实验设备厂。

怀特开始大刀阔斧地改革。他首先招兵买马，笼络技术领域的人才。为降低费用，他聘用退休技术人员，辞退80%的非研究人员。他甚至将帕金艾默的商标卖掉，以补足急需的项目资金。他将总公司更名为"PE生物技术控股公司"，对企业内部进行了改组和资产置换，筹集到大笔资金，然后他把帕金艾默一分为二，即PEBio和塞雷拉公司，使其双双上市筹集资金。消息不胫而走，投资者蜂拥而来，他们如发现新大陆一样看好其发展前景。PEBio和塞雷拉公司的股票开始双双攀升，许多职员一夜之间成为百万富翁。

塞雷拉公司与PEBio就像两匹战马一样并驾齐驱。塞雷拉以绘制基因编码图谱为主，向所有的生物制药企业提供基因编码信息；PEBio生物系统仪器公司为塞雷拉提供绘制所需的成套设备，它号称拥有世界上运行最快，能绘制所有生物共生群种基因图谱的BEl3700系统，不仅如此，它还能为多种类基因编码排序，因此受到众多生物公司的青睐。这两匹战马相辅相成，共同完成绘制基因编码图谱的任务。

塞雷拉公司的商业动机是不言而喻的，他们将向制药商索取巨额资金，以向其提供重要的基因数据。如今，诸如辉瑞公司、诺威蒂斯公司等世界知名制药商每年要向塞雷拉支付至少500万美元才能获取生物制药急需的基因编码数据。而原来对塞雷拉持否定态度的批评家们发现，怀特看中的是基因编码市场切入口的潜在价值，他投下的赌注是不无道理的。

【点评】

"善用天下者，必量天下之权，而揣诸侯之情"，就是说做大事的人，一定要善于把握天下局势的变化，并善于揣测各路诸侯的发展趋势和需求。而在做事时，一定要先了解自己所处的具体环境，自己的优势是什么，有没有"王牌"可握。怀特正是看中基因编码市场切入口的潜在价值，才敢于投下巨大的赌注的。

> 揣情者，必以其甚喜之时，
> 往而极其欲也，其有欲也，不能隐其情；
> 必以其甚惧之时，往而极其恶也，
> 其有恶也，不能隐其情。

【史例解读】

投其所好谏文侯

战国时期，魏国发兵大举进攻中山国。魏文侯的弟弟任主帅，仅用三个月，便把中山国消灭了。

魏文侯于是大摆宴席，热烈庆贺，并决定由自己的儿子去管理中山国的土地。

众大臣们惊愕不已，面面相觑，沉默不语。因为按照当时魏国惯例，中山国应该交给文侯的弟弟管理，这是对功臣的一种奖励。文侯的弟弟听了这个消息后，也起身拂袖而去。

魏文侯做了这件事后，自己心虚，害怕人们议论自己，就召集大臣们故意问："我是个什么样的君主呢？请大家直说无妨。"

许多大臣都恭维地说道："大王功在千秋，百姓们爱戴，当然是仁君了。"

魏文侯听了，半信半疑，瞅着各位大臣笑着说道："是吗？难道我就没有一点过错吗？"

众大臣又附和着说："大王英明神武，哪里会有过错呢？"

大臣任座说道："国君夺取了中山国之后，不封给有功的弟弟，却封给了自己的儿子，这怎么可以称为仁君呢？"

魏文侯一听，正好触到自己的痛处，顿时生出愤怒之色，任座见文侯恼羞成怒，急忙离座而去。

"你认为我是一个什么样的君主呢？"文侯又问身边的大臣翟璜。

翟璜平静地施了一礼说道："我认为您是仁君。"

"你为什么这样认为呢？"

翟璜知道大王必有这一问，于是把准备好的回答全盘托出："我听说，哪个国家的君主贤明仁厚，哪个国家的大臣就正直不二，从不隐瞒自己的观点。刚才任座说话十分坦率，句句在理，所以我认为您是位贤明仁厚的君主。"

魏文侯听完，方才悔悟，便立即派人把任座请回，又亲自下堂迎接，待为上宾。

【点评】

翟璜在此劝谏文侯时并没有直接指出他的过错，而是顺着任座的言辞与其展开交流，以赞扬之语去警示魏文侯，让他从内心深处认识到自己的错误，并及时改正。可见翟璜巧托他语，委婉劝诫，深得迂回之精髓。

汲黯直谏进良言

"略输文采"的汉武帝常常不拘小节，有时连最基本的礼仪都不管不顾。他在接见大臣时常常衣冠不整，甚至还在厕所里接见大将军卫青。

尽管皇上"陋习"难改，但他唯独对主爵都尉汲黯毕恭毕敬，不敢有丝毫的怠慢，如果没有穿戴整齐，是绝不会接见他的。有时，汲黯有要事启奏，由于来得太突然，皇上还没有梳洗完毕，无奈之中，汉武帝宁肯稳坐帐中也绝不随随便便出来。皇上之所以如此尊重他，是因为汲黯不畏高权尊位，不顾自己的得失，敢于直言进谏。并且汲黯向来很自重，从来没有做过欺上瞒下、有损自己人格的事。

原来，汉武帝一世英名，常常招纳各个方面的人才，可谓求贤若渴。但他生性脾气暴躁，如果有人偶尔犯个小错，或者不合他的心意，即使是那些素来宠信的大臣，他也不讲任何情面，一律问斩。对此，汲黯早就觉得皇上做得过火了，只是苦于没有机会说出来。

一天，武帝正打算退朝，汲黯上前一步说："臣还有话要说！"皇上只好耐着性子听他说，汲黯借机一吐为快。

"陛下求贤可谓不厌其烦，可是您毁才可谓不计其数，那些未尽其用的贤才实在是可惜。人才毕竟有限，长此以往，臣恐怕会有人才穷尽的那一天。臣恳请陛下以后要三思而后行，拥有贤能之士才有助于治国啊！"

汲黯一番话语重心长，但可能他确实惋惜那些死去的人才，因此并不冷静，并且面带怒容。在场的大臣都为他捏着一把汗，心想，如果汉武帝觉得下不了台阶，说不定一怒之下会把汲黯也给杀了。

只见汉武帝强忍着心中的怒火，反而笑着说："我堂堂大汉朝人才济济，还怕没有人才吗？只怕是没人能识别人才！我要的人才就要能为我所用，如果他们不能发挥作用，或者派不上用场，那就形同废器。要我白白养活着，还不如杀了，留着又有何用？"

汲黯觉得皇上这套理论简直不可理喻，心中不服，于是梗着脖子继续说："虽然我不能说服陛下，但还是以为陛下说得不对。臣恳请陛下从今以后能爱惜人才，不要滥杀无辜！不要以为臣不懂道理，胡搅蛮缠！"

汉武帝很是恼怒，不过他也认为汲黯说得很有道理，于是竭力忍住心头旺盛的怒火，避开这个话题，冷笑一声说："要说汲黯喜好揭短，我看倒也不是，不过他说自己糊涂，倒还真是这样。"

皇上"顾左右而言它"，居然没有龙颜大怒，也没有给汲黯任何惩罚。

【点评】

汲黯是深得汉武帝信任的重臣，所以便理直气壮地采用了直言的方式陈说利弊，直指汉武帝的不当之处，从而激怒了汉武帝，接着顺着其情绪把言辞一说到底，以求达到劝谏的目的。

刘伯温巧言解梦

朱元璋好不容易得了天下。他深深地知道江山易夺，守住却难的事实，常常为之忧虑，生怕自己的皇位不稳。

"日有所思，夜有所梦"，有一天晚上，他做了一个奇怪的梦。在梦中，俘虏们被捆绑得结结实实，排成一队队，挤向又矮又小的牢房。他们愤怒的目光注视着朱元璋，他从梦中惊醒，吓得满头大汗。此后，他心里就有了一个解不开的疙瘩，总觉得那些愤怒的眼睛仍然盯着自己，尤其担心会有人谋反。第二天，朱元璋就下令监狱主管把牢里的俘虏全杀掉。

军师刘伯温闻讯后大吃一惊，如此滥杀无辜，必定引来怨恨，导致不得民心。他急忙赶来，问道："皇上现在大开杀戒，不知究竟为了什么？"

朱元璋便将昨晚的梦境讲与刘伯温听，然后说："俗话说'梦反为吉，梦正为凶'，那小牢房不正表示我的土地将越来越小，而俘虏往里面挤，不正表示他们都要跑掉吗？显然他们跑后对我心怀敌意，不如现在杀了他们，以绝后患。"

刘伯温一听，原来是一个梦引发了皇上的杀人之心，刚才的忧虑便消失殆尽。他知道打消朱元璋的念头不是一件简单的事情，于是想出了一个主意。刘伯温满脸欣慰之情，对朱元璋说："恭喜皇上！贺喜皇上！"

"现在我正烦着呢！那些俘虏的眼睛时不时地闪现在我的脑海里，何喜之有？"朱元璋不耐烦地说。

"皇上的梦乃大吉大利之梦也！"刘伯温毕恭毕敬地回答。

朱元璋说："何以见得？难道我刚才解的梦没有道理吗？那你给我解释解释！"

刘伯温解释道："如果'梦正为凶，梦反为吉'，则那些硬挤入牢房的囚犯，正是安居乐业，极力拥护您的百姓；那些又窄又小的牢房正预示着您的江山将越来越稳固，而且还会不断地扩大；俘虏们被结结实实地捆绑，则表示那些还不服从的民族必将归顺于您。这个梦实在是太吉利了。皇上还有什么值得担心的呢？"

朱元璋听后龙颜大悦，频频点头，马上收回成命。

刘伯温顺势而谏，先弄清朱元璋失去理智欲杀俘虏的原因，而后巧言解梦，使朱元璋的情绪稳定了下来，并高兴地接纳了他的劝谏，收回了命令，轻而易举地避免了一场血腥杀戮。

常有事于人，人莫能先，先事而生，此最难为。

【史例解读】

吕不韦奇货可居

战国末年，大政治家吕不韦堪称一位精通"隐己成事术"的权谋术士。他善于把握时机，贱买贵卖，积蓄了不少钱财。但他并不仅仅满足物质追求，还想凭借自己的智谋和金钱，在政治上试试身手。

某年，他到赵都邯郸（今河北邯郸）经商，遇到一位年轻公子，仪表堂堂，举止文雅有礼，一派贵胄之气，却衣着寒酸，吕不韦不觉暗暗称奇。

吕不韦暗中询问，才知此人原是秦王太子安国君的次子，名曰异人，委质于赵。如今秦赵交恶，故赵王不供他车马仆从及生活费用，他才落到这般地步。吕不韦眼睛一亮，心里说："机会来了！此奇货可居啊！"他在心中制订了一套"隐己成事"，需暗中活动数年才能实现的长远计划。

于是，他先利用自己的金钱和巴结逢迎的商人看家本领，去结交赵王派来监视异人的大夫公孙乾，把公孙乾收买得如同亲兄弟。在一次公孙乾招待他的家宴上，吕不韦问起秦王孙异人的情况，求公孙乾让异人同饮酒。席间，吕不韦又趁公孙乾上厕所的机会，问异人："如今秦王老了，作为继承人，您的父亲有二十几个儿子，而您的父亲又未选定继人，您不心动吗？"异人叹了口气，说："我远拘异国，有何办法？"

吕不韦表示自己愿帮忙。异人大喜，许诺："若得王位，我与你共享富贵。"话虽这么说，但狡猾的吕不韦并不十分相信，于是实施第二计划。

他设下家宴，请来公孙乾和秦王孙异人，让自己最宠信而又刚怀孕的美妾赵姬出来陪酒。异人正在情心萌动之年，对赵姬当然频频注目。

赵姬受了吕不韦指使，使出浑身手段，把异人勾得心动神摇，魂魄皆失。吕不韦看在眼里，喜在心里，赶忙把公孙乾灌醉，亲口把赵姬许给异人。异人喜不自禁，等二人共同使手段买得公孙乾答应后，异人便正式在公孙乾府上与赵姬成亲。吕不韦见拴住了异人，便给异人两口子留下五百金，自己带上珠宝玉器，到秦国实施第三步计划。到了秦国，他在安国君宠姬、自己无亲生儿子的华阳夫人身上打主意，花费了若干金银珠宝，终于买通这位安国君的"内当家"。她便在安国君那里吹了"枕边风"，让安国君把异人收为她的嗣子，正式立为安国君的继承人。

三步计谋已妥，吕不韦便"隐"在赵国等待时机。不久，赵姬生下一个"不足月"的孩子，异人满面喜色，吕不韦更是暗中高兴，当这个孩子三岁时，机会来了，秦兵围困赵都邯郸，一出城门便是"秦人的天下"。于是吕不韦出三百金买通南城门守门将士，说自己思家心切，想回家看看，求个方便。将士们见钱眼开，答应乘夜色放吕不韦出城。吕不韦又到公孙乾处辞行，把公孙乾及其亲近之人灌得大醉不醒，借机让异人化装成他的仆人，载上赵姬、婴儿及珠宝，从南门出了城。等公孙乾醒后不见了人质异人时，吕不韦已与异人、赵姬、婴儿到达了秦营中。他们辗转回到秦国，正赶上秦昭襄王驾崩，安国君即位，异人于是被封为太子，成了国君的继承人。

这时，吕不韦又"快马加鞭"，实施起第四步计划，在四年之内先后设计害死了秦昭襄王的继承人秦孝文王（安国君）和秦孝文王的继承人秦庄襄王（异人），把幼小的赵姬之子（秦王嬴政）扶上王位，而自己独揽秦国大权，实现了自己"居奇货以生利千万倍"的夙愿，成了"不在位的君王"。

【点评】

谋得秦国大权是吕不韦的内心愿望，但他并没有公开招兵买马，起事夺权。在当时的社会背景下，这样做是肯定不会成功的。他采取了"移花接木"手法，运用"隐己成事"之术，把自己"隐"在幕后，经过长期的幕后活动，终于达到目的。这是我国历史上成功地使用"隐己成事术"的突出事例之一。

况钟懵懂整吏治

明朝宣德年间，苏州（今江苏苏州）以难治闻名，于是杨溥、杨士奇，杨荣三位辅国大臣推荐足智多谋的况钟任苏州太守。

赴任前，宣德皇帝鉴于苏州难治的现状，赐给况钟"便宜行事"，自作主张以治之的圣旨。况钟奉旨前去赴任，到了苏州，却装出一副懵懵懂懂的样子，属吏送来文书，不加细审，一律照准。那些奸猾吏员见状，更加肆无忌惮，无法无天，把苏州搅得乌烟瘴气。过了月余，况钟对属员的忠奸了如指掌，便突然宣布摆好香烛，命司礼官当众宣读圣旨。众属吏闻知有圣旨，心中大惊，当听到圣旨中"若僚属行为不法，可径自拿问治罪"等词句时，不法属吏们吓得面如土色。圣旨读完，况钟当众升堂，拿出判笔，一一列数不法属吏们一个月来的不法罪行，并将其治罪。

自此，苏州吏员洗心革面，痛改前非，境内大治。

【点评】

有时候，"隐己"是为了摸清情况，查明虚实，以便分别对待。但成功的关键在于筹划好切实可行的实施措施，而不被人看破。况钟奉旨前去苏州赴任，却装出一副懵懵懂懂的样子，就是为了麻痹对手，然后在暗中摸清了实情。

【现代活用】

"死对头"却是兄弟

在美国西部的某城，有两家专卖廉价商品的商店，一家名叫美国廉价商店，而另一家则称纽约廉价商店。这两家的店面相邻，但店主却是死对头。长期以来，他们进行着激烈的"战斗"。

一天，纽约廉价商店的橱窗中挂出一幅广告，上写：出售亚麻布被单，瑕微疵小，价格低廉，每个售价6.50美元。

居民们看到这则消息，纷纷奔走相告，趋之若鹜。但同往常一样，没过多久，隔壁美国廉价商店的橱窗里赫然出现了这样一则广告：我店的被单与隔壁的相比，犹如罗密欧与朱丽叶的亲密关系一样，注意价格，每床5.95美元。

这样一来，拥向纽约廉价商店的人们看到隔壁卖得比这里更便宜，马上放弃了这里，转而拥向美国廉价商店，一齐挤进店内，只片刻，被单就被蜂拥而至的人们抢购一空。

像这样的竞争在这两家商店之间可以说从未间断过。忽而东风压倒西风，忽而西风压倒东风，无尽无休。而当地的居民也总在盼望他们之间进行竞争。因为他们的竞争会给人们带来好处，可以用很少的钱就买到十分"便宜"的商品。

除了利用广告相互压价竞争外，两家商店的老板还常常站在各自的商店门口，相互指责对骂，甚至拳脚相加，场面十分混乱，但最终总有一方败下阵来。这时等待已久的市民们则好比在比赛场上听到起跑令一般拥向胜利一方的商店，将店内的商品一抢而空，不论能买到什么样的商品，他们都感到很惬意。

就这样，两家商店的矛盾在当地广为人知。而附近的居民也从中获得了巨大的利益，买到了各种物美价廉的商品。他们总在盼望着两家商店的"战斗"再起，自己好从中获益。这已经成了他们生活中不可缺少的一部分。

一晃几十年过去了，两家商店的主人也老了。突然有一天，美国廉价商店的老板失踪了，铺面上了锁。大家再也看不到他们相互竞争的精彩场面了。大家突然感到很茫然，心里好像缺点什么。每一天都在盼望出现奇迹：铺面又开张，两家店主人继续"战斗"，但奇迹没有出现。

过了一段时间，纽约廉价商店的老板也将自己的商店拍卖了，随后也搬走了。从此，附近的居民再也没有见到过这两个带给他们刺激和利益的怪人。

终于有一天，商店的新主人前来清理财产时，发现了一件令人费解的事情：两家商店间有一条秘密通道相连，在楼上，还有一道门连接两家老板的卧室。

这是怎么回事？大家都有些惊讶，猜不透昔日"仇敌"的卧室为什么会相通。

经过调查人们得到了一个让人哗然的结果：这两个死敌原来竟是一对亲兄弟，他们平时的咒骂、威胁、互相攻击都是特意进行的。所有的"战斗"都是骗局。因为在他们两个人的"战斗"中，不论哪一方胜利了，只不过是由胜利一方把失败一方的货物一齐卖掉罢了。

几十年来，他们利用了人们的求廉心理，通过不间断地"战斗"蒙蔽了当地的消费者。

【点评】

"隐己成事术"用于商业经营之中常常是经营者为了掩盖自己的企图，

以假痴来迷惑众人，宁可有为示无为，聪明装糊涂；无为示有为，糊涂装聪明。上述两位经营廉价商店的兄弟，就是借激烈的"战斗"给想占小便宜的消费者造成一种错觉来促销商品的。

感动而不知其变者，乃且错其人，
勿与语，而更问其所亲，知其所安。
夫情变于内者，形见于外。
故常必以其见者，而知其隐者。此所谓测深揣情。

【史例解读】

大树为喻谏太祖

北宋初年，宋太祖赵匡胤问赵普说："自唐末数十年以来，帝王前后换了10多个，且战争不断，是什么缘故呢？"

赵普回答道："这是由于节度使的权力太大，君主软弱而臣下太强，现在只要稍微削夺一点他们的权力，把钱粮控制起来，收回他们的兵权，天下自然就安定下来了。"

赵普以大树为喻，说如果树枝过大就应削减，始终保持强干弱枝，树干支配树枝，大树自然越长越繁茂。他还向赵匡胤提出了朝廷要集中政、军、财三权的三大纲领。

赵普话还没说完，太祖就说："爱卿不必再多说，我已经知道该怎么办了。"

没过多久，太祖就与老朋友石守信等人饮酒，席间，太祖屏退左右随从，对石守信等人说："若不是你们的鼎力相助，我今日不能达到这样的地位，我非常感激大家对我的恩德，始终没有忘记过。可做皇帝也有做皇帝的难处啊，完全没有节度使的快乐，如今我从早到晚没有一天能安稳睡觉。"

石守信等人说："是什么事让陛下心烦呢？"

太祖说："这是不难知道的，天子之位谁不想谋取啊？"

石守信等人惶恐不已地叩头说道："陛下因何说出这样的话？"

太祖说："诚然大家并无此心，但你们的部下将领谁不想大富大贵呢？有朝一日，他们将黄袍披在你们的身上，即便你们不想做，也是身不由己了。"

石守信等人听了，心惊肉跳，连连叩头，哭泣着说："臣等愚昧无知，还没想到这一步，只求陛下怜悯，给我们指条生路。"

太祖说："人生一世就如白驹过隙，追求富贵之人，不过希望得到很多金钱，自己尽情欢乐，让子孙不受贫困而已。你们何不舍掉兵权，选择好的田地买下来，给子孙后代留下永久的基业？再多多置办一些歌童舞女，每日饮酒取乐，以终天年。这样君臣之间互不猜疑，上下相安，不也很好吗？"

石守信等人听罢，叩首再拜，说："陛下对臣等关爱备至，就如同臣等再生父母啊。"

第二天，石守信等人都自称有病不能上朝，请求太祖解除他们手中的兵权。

这就是历史上著名的"杯酒释兵权"。通过这种方法，赵匡胤解除了石守信等人统领禁军的职务，并命他们到外地去做官。之后，他又以同样的手段将一批节度使免去职务，给以无实权的闲散职务。这样，赵匡胤就牢牢控制了军队的权力，消除了将领拥兵自重、图谋不轨的后患。

【点评】

赵普在此劝谏宋太祖解除手下大将的兵权，用的就是旁敲侧击的言辞。他不急于直接进言，而是以大树为喻，让太祖自己去领悟。虽然赵普读书不多，但却是以"半部《论语》巧治天下"出名的。他的"巧"，在于他善于思索，为了使宋太祖的统治得以巩固，他以史为鉴，联系实际，促使宋太祖作出了"杯酒释兵权"的决策。

以戏喻人谏宪宗

明宪宗时，有一个在宫中唱戏的小太监，名叫阿丑。他机灵幽默，聪明灵活，常常逗得看戏的皇亲国戚捧腹大笑。虽然他只是一个为皇族演戏解闷的小太监，但却秉性耿直、嫉恶如仇。

宪宗当时昏庸无道，信任欺上瞒下的太监汪直，并任命他为西厂的总管。汪直掌握了大权后，不分昼夜地刺探官民的动向，还常常牵强附会，胡乱定罪，被他投进大牢的人不计其数。一时间民怨沸腾，朝廷诸臣却敢怒不敢言。

皇上不但觉得汪直对自己忠心耿耿，极力重用，而且对巴结汪直的左都御史王越和辽东巡抚陈钺两人也宠爱有加。这两个官员依仗汪直的权势专横跋扈、为所欲为，不但不择手段地排挤和他们意见有分歧的朝臣，还陷害了不少正直刚烈的大臣。由于这三个人，上至朝廷官员，下至黎民百姓，个个人心惶惶，国家一片混乱。

许多一心为国的正直大臣向明宪宗进谏，揭露汪直三人的罪行，陈说他们权势过重的危害和仇怨众多的严重性。可是皇上对此却充耳不闻，觉得是其他大臣对自己的忠臣心生嫉妒、蓄意诽谤。因此只要有前来劝谏的大臣，他都断然拒见或者厉声呵斥。

阿丑早就对汪直等人心存不满，但直谏不行，反而会碰一鼻子灰。他于是决定寻机委婉地劝谏宪宗。他费劲心思编排了两出戏，一直等着皇上前来观看。

一天，宪宗正为大臣们上奏弹劾汪直的事情心烦，为了散心就前来看阿丑演戏。阿丑兴致勃勃地表演第一出戏，转眼间他就从一个太监变成了一个酗酒者。这个醉鬼跌跌撞撞地四处走动，指天指地地谩骂。另外一个戏子上台了，他扮演的是一个过路人。只见过路人慌忙上前，搀扶着醉鬼，说："有官员到了，你还在这儿游荡，是大不敬啊！"

醉鬼置若罔闻，依然我行我素。过路人又对他说："御驾到了！我们赶快让道吧！"醉鬼依然谩骂不止，不理不睬。过路人又说："宫中汪大人到了。"醉鬼立即慌了手脚，酒也醒了大半，紧张地环顾四周。过路人好奇地问："皇帝你尚且不怕，还怕汪太监？"醉鬼慌忙捂住过路人的嘴巴，低声说："不要多嘴！汪太监可不是好惹的，我怕他！"宪宗看到这里不禁紧锁眉头，若有所思，一会儿就离开了。

第二天，皇上又来看戏，并且点明要看阿丑的戏。阿丑按照自己的计划把排练好的第二出戏搬上了戏台。

这一次，阿丑竟然装扮成汪直，穿上西厂总管的官服，昂首挺胸，左右手各拿一把锋利的斧头。只见"汪直"在路上行走，其态如螃蟹，四处横行。又有过路人问："你走路还拿两把斧子，不知有何用处？""汪直"立即露出不屑一顾的表情说："你何以连钺都不认识，这哪儿是斧！分明是钺！"过路人又问："就算是钺，你持钺何故？""汪直"洋洋得意地笑道："我今日能大行其道全仗着这钺呢，它们可不是一般的钺！"过路人好奇地问："不知它们有何特殊之处？您的两钺为何名？""汪直"哈哈大笑道："你真是孤陋寡闻，连王越、陈钺都不知道么？"

　　宪宗听后哈哈大笑，心中暗自讥笑自己：你也是孤陋寡闻啊！看罢戏，宪宗立即下达诏书，撤去汪直、王越和陈钺的官职，谪贬外地。

【点评】

　　对于不通情理的游说对象，有时采用旁敲侧击的方法比直接进言更有效。阿丑在此通过事先排练好的两出戏触动了曾经一直亲小人、远贤臣的明宪宗，给了他一个深深的警告，并最终令其醒悟。

第八篇

摩术

本篇是对揣篇所获得的信息进行加工处理的过程，实际是上篇所讲"揣情"的继续。揣篇侧重的是掌握"世情"和"人情"，获得与游说对象有关的外部信息，而本篇侧重将通过"揣情"得到的外部信息加以分析、总结、推敲、检验，从外部的信息中得到了解对方的性格特点等的重要信息，从而把握对方的喜好与厌恶，使自己制订更有效的说服方法。

关于"揣"与"摩"的关系，鬼谷子认为，"摩者，揣之术也。内符者，揣之主也"。可见，"摩意"之术是揣情的一种方法，而且还是一种最基本的方法。从两者的区别来看：揣是由表及里、由外到内，通过对方的外在表现去了解其心理变化，只是合乎实际的逻辑推理，处于静态的观察阶段；摩是积极主动地运用诸多攻心战术去引诱对方表露自己的内心情感，以检验自己的判断是否与事实相符，所以摩篇可以说讲述的是攻心战术的具体运用，其目的是以"摩意"之术让对方内心难以探知的情感表现出来。

【原文】

摩者，揣之术也①。内符者，揣之主也②。用之有道，其道必隐③。微摩之以其所欲，测而探之，内符必应④；其所应也，必有为之⑤。故微而去之，是谓塞窌、匿端、隐貌、逃情，而人不知，故能成其事而无患⑥。摩之在此，符应在彼。从而应之，事无不可。

【注释】

①摩者，揣之术也：所谓"摩意"之术，就是"揣情"之术的继续。②内符者，揣之主也：所谓"内符"，就是"揣情"之术的主旨。"揣情"的主旨也就是要通过外在的表现来推测对方内在的情感。③用之有道，其道必隐：运用"摩意"之术时有一定的法则，而且这个法则要在隐秘中进行。④内符必应：内外必然呼应。⑤必有为之：一定有所作为。⑥无患：没有忧虑。

【译文】

所谓"摩意"之术，就是"揣情"之术的继续。所谓内心情感与其外在表现，就是"揣情"之术的主旨。在运用"摩意"之术时要有一定的法则，遵道而行，而且这一法则要以隐秘的方法来进行。根据对方的情感欲望稍微进行揣度，再进一步探测其中的奥妙，这样对方的内心情感与外在表现就必然会相呼应。内外既然相呼应，就会在行动上有所体现。所以稍加揣度，便排除其外在表现，这就称作堵塞漏洞、隐匿头绪、隐蔽实情，他人就无从知晓。这样，事业得以成功而又不会留下后患。在此处运用隐秘的"摩意之术"，在彼处运用"内符之术"，如此进一步互相呼应，就会无事不成了。

【原文】

古之善摩者，如操钩而临深渊，饵而投之①，必得鱼焉。故曰：主事日成而人不知，主兵日胜而人不畏也②。圣人谋之于阴，故曰神；成之于阳，故曰明③。所谓主事日成者，积德也，而民安之，不知其所利④；积善也，而民道之⑤，不知其所以然，而天下比之神明矣⑥。主兵日胜者，常战于不争、不费⑦，而民不知所以服⑧，不知所以畏，而天下比之神明矣。

【注释】

①操钩：手里拿着钓钩。饵：饵食。②主事日成：所主持的事情日渐成功。主兵日胜：领兵打仗日渐胜利。③神：神奇，玄妙。阳：公开。④其所以利：之所以有利。⑤道之：顺之以圣人之道。⑥比之神明：当作神奇和圣明。⑦不争、不费：不使用武力，不消耗军费。⑧不知所以服：不知道为什么服从。

【译文】

古代善于运用"摩意"之术的人，就像拿着钓钩来到深潭钓鱼一样，只要把带有鱼饵的钓钩投进深潭，就必然能钓到大鱼，所以说："所进行的事成功了还没人知道，所指挥的兵胜利了还没人畏惧。"圣人都是在暗中进行谋划，所以才被称为"神"；而成事在明处，所以才被称为"明"。所进行的事业能逐渐成功，就是因为其在积累德行；而人民对这件事抱有安全感，却不知道其中的好处，这就是积有善行的具体表现，假如人民顺应圣人之道，而不知其所以然的话，那就可以把其比作神明。所谓用兵打仗每每取得胜利，其原因则在于主持其事的人常常不经过激烈争斗、不耗费财用，从而取胜于无形之中，而人民却不知道之所以能威慑征服对手的原因，不知道敌人为什么畏惧，普天之下都把这样的人比作神明。

【原文】

其摩者①，有以平，有以正，有以喜，有以怒，有以名，有以行，有以廉，有以信，有以利，有以卑②。平者，静也。正者，直也。喜者，悦也。怒者，动也。名者，发也。行者，成也③。廉者，洁也。信者，明也。利者，求也。卑者，谄也④。故圣人所独用者，众人皆有之，然无成功者，其用之非也⑤。故谋莫难于周密，说莫难于悉听⑥，事莫难于必成。此三者，唯圣人然后能之。故谋必欲周密，必择其所与通者说也，故曰或结而无隙也⑦。夫事成必合于数，故曰道数与时相偶也⑧。说者听必合于情⑨，故曰情合者听。

【注释】

①其摩者：指"摩意"的方法。②有以平……有以卑：平、正、喜、怒、名、行、廉、信、利、卑分别是揣摩情意的十种方法。③名者，发也。行者，成也：所谓名声，就是宣扬他的名誉。所谓行动，就是使他成功。④卑者，谄也：

之所以谦卑，是为了献媚。⑤独用：独自使用。用之非也：使用的方式不得法。⑥悉听：全部听从。⑦所与通者：指那些往来交好，情感相通的人。无隙：亲密无间。⑧道数：道，道术。数，权术。与时相偶：道理、权术、天时三者合一才能成事。⑨说者听必合于情：进行游说能让人听进去，是因为情意相投。

【译文】

在运用"摩意"之术时，有用和平态度的，有用正义责难的，有用讨好方式的，有用愤怒激将的，有用名声威吓的，有用行为逼迫的. 有用廉洁感化的，有用信义说服的，有用利害诱惑的，有用谦卑套取的。所谓平，就是平静。所谓正，就是正直。所谓喜，就是喜悦。所谓怒，就是鼓动。所谓名，就是名誉。所谓行，就是成功。所谓廉，就是廉洁。所谓信，就是明了。所谓利，就是求取。所谓卑，就是谄媚。所以，圣人善于运用的"摩意"之术，众人也可以运用，至于能不能取得成功，就是运用的方法得当与否的问题了。因此，计谋最难莫过于周详缜密，游说最难莫过于对方全部听从，做人行事最难莫过于一定成功。这三点，只有圣人才能够做得到。所以说，谋略要做到周详缜密，就必须选择那些可以沟通的志同道合者进行论证，所以说结交朋友要亲密无间。事情要取得成功，就一定要合乎天数即自然规律，所以说，天道、术数与天时相配合才可以保证成功。所游说的内容能被对方接受，必然是其合乎情理，所以才说"合乎情理才有人听"。

【原文】

故物归类①，抱薪趋火，燥者先燃；平地注水，湿者先濡。此物类相应②，于势譬犹是也。此言内符之应外摩也如是③。故曰：摩之以其类，焉有不相应者？乃摩之以其欲，焉有不听者？故曰：独行之道④。夫几者不晚，成而不拘，久而化成⑤。

【注释】

①物归类：即物以类聚。②物类相应：相同的事物就有相同的反应。③内符之应外摩：在外摩意者必然得到内符者的响应，即指游说者的游说要能触动被游说者的心意，引起对方的共鸣。④乃：如果。独行之道：只有圣人才能施行"摩意"之术。⑤几者：几，通"机"，隐微，不明显。几者，通晓微妙时机的人。成而不拘：把事情做了而不居功自傲。久而化成：久而久之，一定能成功。

【译文】

所以说，世上万事万物都有其固定的属性，物以类聚。这就如同抱着柴薪投向烈火，那么干燥的部分一定首先燃烧；若往平地上倒水，潮湿的地方一定最先被浸润。这就是物类互相呼应之理。至于揣摩的情势，也是相同的。也就是说，内心的情意表现于外在行色上，与外在的揣摩之术相呼应。所以说，根据事物的类别运用"摩意"之术，哪有不相呼应的道理？依据其内心欲望揣摩其真实情感，哪有不听从的道理？所以说这是志向高洁、不随流俗的人才能运用的方法。通晓事物细微的征兆和趋势而果断行动的人，就会不失良机采取行动，取得成功也不会居功自傲，若如此持之以恒，就能够逐步使教化行之于天下，达到自己的目标。

智慧运用

古之善摩者，如操钩而临深渊，
饵而投之，必得鱼焉。
故曰：主事日成而人不知，主兵日胜而人不畏也。

【史例解读】

诱敌深入杀庞涓

战国中期，齐魏两国因向外扩张势力而引发了桂陵之战，结果齐军在孙膑和田忌的指挥下打败了魏军。魏军虽在桂陵之战中严重失利，但并未一蹶不振。公元前342年，它又发兵攻打韩国，韩国危急中遣使向齐国求救。

齐威王答应救援，他抓住魏、韩皆疲的时机，任命田忌为主将，孙膑为军师直趋大梁。魏惠王得知，转将兵锋指向齐军，任命太子申为上将军，庞涓为将，率雄师十万，扑向齐军，企图同齐军一决胜负。

这时齐军已进入魏国境内，魏军尾随而来，一场鏖战无可避免。孙膑胸有成竹，指挥若定。他针对魏兵强悍善战、素来蔑视齐军的情况，认为魏军一定会骄傲轻敌、急于求战，所以决定诱其深入，攻其不备，并定下减灶诱敌、设伏聚歼的作战方针。

战争的进程完全按照齐军的预定计划展开。齐军与魏军刚一接触，就立即佯败后撤，并按孙膑预先的部署，施展了减灶的计策。第一天挖了十万人煮饭用的灶，第二天减为五万灶，第三天又减为三万灶，造成在魏军追击下，齐军士卒大批逃亡的假象。庞涓认定齐军斗志涣散，士卒逃亡过半，于是丢下步兵和辎重，只带着一部分轻装精锐骑兵，昼夜兼程追赶齐军。

孙膑根据魏军的行动，判断魏军将于日落后进至马陵。马陵一带道路狭窄，树木茂盛，地势险要，是打伏击战的绝好处所。于是他就利用这一有利地形，让一万名善射的弓箭手埋伏于道路两侧，规定到夜里以火光为号，一齐放箭，并让人把路旁一棵大树的皮剥掉，上面书写"庞涓死于此树之下"几个大字。

庞涓的骑兵于孙膑预计的时间进入齐军预先设伏的区域，庞涓见剥皮的树干上写着字，但看不清楚，就叫人点起火把照明。字还没有读完，齐军便万弩齐发，给魏军以迅雷不及掩耳的打击，魏军顿时惊恐失措。庞涓智穷力竭，眼见败局已定，便自杀了。齐军乘胜追击，又连续大破魏军，前后歼敌十万余人，并俘虏了魏军主帅太子申。马陵之战以魏军惨败而告终结。

【点评】

孙膑在此也是成功运用了诱敌深入的计谋，他以佯败后撤的方法引诱庞涓深入，设下"鱼饵"，待到魏军完全进入自己的伏击圈后，便全力以赴地消灭敌人，这便是"钓"。从运用方法上看，孙膑采用的便是引诱法（飞箝术中曾提到过），在预测到魏军骄傲轻敌、急于冒进的弱点后，便抓住这一弱点，采用诱敌深入的方法，一举歼灭了敌人。

马陵之战是我国历史上一场典型的"示假隐真"、相机诱敌、设伏聚歼的成功战例。齐军取得作战胜利，除了把握时机得当，将帅之间密切合作，正确预测战势和作战时间以外，善于相敌诱敌，把握敌情，因敌制胜乃是关键性的因素。

敲山震虎树军威

1356年，朱元璋率领红巾军攻下集庆后，准备攻打镇江。就在攻打镇江的那天拂晓，负责指挥这场战役的徐达将军迟迟未露面。突然，一条惊人的消息传到了大军聚集的教场：徐达将军已被抓了起来，马上就要问斩。

众将士都很吃惊。徐达将军自跟朱元璋起兵以来，东征西讨，立下了汗马功劳。究竟他犯了什么罪，以至于要掉脑袋？

过了一会儿，只见徐达将军被反绑着押了出来，后面跟着两名手捧钢刀、杀气腾腾的刽子手。朱元璋也在众卫士的簇拥下来到教场。

执法官用洪亮的声音宣布："徐达身为统兵大将军，不知管束部队将士，军中屡次发生欺压百姓的事情，坏我红巾军的名声。为严明军纪，对徐达斩首示众！"

众将士一听都吓得脸色惨白，见朱元璋要动真格的，一时不知如何是好。帅府都事李善长硬着头皮给朱元璋跪下，说道："徐大将军作战英勇，屡立大功，当下军务紧急，正是用将之时，望元帅宽恕他！"众将士也都一齐跪下，哀求说："军中发生的欺压百姓之事，不能只怪罪徐大将军，我们亦有责任，求元帅饶恕他！"

朱元璋坐在椅子上，脸色铁青，一言不发。半晌，他终于站了起来，口气坚定地问道："我们起兵是为了什么？"众将士异口同声地回答："替天行道，除暴安民！"

"大家说得对，"朱元璋点点头，"我们起兵反元，就是因为元朝官府欺压百姓。如果我们推翻了元朝，反过来又欺压百姓，那么我们不就和元朝官兵一样了吗？要不了多久，别人也会替天行道，起兵除掉我们。"

李善长见朱元璋语气有所缓和，又趁机哀求道："徐大将军跟着元帅多年，战必胜，攻必克，劳苦功高，这一次就原谅他吧！"

朱元璋听后，沉思了半晌，才指着徐达喝道："看在众将士的分上，这次暂且饶了你，以后军中再发生欺压百姓之事，定斩不饶！"说罢，朱元璋拂袖而去。

被松了绑的徐达又恢复了大将军的威风，他当场宣布："打下镇江后，一不许烧房，二不许强抢，三不许欺凌百姓，四不许调戏妇女。违者砍头示众！"于是，徐达将军率领这支纪律严明的大军很快攻占镇江。进城后，大军秋毫无犯，当地百姓拍手称赞，奔走相告。

朱元璋见到这种情形后十分高兴，他把徐达叫来，一把拉住徐达的手说："贤弟，教场那一幕，实在委屈你了！"徐达笑道："元帅高明，没有教场那一幕，怎能有今天这样好的军纪？"

原来，红巾军自打下南京以后，军纪松弛，强买强卖、调戏妇女之事屡有发生。朱元璋为此忧心忡忡。他知道光靠抓几个违纪将士起不到应有的作用，于是就导演了假斩徐达这场戏。

【点评】

其实朱元璋在此运用的也是"钓术"，他以徐达为饵，钓到的却是一池的"鱼"。借斩杀徐达之虚，对全军起到了威慑作用，从而换来了好的军队纪律，其高明之处可见一斑。

巧言答对乾隆帝

纪晓岚是翰林院大学士，能言善辩，机智过人，可谓"铁齿铜牙"。

有一天，纪晓岚陪乾隆在御花园里散步。乾隆忽然问纪晓岚："纪爱卿，忠和孝到底应该怎么解释呀？"

纪晓岚答道："君要臣死，臣不得不死，此为忠；父要子亡，子不得不亡，此为孝。"

乾隆一听，说："我现在以君王的身份，要你立刻去死！"

"这——"纪晓岚慌乱了一下，随即想出一个好主意，便说："臣遵旨！"乾隆于是好奇地问："那你打算怎样死？"

纪晓岚显得又害怕、又紧张地小心回答："跳河。"

乾隆一挥手，说："好！你现在就去跳吧！"等纪晓岚走后，他便在花园里踱着步，不知道纪晓岚将会如何渡过这道难关。

不一会儿，纪晓岚便跑了回来。乾隆很奇怪，就板起脸来问道："纪爱卿，你怎么还没有去死呢？"

纪晓岚说："我刚刚走到河边时，不料碰到了屈原，他不让我跳河寻死。"

乾隆感到更加奇怪了："你这话是什么意思？"

"刚才我站在河边，正想跳下去。河里突然涌起了一个大旋涡，好像有东西从水里冒出来。我一看，竟是投江自沉的楚国忠臣屈原。"纪晓岚一板一眼地说。

"真的吗？那他对你说了些什么呢？"乾隆明知他故弄玄虚，但仍想看看他如何作答。

纪晓岚不慌不忙地回答道："屈原指着我问为什么要跳河，我就把刚才皇上要臣尽忠的事情告诉了他。他说：'这就不对了！当年楚王是昏君，我不得不跳河。可是我看当今皇上是个圣明之人，不应该再有忠臣要跳河啊！你应该赶紧去问问皇上，他是不是也是昏君？如果他自认是，那时我们再作伴也不迟！'因此臣只得跑回来。"

乾隆听了，忍不住哈哈大笑："好一个巧舌如簧的机智人物！朕算服了你了。"

【点评】

善于运用"摩术"的人，就如同拿着渔竿在水边垂钓一般，只要运用得当，必有鱼儿上钩。乾隆本想以"君叫臣死，臣不得不死"来为难纪晓岚，却没想到纪晓岚将计就计，以碰到屈原为饵下了钩。如果乾隆确实让其投河，就证明了他昏庸；如果就此作罢，那为难纪晓岚的计谋就以失败告终。权衡利弊，乾隆也只能暗自认输。

【现代活用】

"香饵钓鱼"善炒作

英国的里甫顿，以高明的营销才能而誉满天下。

一年冬季，一位乳酪制造商请里甫顿替他在圣诞节前的商品特卖期销售乳酪。思考了一阵后，里甫顿定下了"投李索桃"的策略，准备以50∶1的比率在乳酪里放入一块金币。此前，他用气球在空中广发传单，大肆宣传，接着在蜂拥而至的人群面前当众装入金币。这使整个苏格兰沸腾了。因为在欧美曾流行这样一种说法：圣诞节前后谁若在糖果中吃到一枚六便士的金币，谁就会全年大吉，万事如意。当地的报纸对于这样一个奇特的消息自然会大加报道，甚至有的剧团也以此为题进行表演。于是里甫顿得到一大批免费宣传员。

在金币的诱惑下，等到了销售日，凡是卖里甫顿乳酪的商店门前都是人山人海，挤满了争购的人群。成千上万的消费者涌进该店购买乳酪，使其乳酪销售量剧增，这令里甫顿的同行们嫉妒不已。于是就有人偷偷到苏格兰当局告发里甫顿，说他的做法有赌博嫌疑，当局派警察干涉，新闻机构马上跟踪全方位报道。而里甫顿仍然我行我素，仍是大力销售其乳酪，并根据当局干涉的内容，发布这样有针对性的广告：亲爱的顾客，感谢大家喜爱里甫顿乳酪，但如发现乳酪中有金币，请您将金币送回，谢谢合作。消费者不但没有退还金币，反而更踊跃购买，而苏格兰当局的警察认为店主已有悔改之意，即已着手收回金币，便不再加以干涉。

一招不灵，那些同行们并不灰心，决定采取进一步的行动，他们联合起来，以食用不安全为理由要求警方取缔里甫顿的危险行为。在警方的再度调查下，里甫顿又在报刊上登了一大页广告：根据警方的命令，敬请各位食用者在食用里甫顿乳酪时，一定要注意里面有个金币，不要匆忙，应十分谨慎小心，以免误吞金币造成危险。

这表面上是应付警察和同行们的说明，而实际上又是一则更生动具体的广告，无形中又掀起了一次购买里甫顿乳酪的热潮。

据经营专家们推测，里甫顿的气球广告、当局警察的干涉、同行的抗议以及后两次的广告说明，都是里甫顿在炒作。他炒得一波三折，富有戏剧性，堪称炒作之典范。

操钩而临深渊，饵而投之，必得鱼焉。里甫顿深知钓鱼时要投入香饵。无饵者门可罗雀，有饵者门庭若市，有无诱饵给销售带来的是天壤之别。里甫顿利用金币的诱惑作用使乳酪的销量突飞猛进。牺牲了一点金币，换回的却是"日进斗金"的收益。真是"钓者露饵面藏钩，故鱼不见钩而可得"。加之同行们的围追堵截、当局警察的积极干涉、新闻机构的全方位报道，都渲染了乳酪销售的空前盛况。里甫顿阳奉阴违，游刃有余地进行大肆炒作，终使其推销的奶酪声名鹊起。

【点评】

"香饵钓鱼"在广告宣传中是司空见惯的谋略，诸如喝酒可以喝到金球，吃蜜饯可以吃到港币，买一杯可乐可中万元大奖，等等。恰当地使用该手段，确实可以做到"主事日成而人不知，主兵日胜而人不畏也"。

断腿钓来酿酒术

这是一场严重的事故：一辆高级轿车把一个行人的一条腿撞断了。肇事的是丹麦一家著名啤酒厂的老板，受害者是一个远道而来的日本人。

受害者被送进医院后，丹麦老板说："你身居异地，很对不起啊！你以后怎么办呢？"

这位日本人说："等我好了之后，就让我到你的啤酒厂看门，混碗饭吃吧。"

丹麦老板一听他不找麻烦，高兴极了，赶紧说："你快养伤吧，伤好了就给我看门。"

于是这个日本人养好伤后就当上了这家啤酒厂的警卫。

日本人工作非常认真，对进出厂的货物检查十分仔细，赢得了高级职员们的信任。他对职工非常谦和，人们经常和警卫闲谈。

三年后，日本人攒了些钱，便辞职回国，丹麦人从未对他有过怀疑。

其实这个日本人是日本的一位大老板，来丹麦的目的便是想弄到这家啤酒厂的酿酒技术。但啤酒厂保密程度很高，是不允许随便参观的。他在啤酒厂外周旋了三天也没有办法。后来他看到每天早晨都有一部黑色小轿车进出，一打听，才知道车上坐的正是这家啤酒厂的老板，于是他便导演了那起交通事故。

三年来，他利用工作之便，想尽一切办法，终于掌握了该厂的原料、设备和技术的情况。

他牺牲了一条腿，换来了新技术，回国后成功地开设了一家颇具规模的啤酒厂。

【点评】

"主事日成而人不知，主兵日胜而人不畏"。当你设置诱饵之后，只有在对方无从知晓、无所顾忌的情况下，他才会吞下你设置的诱饵，被你钓到。但有时，你的牺牲也许会很大，甚至要实施"断腿""断臂"这样的"苦肉计"。

圣人谋之于阴，故曰神；成之于阳，故曰明。

【史例解读】

赵和智判诬财案

唐懿宗咸通年间，江阴县令赵和遇到了一起诬财案。

楚州（今江苏淮安一带）淮阴县（今江苏淮阴）有两户邻居世代通好，

关系密切。某日，东邻欲外出贩卖，本钱不足，便以田契为抵押，向西邻借钱一千缗（每缗一千文），约好借期一年，连本带利归还后赎回田契。

第二年归还期近，东邻不失约，先取八百缗交与西邻，说好第二天送余下的两百缗及利钱，再取回田契。因两家关系好，东邻便没要收钱单据。哪知第二天去还钱取田契，西邻矢口否认收过八百缗钱。

东邻气急败坏，便到县衙告状。可县令没看到收到钱的单据，也无法判案。上告到州衙，同样没有结果。西邻洋洋得意。东邻苦思良策，听说相隔数县的江阴县令赵和是位明断如神的青天大老爷，便告到他那里。赵和接案后，很是为难。淮阴与江阴是平级县，怎好越俎代庖？他苦思良策，心生一计。第二天发公文到淮阴，说本县拿获一伙江洋大盗，供出一同伙，就是那个西邻。唐朝有法令，凡是大盗案件，所牵涉之县都得尽力协助。故淮阴县令派捕快将西邻捉来，交与江阴公人带走。西邻到了江阴县，自恃与江洋大盗案无关，并不害怕。赵和威胁一番，令他将自己所有家产钱财写明，并注上钱物来源，以备查验。西邻一一写明，其中有"八百缗，东邻所还"一款。赵和见后，拍案而起，唤出东邻与其对质。西邻方知原委，又羞又悔，退款服罪。

【点评】

"圣人谋之于阴，故曰神；成之于阳，故曰明。"就是说智者善于在暗中运用"摩意"之术，并且在光天化日之下实施谋略。此案处理是"事在此而意在彼"的"谋阴成阳术"的典型作法。

高湝智查鞋主人

南北朝时，北齐任城王高湝任并州（今山西太原一带）刺史。

某日，州城内一女子到汾河边洗衣服，她把脚上穿的新靴子脱下来放在岸边，站在河水里洗衣服。这时，远处一男子骑马跑来，老远便见了岸边这双新靴子，他勒马下来，脱下自己的旧靴子，蹬上新靴子跑了。

等那女子反应过来，那男子早已跑得无影无踪，哪里追得上！洗衣女子听人说高湝正直多智，便提着那人扔下的旧靴子去告状。高湝安慰了她一番，立刻让手下人传来城中所有年老妇女，说："有个青年骑马出城，半路上让强盗劫杀了，只留下这双靴子。有人认得这双靴子吗？"大伙儿挨个传看。

突然，一老妇人顿足大哭起来，说：“这是我儿子的靴子，他出城到岳父家去了，谁想到遭此不幸！”高潜问明他岳父的地址，派人马上把青年捉来，把靴子还给洗衣女，并处以罚金。

【点评】

圣智之人做事，靠的是足智多谋，在暗地里把一切都策划好，让别人按他的谋划去做事，中了他的圈套还茫然不知。高潜表面上是在为靴子的主人申冤捉拿凶手，实际上是为了查明旧靴子的主人的下落，正所谓“事在此而意在彼”。

【现代活用】

“虚虚实实”蛇吞象

香港国泰城市股份有限公司是一家市值不足3亿港元的小型上市公司，而公司主席罗旭瑞却是一位充满斗志的商界新秀，他的最大特点便是敢于冒险。下面这场国城收购市值比它大很多的大酒店集团的“蛇吞象”战役，便充分地说明了这一点。

1988年10月18日，国泰城市通知香港上海大酒店，以现金及国泰新股向大酒店提出全面收购建议。

当日大酒店董事局立即表示谢绝收购建议，而国城则表示不希望提出敌意收购计划。大酒店又马上对此向国城表示谢意。似乎一场大收购在一天之内轰然而起又悄然而息，使人们有意犹未尽的感觉。但是，明眼人一看便知，国城决不会虎头蛇尾。试想，罗旭瑞发动的蛇吞象式的大型收购，若非有备而来，怎会草草善罢甘休？何况，国城只表示过“不希望”以敌意形式进行收购，而不曾表示过“不会”以敌意形式来收购，它只表明国城先礼后兵的态度而已。

果然，10月21日，国城宣布已持有大酒店1.1％的股权并正式提出全面收购，并提高了收购价。

大酒店已有130年历史，经营着全球最优秀的半岛酒店和九龙酒店。大酒店是英资老牌大集团之一，大股东嘉道理家族控股35％。另外华资的信和与丽新两大集团共持有10％。对于国城的收购建议，嘉道理指出其低估酒店的资产值，属“敌意收购，不受欢迎，带有破坏性”，忠告股东不可接纳收购建议，大酒店董事总经理更形容国城此举"企图将资产分拆出售"，声明"国城的财务顾问曾表示对半岛集团的五星级酒店并无真正兴趣，实际只想得到九龙酒店和港岛的物业。他们承认收购将使国城资产负债比率达到100％，一旦如此，便须出售酒店资产，否则将不堪重负"，暗示国城一旦收购成功，便会将半岛酒店进行出售，而这一点最不讨大酒店大股东们的欢心。显然，这场收购将遇到已有一次被收购经验教训的嘉道理家族的强大阻力，难度极大。

嘉道理家族接到罗旭瑞于21日下达的挑战书后，于10月25日提出反收购建议，共动用36亿元进行全面收购，并于当日在市场购入2000多万股，使控股量增至37％以上。如此一来，国城的机会便小了。

那么，难道罗旭瑞不知道收购的难度吗？除了实力因素之外，大酒店还有30％的股份掌握在各大基金之中，收购价对这些基金根本缺乏吸引力。但似乎罗旭瑞并非完全虚张声势，这从国城发行9．8亿新股以应付收购，又同时发行10亿新股给国城的母公司，使其增持国城股权至50％，以确保国城不会反过来被大酒店控股，这一切天衣无缝的安排，说明国城的确是经过一番精心筹划的。

于是，有证券界人士认为：罗旭瑞作了两手准备，一旦收购成功，则名利双收，入主大酒店；如果收购不成，则"蛇吞象"的新闻已轰动海内外，罗旭瑞国城的大名不胫而走，对公司长远业务有利，更何况还可获得一笔可观的狙击收益呢！

果然，11月20日，罗旭瑞在正式收购建议文件中，承认成功机会极小，收购大酒店一如预料地"失败了"，也"成功了"。之所以这么说，是因为当时已小有成就的罗旭瑞，胸怀雄才大略，其志向并不局限于香港，于是他演出"蛇吞象"一幕，以大酒店之争扬罗旭瑞之名，果然一战而声名鹊起，闻名于海内外。这才是当时罗旭瑞打收购战的真正目的所在。从这一点来说，罗旭瑞的收购战是非常成功的。

【点评】

"谋阴成阳术"主要表现在，表面上注意力集中在这里，是为这件事行动，但实际目的却在那里，是为了办成那件事，即"事在此而意在彼"。香港国泰城市股份有限公司主席罗旭瑞导演的这场"蛇吞象"的好戏，以大酒店之争扬己之名，果然使自己声名鹊起，闻名于海内外。这才是这场收购战的真正目的所在。

主兵日胜者，常战于不争、不费。

【史例解读】

打草惊蛇退曹兵

公元218年，刘备领兵10万围困汉中，曹操闻报大惊，起兵40万亲征。

定军山一役，蜀将黄忠计斩曹操大将夏侯渊。曹操大怒，亲统大军抵汉水与刘备决战，誓为夏侯渊报仇。蜀军见曹兵势大，退驻汉水之西，隔水相拒。刘备与诸葛亮到营前观察两岸形势，谋划破敌之策。

诸葛亮见汉水上游有一土山，可伏兵千余。回营后他命赵云领兵500，带上鼓角，伏于土山之下，或黄昏，或半夜，只要听到本营中炮响一次，便擂鼓吹角呐喊一通，但不出战，诸葛亮自己隐在高山上观察敌军动静。

第二天，曹兵到阵前挑战，见蜀营既不出兵，也不射箭，叫喊一阵便回去了。到了深夜，诸葛亮见曹营灯火已灭，便命营中放炮，赵云的500伏兵也鼓角齐鸣，喊声震天。曹兵惊慌，疑有蜀兵劫寨，赶忙披挂出营迎敌。可出营一看，并不见有什么蜀兵劫寨，便回营安歇。待曹兵刚刚歇息，号炮又响，鼓角又鸣，呐喊又起。一夜数次，弄得曹兵彻夜不得安宁。

一连三夜如此，曹操惊魂不定，寝食不安。有人对曹操说："这是诸葛亮的疑兵计，不要理睬他。"可曹操说："我岂不知是孔明的诡计！但如果多次皆假，却有一次真来劫营，我军不备，岂不要吃大亏！曹操无奈，只得传令退兵30里，在空旷之处安营扎寨。

诸葛亮用打草惊蛇之计逼退曹兵，便乘势率军渡过汉水，背水扎营，故意置蜀军于险境，这又使曹操产生了新的疑惑，不知诸葛亮将使什么诡计。曹操深知诸葛亮一生谨慎，认为他如果不是胜券在握，是决不会走此险棋的。

为探听蜀军虚实，他下战书与刘备约定来日决战。战斗刚开始，蜀军便佯败后退，往汉水边逃去，而且多将军器马匹弃于道路两旁。曹操见此，急令鸣金收兵。手下将领都疑惑地问曹操："为何不乘胜追击，反令收兵？"曹操说："看到蜀兵背水扎寨，我原本就有怀疑，现在蜀兵刚交战就败走，而且一路丢下许多军器马匹，更说明是诸葛亮的诡计，必须火速退兵，以防上当。"

正当曹兵开始掉头后撤时，诸葛亮却举起号旗，指挥蜀兵返身向曹兵冲杀过来。曹兵大溃而逃，损失惨重。诸葛亮用计设险局、临阵佯败、打草惊蛇的计策置曹操于疑惑、惊恐之中，再次巧妙地击溃了曹兵。

【点评】

"不争、不费"的意思是不经过激烈战争、不耗费财力与物力，从而取胜于无形之中，与《孙子兵法》中"不战而屈人之兵"是一个道理。从打草惊蛇的计谋考虑，其运用条件必须是知己知彼，敌方兵力没有暴露或者意向不明时，切不可轻敌冒进，应当查清敌方状况后再做打算。

故谋莫难于周密，说莫难于悉听，事莫难于必成。

【史例解读】

只言片语解纷争

清朝末年，有一名知县叫陈树屏。他机智灵活，才思敏捷，尤其擅长为别人调解纠纷。他所言不多，却字字切中要害。只要他出面，不论什么事情，保证大事化小，小事化了，所以人们都夸赞他的口才和机敏。

这一年的春天，阳光明媚，水光潋滟。陈树屏不由诗兴大发，兴致勃勃地邀请了一帮文人朋友到黄鹤楼上游玩。当时的湖北督抚张之洞和抚军大人谭继询是他的上司，两个人也乘兴而来。大家相互寒暄后，一边欣赏着黄鹤楼下的美妙春光，一边把酒谈笑。清风拂面而来，裹挟着花的芬芳；远处的长江风景秀丽，在阳光的照射下，闪烁着粼粼的波光，江面上也帆来帆去。大家兴致高涨，宴席气氛非常融洽。

忽然，有个客人问："你们看这江水浩浩荡荡，气势宏大，却不知这江面有多宽？"

大家都讨论起来。有的引经据典，有的猜测估计，还有的等着倾听别人的回答。张之洞和谭继询两个人是死对头，表面上合得来，心里却谁也不服谁。两个人很快就因为这件事情针锋相对起来了。

谭继询清清嗓子，说："我曾经在一本书上看到过有关长江的记载，我记得是五里三分。"

张之洞听后，故意说："不对，我记得很清楚，怎么会是五里三分呢？书上明明写的是七里三分，如果那么窄，江水怎么会有这样大的气势呢？"

谭继询见对方和自己又是意见相左，而且明摆着说自己引用有误，一时觉得面子下不来，就梗着脖子和对方争执起来，两个人闹得脸红脖子粗。

陈树屏他知道两个人是互相拆台，借题发挥。因为这个问题本来就是说不清楚的，即使说清楚了也没有多大意义。为了不扫来客的兴致，他灵机一动，不紧不慢地拱拱手，谦虚地说："水涨时，江面就宽到七里三分，落潮时就降到五里三分。二位大人一个说的是涨潮时分，一个是指落潮而言，可见你们说的都有道理。这是没有什么好怀疑的！"

陈树屏放下手，端起自己的酒杯，高举着说："这个问题暂时不用再说了。今日难得大家赏脸，也难得这么好的天气，来来来，为了今天的好景致我们喝一杯。"

众人听完这不偏不倚的圆场话，都会心地笑了。张之洞和谭继询都知自己是一派胡言，只是和对方较劲。两个人一看东道主给自己台阶下，赶紧顺势而下，举起酒杯。一场争辩就这样不了了之了。

【点评】

"故谋莫难于周密"是说谋划策略最困难的就是周到缜密，但在此陈树屏却以不偏不倚的言辞解决了张之洞和谭继询的纷争。如果劝说的话语不当，只顾及一方，就会伤害另一方的感情，只有两全其美的言辞才可以让双方接受。

第九篇

权术

"权"的本意是秤锤。在古代是称量砝码，在此篇中引申为衡量、比较、权宜、变通等意思。本篇论述的主要内容就是在游说过程中如何依据权宜局势、随机应变地选择恰当的说辞。

文中归纳出了九种游说的方法："与智者言，依于博；与拙者言，依于辩；与辩者言，依于要；与贵者言，依于势；与富者言，依于高；与贫者言，依于利；与贱者言，依于谦；与勇者言，依于敢；与过者言，依于锐"。由此可知，在游说过程中，要根据不同的对象采用不同的游说态度与技巧，学会随机应变，便可变被动为主动；说话主题明确、重点突出、层次分明，便更有感染力、说服力、震慑力，从而更有利于达到自己游说的目的。

【原文】

说者，说之也；说之者，资之也^①。饰言者，假之也；假之者，益损也^②。应对者，利辞也；利辞者，轻论也^③。成义者，明之也；明之者，符验也^④。言或反覆，欲相却也。难言者，却论也；却论者，钓几也^⑤。佞言者，谄而干忠^⑥；谀言者，博而干智^⑦；平言者，决而干勇^⑧；戚言者，权而干信^⑨；静言者，反而干胜^⑩。先意承欲者，谄也^⑪；繁称文辞者，博也；策选进谋者，权也；纵舍不疑者，决也^⑫；先分不足而窒非者^⑬，反也。

【注释】

①说者，说之也：所谓游说，也就是说服他人。资：资益，也就是给人利益或贡献。②饰言者，假之也：修饰自己的言辞，借以达到一定的目的。益损：增减。③利辞：便利、敏锐之辞。轻论：简洁明快地论说。④成义：具有义理的言论。符验：符合应验。⑤钓几：诱导对方说出心中所隐藏的机密事情。⑥佞言者，谄而干忠：善于花言巧语的人，以献媚奉承求取忠臣的美名。干，求取。⑦谀言：奉承讨好的言辞。博而干智：以貌似广博的虚浮之辞求取智慧之名。⑧平言：平实可靠的言论。决而干勇：果决不疑而求取勇的名声。⑨戚言：忧戚时的言论。权而干信：运用计谋求得信任。⑩静言：心平气和时所说的话。反而干胜：自己有不足却指责他人从而求取胜利。⑪先意承欲：在对方刚刚萌发出某种欲望之时，而以奉承的言辞去迎合他。⑫纵舍不疑：屏弃陈见，择言而进，毫不迟疑。⑬窒非：抓住对方弱点不放。

【译文】

游说，就是为了劝服别人接受自己的主张；而说服别人接受自己的想法，就要对别人有所帮助。修饰言辞，需要借助动人的言辞，这就要求对言辞进行增减和选择。应对别人的突然发问，要用巧妙的言辞泛泛作答。阐述义理的言辞，目的在于让对方明白道理，要使对方明白道理，就要列举事实加以验证。双方的意见可能会不一致，这就需要反复辩论，迫使对方让步。双方互相论难时，不接受对方的言论是为了诱导对方说出心中所隐藏的事情来。花言巧语，是通过谄媚以求得忠诚之名；而谄媚之言，是通过繁博的虚浮之辞以求得智慧之名；平实之言，是通过果断不疑的言辞以求得刚勇之名；忧愁之言，是通过运用智谋以求得信任；镇静陈说，是通过反攻别人以求得胜利之名。曲意奉承，满足对方欲望，就是谄；文辞繁复虚浮，就是博；策划选择，运用智谋，就是权；纵使舍弃也毫不犹豫，就是决；掩饰自己之不足，反而指责他人的过失，就是反。

【原文】

故口者，几关也①，所以关闭情意也。耳目者，心之佐助也，所以窥检奸邪②。故曰："参调而应，利道而动③。"故繁言而不乱，翱翔而不迷，变易而不危者，睹要得理④。故无目者，不可示以五色；无耳者，不可告以五音⑤。故不可以往者，无所开之也；不可以来者，无所受之也⑥。物有不通者，圣人故不事也⑦。古人有言曰："口可以食，不可以言"，言者有讳忌也。"众口铄金"，言有曲故也⑧。

人之情，出言则欲听，举事则欲成⑨。是故智者不用其所短，而用愚人之所长；不用其所拙，而用愚人之所工，故不困也⑩。言其有利者，从其所长也；言其有害者，避其所短也。故介虫之捍也⑪，必为坚厚。螫虫之动也，必以毒螫⑫。故禽兽知用其长，而谈者亦知其用而用也⑬。

【注释】

①几关：即机关。②窥间：察知。③参调而应：三者调和呼应。参，同"叁"，指口、耳、目三种器官。利道：有利的途径。④变易：变化，变换。睹要得理：观察要领，得到策略和方法。⑤五色：青黄赤白黑五种颜色，泛指各种颜色。五音：我国古代五声音阶的五个阶名：宫、商、角、徵、羽，泛指音乐。⑥受：接受。⑦不通：不通达，不可沟通。⑧众口铄金：众人的言论可以熔化金属。曲故：巧诈。⑨欲听：希望听从。举事：行事。⑩拙：笨拙。工：擅长。困：困难，困惑。⑪介虫之捍：介虫，长有甲壳的虫类。捍，抵御，防卫。⑫螫虫：蜂、蝎等有毒刺的动物。毒螫：以毒刺刺人。⑬知其用而用：知道使用他该用的游说术。

【译文】

所以口是人体用来言谈的机关，就像闸门一样，是用来宣布或封锁情报的器官。耳目是心的辅助，是用来侦察奸邪的器官。所以说："只要心、眼、耳三者调和呼应，就会选择有利的途径。"所以虽然有烦琐的语言也不纷乱，虽然行动自由也不迷惑，虽然有变化的骗局也不危险，原因就是能够抓准要点，掌握思路。所以没有眼睛的人，不可以拿五色给他们看；同理，没有耳朵的人，不可以拿五音给他们听。所以说，如果不去游说他人，就不能让对方敞开心扉，透露实情；如果不让别人前来游说，就无法知道对方的想法。如果信息不通，圣人也是不会乱来的。古人有句话说："嘴可以吃东西，不可以随便发言。"因为说话的人有忌讳，这就是所谓的众口铄金，因为言语会歪曲事实。

按人之常情推断，每个人说话，都希望让对方听从，无论办什么事情都希望获得成功。因此，聪慧的人不用自己的短处，而利用愚笨之人的长处；不用自己笨拙的方面，而利用愚笨之人工巧的方面。这样做就不会陷于困窘的境地。这就是说，于我有利的，就顺从其所长的一面；于我有害的，就回避其所短的一面。所以甲虫抵御外来的侵害，必定要依靠自己坚厚的外壳；螫虫采取行动时，必定要用自己的毒刺。可见禽兽之类尚且知道运用自己的长处，而靠进言游说的人就更应运用自己该用的游说术。

【原文】

故曰：辞言有五[1]，曰病，曰恐，曰忧，曰怒，曰喜。病者，感衰气而不神也[2]；怨者，肠绝而无主也[3]；忧者，闭塞而不泄也[4]；怒者，妄动而不治也[5]；喜者，宣散而无要也[6]。此五者，精则用之，利则行之[7]。故与智者言，依于博[8]；与博者言，依于辨[9]；与辨者言，依于要[10]；与贵者言，依于势[11]；与富者言，依于高[12]；与贫者言，依于利[13]；与贱者言，依于谦[14]；与勇者言，依于敢[15]；与过者言，依于锐[16]。此其术也，而人常反之。是故与智者言，将以此明之；与不智者言，将以此教之，而甚难为也。故言多类，事多变[17]。故终日言，不失其类，故事不乱[18]。终日不变，而不失其主，故智贵不妄[19]。听贵聪，智贵明，辞贵奇[20]。

【注释】

①辞言：应对的言辞。②不神：不精神，没有气势。③肠绝而无主：痛苦过度，六神无主。④不泄：指情感抑郁而不畅通。⑤不治：不可收拾。⑥宣散：心思涣散。无要：把握不住事物的要领。⑦精：精通。用：使用。利：有利。行：实行，使用。⑧依于博：依靠渊博。⑨辨：辨明事理。⑩要：要点，简明扼要。⑪贵者：社会地位显赫的人。势：权势。⑫高：清高，不慕荣利，指精神上的高度。⑬利：利益，好处。⑭贱者：地位低下的人。谦：谦恭，谦逊。⑮敢：果敢

进取的气质。⑯过者：有过失的人。锐：锐气，勇往直前的气概。⑰言多类，事多变：言谈有多种方法，事物有多种变化。⑱故事不乱：所以事情不会错乱。⑲主：主旨。故智贵不妄：所以智慧的可贵之处在于不紊乱。⑳听贵聪，智贵明，辞贵奇：听言要听明白，智慧要高明，言辞要巧妙，这样才能处处成功。

【译文】

所以说，游说辞令有五种：一是病言，二是恐言，三是忧言，四是怒言，五是喜言。所谓病言，就是让人听了气馁而无精打采的话；所谓恐言，就是让人听了害怕得没有主见的话；所谓忧言，就是让人听了心情郁闷，无法宣泄的话；所谓怒言，就是让人听了会因愤怒冲动而导致不可收拾的后果的话；所谓喜言，就是让人听了心思涣散而失去主见的话。以上这五种辞令，精炼之后才能够使用，有利的话就可以推行。所以与智慧的人说话，就要凭借渊博的知识；与知识渊博的人说话，就要善于辨析事理；与善于辨析事理的人说话，就要善于抓住要点；与地位高的人说话，就要围绕着权势来进行；与富有的人说话，就要言辞高雅；与贫穷者说话，就要站在能够给他带来利益的角度；与低贱的人说话，就要保持谦和的态度；与勇敢的人说话，就要围绕勇敢果断的话题；与有过错的人说话，就要激发他的锐气，鼓励其勇往直前。这就是进行游说时要遵循的原则，然而很多人却背离了这样的原则。因此，跟智者说话，使用这些原则，他们是很容易明白的，跟不聪明的人说话，教会他们使用这些原则，事实上是很难做到的。因此言辞有很多不同的种类，做事时也有很多变化。只有根据实际情况，择优而选，即使整天都在说话，也不会丧失说话的原则，如此事情也就不会混乱。即使终日谈论的内容没有变化，也不会失去主旨，所以聪慧之人的可贵之处就是有条不紊。听言贵在听得清楚明白，听出对方真实的想法；智慧贵在明辨事理，总结出规律；言辞贵在奇妙，出奇制胜。

|智慧运用|

佞言者，谄而干忠；谀言者，博而干智；
平言者，决而干勇；戚言者，权而干信；
静言者，反而干胜。

颠倒黑白谏文侯

魏文侯在位时，西门豹负责治理邺都。他严肃法纪，刚正廉明，铁面无私。他不仅把装神弄鬼的大巫小巫投入漳河，祭了河神，还从重惩治了地方上几个贪官污吏。邺都百姓拍手称快，都赞叹他的德政。在他的带领下，人们兴修水利，务农经商，很快使这个荒凉的地区呈现出繁荣昌盛的景象。

西门豹勤政爱民，为官清廉，既不逢迎上司，也不奉承魏国君主，所以虽然政绩显着，却并没有受到魏文侯的赏识。

相反，魏文侯左右的一些大臣因西门豹触及其私党的利益，总想方设法诋毁诬陷他，魏文侯听信了谗言，准备把他招回京城，罢免他的官职。

西门豹拜见国君后，魏文侯当面责备他，大臣也添油加醋地批评他。西门豹却一句怨言也不说，他只请愿道："从前臣才疏学浅，不知该如何治理地方，现在大王和诸位大臣的教诲，使我学会了治理的方法。请您再给我一个机会，换一个地方治理一年，如果还是治理不好，大王可以砍掉我的脑袋以泄民愤。"

魏文侯答应了他的请求。

于是，西门豹到新地方上任后，一改往日清廉，大肆盘剥百姓，弄得地方怨声四起。他又不断地贿赂魏文侯的亲信大臣，让他们在魏文侯面前为自己多说好话。

一年任期届满，他进京晋见国君。魏文侯满面笑容地赞美他治理有方，左右大臣同样交口称颂。

西门豹听了，怒气冲冲地说道："臣以前忠心为大王治理地方，有政绩，深受百姓拥戴，大王却要罢去我的官职。这一年，臣实际上是压榨百姓，欺上瞒下，大王却夸奖赞美我。这不是很愚蠢的行为吗？我不能屈节求荣，愧对百姓！请大王恩准我辞官回家！"

说罢，他当场交上官印，等候发落。

魏文侯这才省悟过来，惭愧地扶起西门豹，说道："寡人如今才明白事情的真相。请你原谅，我保证从今亲贤臣，远小人，任贤用能，就请你继续为我尽心尽力吧。"

【点评】

西门豹劝谏文侯的言辞就是以"佞言"为主。当魏文侯听信谗言时，他便反其道而行之，以表白自己的忠心耿耿。在此西门豹用反证法来表明自己的清廉，并最终使文侯亲贤臣，远小人，足见其用心良苦。

解缙取悦朱元璋

朱元璋当上皇帝以后，忽然心血来潮，要去皇觉寺参习，因为他幼年时曾在皇觉寺做过僧人，想起当年信口所作的几首打油诗，他便想去看看是否还写在墙上。他想重温旧梦，重新体验一下当年的感受。解缙是当时文渊阁侍读大学士，很有才华，所以这样的事少不得要他陪王伴驾。

皇觉寺的方丈听说当年的小沙弥成了如今的圣上，而且还要光临本寺，自然是高兴万分，急忙把庙里里外外打扫得干干净净，之后才开门亲自迎接皇帝。

朱元璋也不说话，只是四处寻找当年所题之诗，但怎么也找不到，就严肃地问方丈："当年我题在寺院墙上的那些诗，现在怎么一首也找不到了？"

方丈一听，顿时吓傻了眼，这才知皇上千里迢迢而来，是为了什么。原来题写的诗早已被擦洗干净了，但又不能如实地回答，急得方丈用手在空中瞎比划，却说不出话来。方丈用眼睛瞅着解缙，希望他能够帮助自己摆脱窘境。

解缙和老和尚原本就是一对文友，空闲之余经常在一起吟诗作对，现在方丈有难，他自然要帮上一把了。

解缙见朱元璋一脸茫然、迷惑不解的样子，就急忙打圆场说："陛下，方丈一见圣上的面，神情紧张，急得连话也说不出来了，他用手比划是在作诗呢，您没看出来吧？"

"什么，有这等事？"朱元璋很有兴致地问，"那他在比划些什么呀？你说给我听听。"

解缙随口答道："圣上题诗不敢留。"

朱元璋忙问道："为什么？"

"诗题壁上鬼神愁。"

朱元璋见自己的诗有这么大的威力，就挥挥手说："那就擦掉得了。"

"掬来法水轻轻洗。"解缙接着说道。

"难道一点痕迹也没留下吗？"朱元璋仍不甘心，仍然对当年的题诗念念不忘。

　　解缙不慌不忙地说："犹有龙光照斗牛。"

　　解缙此话一出，朱元璋开怀大笑。他知道解缙这是在奉承自己，也就作罢，不再继续追究了。

　　还有一次，解缙陪朱元璋在御花园的池塘里钓鱼，解缙对垂钓很在行，一会儿就钓了半篓鱼。而朱元璋戎马出身，钓鱼沉不住气，频频拉钩看有没有鱼，结果一条鱼也没能钓着。

　　朱元璋看解缙一会儿就钓上来一条，非常生气，把钓鱼竿一甩，起身走了。

　　解缙一看这下可坏了，万岁爷一旦动了怒，可不是闹着玩的，所谓"伴君如伴虎"，要是把皇上惹恼了，自己可能就要有麻烦了。为了平息皇上的怒气，他就对着朱元璋的背影吟了一首打油诗：

　　数尺丝纶落水中，

　　金钩一抛影无踪。

　　凡鱼不敢朝天子，

　　万岁君王只钓龙。

　　朱元璋一听，顿时一腔怒气全消，连夸解缙是一个奇才。

【点评】

　　解缙在此运用的就是"谀言"，在面对"私自涂掉皇上笔迹"和"钓技远在皇帝之上"这两件事，他以"拍马屁"的方法，把这两道难题轻而易举地给化解了，这足以表明他灵活多变、机智敏捷，同时说明他善于把握时机，最终让朱元璋转怒为喜。

以竹为喻示子路

　　孔子的学生子路，姓季，名路，字仲由，常常跟随孔子周游列国，负责保护他的安全。子路身材威猛、反应机敏，而且仪表堂堂、风度翩翩，只要子路陪伴在孔子身边，就无形中生出一种震慑人心的力量，即使再凶狠狡猾的坏人也不敢对孔子起什么歹心。在他的保护下，孔子从来没有受过什么伤害。

一天，孔子问守卫在身边的子路："仲由，这么长时间我也没看出你有什么喜好，你到底有些什么嗜好啊？"

子路随口答道："我最喜欢的莫过于佩戴长剑！那样将会为我的形象锦上添花，再没有什么比这更让我开心的了。"

孔子稍稍皱起眉头，似乎有些不满意，接着问："那学习呢？你没有觉得学习是一件快乐的事吗？"

子路茫然地反问："学习？我从来没有觉得那会有多大好处！"

孔子叹一口气，不紧不慢地说："学习和知识的力量是巨大而无形的！你看看，一国之君需要谏臣的辅佐，才能让国家兴盛；普通人需要明事理的朋友提醒自己的过失，才能提升自身；为人处世也需要不断向他人学习，听取别人的意见，才能博采众长。

"真正的君子喜好学习，集思广益，因而足智多谋，做起事来就会顺利；相反那些不善学习的人，自以为是，诋毁仁德，对有学问的人心生抵触，这无异于推着自己往后退。可见，不学习就会落后呀！"

子路耐着性子听完孔子讲述的大道理，等老师一说完，就不以为然地反驳说："我觉得并不是完全这样！您看，南山上的竹子没有人扶植，不也一样长得笔直吗？而且用这种竹子做成的箭，也一样能穿透皮革！可见，很多事情没学习和知识也照样能运行得很好！"

孔子见子路没有信服自己的观点，而且还胡搅蛮缠，觉得又好气又好笑。他接着子路的话说："其他的暂且不说，要是能把竹箭修理一番，装上羽毛，再把它削成尖头，那它的穿透力不就是更大了吗？你说呢？"

子路一时哑口无言，孔子见状，就趁热打铁，说道："看一个人，不能仅仅看外表。有的人金玉其外，但是腹内空空；有的人相貌平平，却满腹珠玑。前者虽然悦目，但却流于俗气；后者赏心，也令人起敬。可见学习对一个人来说是多么重要啊！"

子路心悦诚服地对孔子说："我一定牢记您的教诲！"

【点评】

孔子劝说子路要有好学之心时所用的言辞就是"静言"。当子路反驳竹子做成的箭可穿透皮革时，孔子便抓住这句话的不足之处，以修整过的竹箭威力更大去反驳子路，从而使其理屈词穷，哑口无言，并最终认同了孔子的观点。

迂回说理成己愿

战国时，赵烈侯十分爱好音乐，每天都要欣赏音乐，还经常在全国征集歌伎。有一天，赵烈侯对相国公仲连说："我最喜爱的人，可以让他成为贵人吗？"

公仲连不知何意，就说："大王，使他富起来行，但使他贵起来却不行。"

赵烈侯说："既然这样，那就赏赐给郑国的歌伎枪和石每人各一万亩田吧，他们是我最喜爱的人。"

公仲连很诧异，这么做，众大臣心里会怎么想？但他还是口头答应了赵烈侯，实际上并未执行。

过了一个月，赵烈侯向公仲连问起赏赐田地的事，公仲连推辞说正在寻找合适的田地，目前还没有找到。

又过了一个月，赵烈侯又问起此事。公仲连始终认为这样做不妥，几番搪塞之后，他索性声称自己有病，不去上朝。

番吾君听说这件事，对他说："您的用心我非常明白，只是您的方法不妥当。您有没有想过向国君推荐一些合适的人才呢？"

公仲连说没有找到。于是番吾君说："牛畜、荀欣、徐越这三个人都很好，他们各有特长，名声也非常好"。

公仲连就把他们推荐给了赵烈侯。等到再次朝见时，赵烈侯又问公仲连："给歌伎赐田的事究竟办得如何？是不是拖的太久了？"

公仲连回答道："这不是小事，应当慎重，臣正在选择满意的地方"。

公仲连推荐的三个人也开始为这事婉转地做赵烈侯的工作。牛畜在赵烈侯身边侍候，他总是说仁义、道德的重要性，赵烈侯听后觉得十分有道理。第二天，荀欣又说了一套推举贤士、任用能人的话语，赵烈侯听了非常喜悦。第三天，徐越又劝赵烈侯要勤俭省用、赏赐适当，赵烈侯听了很高兴。

当又一次上朝时，赵烈侯对公仲连说："赏赐田地的事暂时停止吧。"说完，他又任命牛畜担任师职，荀欣担任中尉，徐越担任内史，并赏赐相国公仲连两套衣服。

劝谏时的言辞也可以多种并用，公仲连在此劝谏赵烈侯时便做到了这一点。开始以"侫言"对赵烈侯下达的命令进行"冷处理"，拖延不办。接着选拔贤士，一齐向赵烈侯进谏，其中也必定有"谀言""戚言"等。所谓"三人成虎"，小人们惯于散布谣言，君子也可依靠多种言辞达成己愿。

古人有言曰："口可以食，不可以言"，
言者有讳忌也；
"众口铄金"，言有曲故也。

【史例解读】

恃才放旷遭杀身

三国时期，曹操手下有位才子，名叫杨修。他不仅才华出众，而且反应机敏，聪颖过人。最初，曹操非常看重他。不过，杨修一向恃才傲物，锋芒太露，不但使曹操渐渐生出反感，而且最终引来杀身之祸。

杨修善于揣摩曹操的心思。有一次，曹操命人新修了一座花园，修好后他带人来参观。曹操觉得很满意，只是临走时在花园门上写了一个"活"字。等曹操走后，杨修对修园人说："主公嫌花园的门太宽阔了，请你把它改窄点。"

修园人不解其意，杨修便说："你没看见主公刚才在门上写的'活'字吗？门与'活'合在一起，正是一个'阔'字。这就是告诉你们，花园的门太宽了，必须改小。"众人听了，都说有道理。于是，修园人按照杨修所说的去办。过了几天，曹操再次来参观时，发现花园门改小了，连连称好。

又有一次，有人送曹操一盒酥饼。曹操在饼盒上写了"一合酥"三个字，便放在桌子上。恰巧杨修进来看见了，便把大家叫来，想分吃酥饼。

可是，这盒酥饼是送给曹操的，谁敢轻易品尝？看到人们迟疑不动，杨修就说："主公在盒子上面写了'一合酥'三字，分开来念就是'一人一口酥'。所以你们尽管放心吃好了，出了事由我来承担。"

大家觉得他说得对，便纷纷上前将酥饼一抢而光。曹操知道此事后，虽然没说什么，但心里却对杨修的自作主张有些反感。

后来曹操率军攻打刘备，在定军山大败。曹操感到进退两难，但却不愿轻易撤兵。一天晚上，大将夏侯惇走进帐来，向曹操询问当晚夜巡的口令。曹操正在吃饭，手中拿着一块鸡肉，就随口说了"鸡肋"二字。

夏侯惇出帐后，就把这个口令告诉了夜巡的将士。杨修听到后，便吩咐手下人赶快收拾行囊，准备撤退。有士兵把此事报告了夏侯惇，他有些迷惑，赶忙问杨修。

杨修说："鸡肋，鸡肋，食之无味，弃之可惜！主公是不想在此恋战了，他虽然没有直接说出来，但心里已经准备要班师回朝了。"

夏侯惇早有耳闻，对他的话深信不疑。回到帐中后，他也命令手下人收拾物品为撤军做准备，并派人通知了其他将士。

有人很快将这一消息报告给曹操。曹操一听，不禁勃然大怒，他早就对杨修的恃才之举有厌恶之心，立刻命人以蛊惑军心为由将他斩首。

【点评】

"口可以食，不可以言"，是说口可以用来吃东西，却不可以用来随便说话，这是因为说话有很多忌讳。这提醒谋士应该注意隐藏自己的才干，而不是自作聪明，这样才能保证成就事业而无祸患。杨修之死，正是由于锋芒太露的缘故，处处显示自己比主人高，必定会导致祸患的降临。

一个人若要获得别人的赏识和器重，就不能个性孤僻，独守一隅，而要敢于表现自己的才华。不过，在表现自己时仅有胆量是不行的，更重要的是必须把握好表现的时机。过分张扬，锋芒太露，不会有好结果。如果给人以自以为是、爱出风头的感觉，必将招致他人的反感。

三人成虎危害大

三人成虎的典故出自《战国策·庞葱与太子质于邯郸》一章。

战国时期，魏王和赵王订好条约，魏王送儿子去赵国作人质，派大夫庞葱陪同。

临行时，庞葱向魏王提出一个问题，他说："如果有一个人对您说，我看见闹市熙熙攘攘的人群中有一只老虎，君王相信吗？"

魏王说："我当然不信。"

庞葱又问："如果是两个人对您这样说呢？"

魏王说："那我就半信半疑了。"

庞葱紧接着追问了一句："如果有三个人都说亲眼看见了闹市中的老虎，君王是否还不相信？"

魏王说道："既然这么多人都说看见了老虎，那证明肯定确有其事，所以我不能不信了。"

庞葱听了这话以后，深有感触地说："果然不出我的所料，问题就出在这里。事实上，人虎相怕，各占几分。具体地说，某一次究竟是人怕虎还是虎怕人，要根据力量对比来论。众所周知，一只老虎是决不敢闯入闹市之中的。如今君王不顾及情理，不深入调查，只凭三人说有虎来到闹市，就确认无疑，要是等我到了比闹市还远的赵国，您要是听见三个或更多不喜欢我的人说我的坏话，岂不是要断定我是坏人吗？临别之前，我向您说出这点疑虑，希望君王一定不要轻信人言。"

庞葱走后，一些平时对他心怀不满的人开始在魏王面前说他的坏话。时间一长，魏王果然听信了这些谗言。当庞葱从邯郸回魏国时，魏王再也不愿意召见他了。可见，"众口"的力量是多么大啊！

【点评】

"'众口铄金'，言有曲故也"，原意是说由于语言的偏差和曲解，众口一致的言辞可以把金属熔化。如此看来，妖言惑众，流言蜚语多了，确实能够毁掉一个人。随声附和的人一多，白的也会被说成黑的，真的也会被说成假的，真可谓"众口铄金"。所以我们对待任何事情都要有自己的分析，最好不要轻信于人，更不可人云亦云，否则就可能会被假象所迷惑。

【现代活用】

赤玉酒"先声夺人"

1899年，岛井信治朗正值20岁，开始了独立创业。他最先从事葡萄酒的制造。他希望能制造出真正合日本人口味的甜酒，经过不断研究，终于成功地制造出赤玉葡萄酒。

葡萄酒有一个很时髦的名字，它不同于一般日本名字的酒——如蜂香鼠葡萄酒，而是以英文命名，这在当时来说可以算是较为特殊的命名方式。

除此之外，信治朗为了促销，真可谓是花招百出。例如他在报上刊登广告，甚至于每天晚上骑着脚踏车到卖酒的店中询问："请问你们这里有没有Portwine（赤玉）葡萄酒？"

"赤玉？没有啊！"

"哦，真可惜！那种酒实在很好喝，等你们进了货，我再来吧！"

他就这样一遍又一遍，一家又一家地做着宣传，无畏寒暑、不怕困难。夏天，信治朗就准备30个两米长的灯笼，上面印有"Portwine赤玉"的字样，雇人背着它到处走动打广告。

还有，当时的艺妓为了避免提到"月经"二字，通常说"太阳旗"来代替，信治朗便给了她们些小费，希望她们以后改用"赤玉"来代替。

有火情时，他会派人提着印有"赤玉"的灯笼立即赶到火灾现场，展开宣传活动。

此后，公司得到飞跃性发展，大量地出产赤玉酒。此时，他又创立了"赤玉歌剧团"，足迹遍全国，表演方式极为特殊，同时将印有以团员为模特儿的海报，分送到各地。这个方式标新立异，收到很好的效果。大家争要海报，使赤玉声名大噪。

信治朗让赤玉葡萄酒的经营步入正轨后，又开始制造威士忌酒，同样取得了很好的业绩。

广告是宣传企业、宣传产品的重要手段。信治朗深知广告的重要性，他创造出各种各样的广告方式。当然"赤玉"成功的先决条件是品质好，这样奇招宣传才可以奏效。

显然，信治朗这些"先声夺人"的招数有了效果，"赤玉"的知名度大大提高了，信治朗也取得了丰硕的成果。

【点评】

众口铄金之计的本质是无中生有："无"是迷惑对手的假象，"有"则是假象掩盖下的真实企图，此计在激烈的市场竞争中常常被采用，让对手以假为真，出其不意地实现自己的真正目的。

智者不用其所短，而用愚人之所长；
不用其所拙，而用愚人之所工，故不困也。

【史例解读】

巧借物力尽其用

曹操为了测验臣下的智慧，让他们设法称一下一头大象的重量。臣下有说造一杆大秤的，有说零割了分头称后加起来的，曹操摇头皱眉。这时，年幼的曹冲献上一计，使曹操眉开眼笑。于是曹操依曹冲之计，命人将大象牵到一只船上，记下吃水深度，然后牵下象来，装上石头至同样的吃水度，再把石头一块一块地称重后加起来，便得出了大象的实际重量。这种巧借物力的计谋确实令人叫绝，没有灵活的头脑是难以设计出来的。

宋神宗熙宁年间，也发生了一个类似的巧借物力的故事。

某年，在睢阳（今河南商丘南）境内开挖汴堤冲积淤田。可是由于上游连日大雨，汴水暴涨，大水骤至，堤坝开口处发生了连锁反应，把汴堤冲垮了一大段。河水越来越汹涌，决口越来越大，眼看要发生灾难了。前来指挥堵堤的都水丞侯叔献心中十分着急。他发现上游几十里处有一座废弃的古城，于是灵机一动，马上派人在古城处扒开汴堤，汴水顺势向古城中冲去。下游水势减缓后，侯叔献命人抓紧时机堵堤加固。第二天，古城灌满之后，汴水又向下流奔涌，可这时缺口已补好加固完毕。侯叔献又命人来堵古城处扒开的口子，由于口子内外水位一样高，很容易就修好了。把废弃不用的古城借为泄洪区，开创了治水史上分洪抢险的先例。

巧借人力、巧用物力的"取长补短术"，有时往往表现为统筹学问题。宋真宗年间，京都（今河南开封）皇宫着火被毁，需重新建设、修葺。右谏议大夫、权三司使丁谓负责此事。皇上限期紧，而挖土烧砖瓦、运送材料都需要花费大量人力、物力，会拖延工期。怎么办？他依据《鬼谷子》的"取长补短术"，设计了一套三连环的"取补"方案。他先命人将通往皇宫的大街挖成河沟，把土取出来烧砖烧瓦，又命人把官堤挖开，将汴水注入这条沟中，编起木筏来运送砖瓦木石等建筑材料。等皇宫建完，他命人排干大沟的水，将建筑垃圾和旧宫室垃圾统统运入沟中填平，又修成街道。这样，不但节省了大量人力、物力，还提前完成了任务。

【点评】

依据"取长补短术"，在处世中除了要借助别人之力外，还可以借助物力。智者所做，往往是物尽其用，让手中的"物"发挥它的最大作用。

"削肩胖脸"修铜像

南北朝时，刘宋的某位太子笃信佛教，便命工匠在自己舍身的瓦官寺（今江苏南京城外）铸造一尊高一丈六尺的佛像。

工匠们费了好多时日，终于将大铜佛铸造出来了。可是立起来一看，他们才发现佛脸铸得瘦了些。怎么办？脸是佛像的最关键部位，重新铸吧，时间来不及了；修补吧，脸上耳目口鼻俱全，皆有比例，牵一发而动全身，怎么修补呢？工匠们愁得吃不下饭。

有人出主意说，有位叫戴仲若的隐士，才智超群，善出奇招，可请他来出出主意。

戴仲若被请到瓦官寺，端详了一会儿，说："铜像的脸其实并不瘦，而是肩胛肥大了些。"他建议将铜像的肩胛削减一部分。照他的话处理后，铜佛的脸看上去果然不显瘦了。

【点评】

欲掌握"取长补短术"，理解其精髓，就要用辩证观点去认识问题、研究问题、解决问题。在这里，智者戴仲若并没费太多力气，只是依据比例关系进行指点，发挥工匠之长"技"而收到奇效。

【现代活用】

"玩具王国"假"外脑"

"香港环球玩具集团"能从一个小作坊发展到如今的跨国公司，和集团主席叶仲午推行的独特战略是分不开的。

叶仲午在创业时资本仅有一万美金，那是20世纪60年代中期的事。他租借了14架缝纫机，雇用了十几个人，缝制洋娃娃小衬衫。那时只根据客户的订货单生产，一手交货，一手取款，周转迅速顺利，第一年底就积累了20万美金。两年后，叶仲午成立了环球机制有限公司，开始制造锌合金玩具。接着他又在台湾设立东圆木业有限公司，制造木制玩具，后来又开发了塑胶玩具产品。这是环球发展的第一阶段。

叶仲午的玩具事业能够顺利发展，是因为他能认真研究儿童的心理和生理，不断开发有时代气息的新潮玩具。同时，他又将安全放在第一位。为了确保儿童身心健康，他不惜工本，在厂里设立安全检测站，按国际玩具安全标准，对玩具进行严格的安全测试。由于"环球"的玩具安全可靠，从未出过事，所以深受儿童和家长的信任。

"环球"发展的第二阶段是向国际市场进军。在这一阶段，叶仲午最了不起的壮举是收购英国"火柴盒"玩具公司。这家公司已有39年历史，"火柴盒"的玩具举世闻名，原有的销售网络遍及欧美各国。叶仲午收购这家公司后，利用它的名牌和原有销售网推销本厂玩具，在这一阶段，叶仲午还收购了美国的两家玩具公司，利用那些公司的技术和设备，设计制造了外星球太空人、卡通人物等玩具，并就地取材，既降低了成本，又提高了质量。环球逐渐成为从设计、制造到销售一条龙的大型全能的玩具公司。

环球公司发展的第三阶段是成为全世界生产锌合金玩具最大的公司之一，在欧美、日本、澳大利亚等二十多个国家都有工厂和销售机构，成为世界性大工厂。1984年，环球集团的股票涌入纽约证券交易所，这是第一家在美国上市的香港公司，第一天，环球股票每股就升值2美金，"环球"公司确实成了"玩具王国"，叶仲午也成为一个传奇式的人物。

【点评】

"玩具王国"集团主席叶仲午重视借助"外脑"的作用，多方面聘请专家、学者，共商企业战略。在市场竞争中采取的战术是你无我有、你有我优、你优我廉、你廉我转。由于他能在每个环节上及时观察世界玩具的流行趋势，把设计和制造紧跟上去，所以总是能够出奇制胜。当公司发展到一定规模时，他能及时地跨越国界，进行探索、设计、开发和制造产品，并在那里取得原材料，从而争取到优势，打开国际市场。

阿姆卡"远交近攻"

高科技的迅速发展对电气材料不断提出新的要求，大量的新材料应运而生。制造节能变压器铁芯的新型低铁矽钢片就是其中一种。

最初，美国电气行业执牛耳者的美国通用电气公司和西屋电气公司，以及实力不很强的阿姆卡公司都在研制新型低铁矽钢片，结果却被阿姆卡公司拔了头筹。

这正是阿姆卡公司"远交近攻"的结果。阿姆卡公司十分重视信息情报工作，在研制超低铁省电矽的钢片过程中，发现"通用"和"西屋"也在从事同类产品的研制。远在地球另一端的日本钢厂也有此意，而且准备采用最先进的激光囊处理技术。

阿姆卡公司分析形势后认为，以自己的实力继续独立研制，极可能落在"通用"和"西屋"之后，风险极大。若要走合作研制之路，就必须选择合作者。

与"通用"或"西屋"联手，是"近亲联姻"，未必有利于加快研制过程，再者将来只得与之分享美国市场，还得考虑崛起的日本钢厂。

与日本钢厂并肩合作，是"远亲杂交"，生命力旺盛，研制过程自然会加快，而且将来的市场也可以以太平洋为界。

阿姆卡的公司选择了日本钢厂为合作者，结果比预定计划提前半年研制成功。

阿姆卡的"远交近攻"战胜了"通用"和"西屋"两大强劲对手。

【点评】

"智者不用其所短，而用愚人之所长。"所谓智者和愚者的划分，并非绝对的，并非说智者所有方面都会超过、优于愚者。只有认识到这一点，才能在做事时去发现别人的优点和长处，借以为自己成事。

> 故与智者言，依于博；与博者言，依于辨；
> 与辨者言，依于要；与贵者言，依于势；
> 与富者言，依于高；与贫者言，依于利；
> 与贱者言，依于谦；与勇者言，依于敢；

与过者言，依于锐。

毛遂自荐显才能

公元前259年，秦军大举进攻赵国，不到一个月，就兵临赵都邯郸城下。经过长平之战，赵国变得虚弱，此时，外无援兵，内乏粮草，面临亡国的危险。邯郸城内人心惶惶。

赵王派公子平原君到楚国搬兵救赵。平原君接到赵王命令，立即召集门客说："赵国危在旦夕，赵王令我出使楚国求援，我欲带20位智勇双全、文武兼备的人一同完成这一重要使命。"说完，他就开始挑选同行的门客。挑来挑去，总共挑出了19个人，还差一个人，却怎么也挑不出合适的人选了。

平原君为难起来，正在这时，从未被选中的人群中站出一个人来。此人其貌不扬，平时很少言语。他走到平原君跟前，说："公子若实在找不出合适人选，在下不才，愿滥竽充数，随公子前往。"

因为门客众多，平原君不能一一认出，问道："你是谁，我以前怎不曾见过你？"

"在下是毛遂。"那人回答。

平原君实在没什么印象，就问："你来到我门下多久了？"

毛遂回答说："3年多了吧。"

平原君盯着毛遂看了看，摇了摇头说："锥子放在布袋里，很快就会露出锋芒。你在我门下待了这么长时间，我怎么从未听说过你呢？这次去楚国，责任重大，关系赵国的存亡，你既然无突出才能，还是留下看家吧！"

毛遂镇静地说："我虽然在公子门下3年多，但公子从未把我放到您的布袋里。若公子把我放到布袋里，我早就脱颖而出了。"

平原君觉得毛遂态度坚决，又没有其他人选，就对他说："好吧，请你跟我们一起去楚国吧。"其他门客都相视而笑，认为毛遂不会有什么本事。

平原君等人简单收拾了一下行装就上路了。一路上，平时少言寡语的毛遂侃侃而谈，纵论滔滔，天文地理，列国形势，无所不知，令同行的人刮目相看。

到了楚国，平原君只身前往楚王宫，面见楚王，20位门客都留在客栈等候消息。

平原君见了楚王，历陈赵国的危急形势和楚国救赵的利害关系。可楚王心不在焉，表面应付，迟迟不明确表态是出兵还是不出兵。谈判从早晨一直谈到黄昏，仍未取得实质性进展。

门客们等得有点心急，便怂恿毛遂去了解一下谈判情况。

毛遂来到王宫，径直来到平原君跟前，气呼呼地说："赵楚两国联合抗秦的事，用不了两句话就可以谈完，公子却从早晨谈到黄昏，是何道理？"

楚王见来了个毛头小子，便问平原君："这个人是谁呀？"

平原君赶忙起身答道："此乃臣的门客毛遂。"

楚王一听，勃然大怒，呵斥道："大胆狂徒，寡人正与你家主人谈论军国大事，你闯进来想干什么？还不赶快退下！"

平原君连忙扯住毛遂，叫他离开宫殿，以免招惹事端。

毛遂用力挣脱平原君，一个箭步跳到楚王面前，一手按住佩剑，两眼直盯着楚王说："大王敢对我大声呵斥，不过是仰仗楚国兵多将广。可现在，大王的性命就操在我手里，即使大王有雄兵百万也是远水不解近渴。我家主人在此，请大王放尊重些！"

楚王被毛遂的举动吓得大气不敢喘，抖着身子只盯着毛遂按剑的手。

毛遂向四周扫了一眼，见楚王的卫兵都掣剑在手，气氛紧张得让人透不过气来。毛遂面无惧色，继续说道："当年，商汤以七十里之地而王天下；文王也不过百里地盘，却能号令诸侯。夺取天下不在将士多寡，而在于能顺应形势，壮大声威。今楚国拥有方圆五千里的辽阔疆域，上百万的铁甲雄兵，称霸天下，无可匹敌。可秦国只凭一个区区白起，几万人马，竟一战攻克鄢、郢，再战火烧夷陵，三战羞辱大王的先人，这种万世的怨仇，连赵国都为楚国感到耻辱，难道大王就不知道羞愧吗？今天，我家主人奉赵王之命，不畏艰险，千里迢迢来到楚国，与大王合纵结盟，共同抗击秦国。大王不但不思报仇雪恨，反而推诿再三，慢待来使，当着我家主人的面呵斥我，真是岂有此理！"

楚王被毛遂一席话说得面红耳赤，羞愧难当，态度骤然变化，对毛遂客客气气地说："先生所言一针见血，寡人一时糊涂，险些错失良机。今日愿从先生，共同抗秦。"

毛遂紧追不舍，问道："大王一言既出，驷马难追，合纵之事就这么定了？"

楚王说："确定无疑，决不反悔！"

毛遂当即招呼楚王左右："请取鸡、狗、马血来！"

不一会儿，侍者拿来血和祭器。毛遂双手将马血捧给楚王，说："请大王先饮。"

楚王舔了一口，毛遂又将狗血递给平原君喝，然后自己把鸡血一饮而尽。众人高呼，盟誓完毕。

平原君等人辞别楚王，回国复命。楚国之行，平原君感慨颇多，从此他不但把毛遂待为上宾，而且对身边的人说："天下才士，我见过成百上千，可从未见过像毛先生这样胆识过人的人。毛先生不鸣则已，一鸣惊人，他的三寸舌头，真可以抵得上几十万大军啊！"此后每逢大事，平原君都虚心向毛遂求教。毛遂也因此次使楚一举成名，此后深得平原君器重。

【点评】

毛遂自荐的故事，众人皆知。他在自荐的过程中针对平原君采用的是"与富者言，依于高"的言辞，在气势上压倒了平原君。在说服楚王的过程中，毛遂又采用了"与勇者言，依于敢"的言辞，所谓狭路相逢勇者胜，毛遂又压倒了楚王，迫使他答应了合纵抗秦。针对不同的对象采用不同的方法，正是毛遂成功的原因。

庄子论剑谏文王

战国时赵惠文王（公元前298—前266年）非常喜好剑术，甚至达到了痴迷的地步。他的王宫内供养有300多名剑客，这些剑客经常在他面前表演击剑，一年下来，剑客死伤的就有100多人。

赵惠文王没有认识到自己的这些过错，还依旧命令剑客相互争斗，以取悦自己。又过了数年，剑客的死伤更是不计其数。

正是由于赵惠文王沉迷于剑术，而荒废了国事，使赵国一天天衰落下去。

其他的诸侯国见到赵国的衰落，觉得有机可乘，便想趁机吞并它。

太子悝见赵国如此，便召集左右的人说："有谁能够说服国王，使他停止观看击剑，我便赏赐他千金。"

左右亲信异口同声对太子悝说："庄子可以使国王命令剑客停止击剑。"

太子悝久闻庄子之名，又见左右一致推荐庄子，可谓英雄所见略同，便派人带着千金去请庄子。

庄子辞金不受，和使者一起来到赵国。

太子喜不自胜，亲自出门迎接，以上宾之礼接待他。

庄子对太子说："太子有什么事指教于我呢？"

太子回答说："听说先生睿智聪明，才奉送千金。先生却不肯接受，我怎么敢说您呢？"

庄子说："听说太子请我的目的，就是想让我劝国王放弃他的喜好。假使我向上劝谏大王，违背了大王，不能成功，下又不能迎合太子的旨意，就会被处死，那么要千金有什么用呢？如果我上能说服大王，下能迎合太子，那时我要求什么，还有什么不能得到呢？"

太子见庄子这么说，也就不再提起奉送千金的事了，于是便对庄子说："大王所接见的，都是剑客，你怎么才能够见到大王呢？"

庄子回答说："我扮作剑客就可以了，因为我也会用剑。"

太子说："国王所接见的剑客，都是帽子低垂，冠缨粗实，蓬头垢面，穿着短小的衣服，怒目圆睁，出口相互谩骂，这样国王才喜欢。如果您穿着一身儒服去见国王，恐怕不太妥当吧。"

庄子便对太子说："请您准备好剑客的服装。"

太子准备好服装，庄子穿上后，便同太子一起去宫内见惠文王，国王拔出宝剑来等待着庄子。

庄子昂首挺胸，走进殿门，见到惠文王并不下拜。

惠文王问道："你有什么话可以指教我？"

庄子说："我听说大王喜欢剑客，所以以剑术来与大王切磋。"

惠文王说："你的剑法有何独到之处，怎样能够制服对手？"

庄子说："我的剑法，十步以内便可击败对手，横行千里都不会受到阻拦。"

惠文王听了，高兴地说："这么说来，您是天下无敌了。"

庄子说："用剑的方法应先示以虚空，给人以可乘之机，而后抢先出手，制服对方。请大王允许我试一试。"

惠文王说："请先生先到馆舍休息，等我安排好击剑比赛，再来请先生。"

惠文王让选出的剑客持剑侍立于殿下，又派人请来庄子。

惠文王对庄子说："今天准备请您和剑客对剑。"

庄子回答说："我已经盼望很久了。"

惠文王问道："先生所用何剑？长短怎么样？"

庄子说："我长剑、短剑都可以用。我有三种剑，任凭大王选用，请大王听我说完，然后再试剑也不迟。"

惠文王说道："那你就先介绍一下三种剑吧。"

庄子回答说："我的三种剑，乃是天子之剑、诸侯之剑、庶人之剑。"

惠文王问道："天子之剑是怎么回事？"

庄子说："天子之剑，以燕国的燕羚石城作为剑端，齐国的泰山作为剑刃，晋国、卫国作为剑背，周国、宋国作为剑口，韩国、魏国作为剑把；以四夷包裹，以四时相围，以渤海环绕，以恒山为系带，以五行相制，以刑德来判断，以阴阳为开合，以春夏来扶持，以秋冬来运作。这种剑，直之无前，举之无上，案之无下，上可决断浮云，下可绝断地维。这种剑一旦使用，便可以匡正诸侯，降服天下，这就是天子之剑。"

惠文王听了，茫然失意，神情呆滞，问道："诸侯之剑，是怎么回事？"

庄子说："诸侯之剑，以智勇之士作为剑端，以清廉之士作为剑刃，以贤良之士作为剑背，以忠贤之士作为剑口，以豪杰之士作为剑把。这种剑，直之亦无前，举之亦无上，案之亦无下，运之亦无旁，上效圆天以顺应日、月、星三光，下效方地以顺应四时，中央和睦民意以安顿四乡。此剑一用，如雷霆般震撼四方，四境之内，无不臣服而听奉于王命，这就是诸侯之剑"。

惠文王听了，又沉思了良久，接着问道："庶人之剑，又是怎么回事？"

庄子回答说："庶人之剑，低垂帽子，冠缨粗实，蓬头垢面，穿着短小的上衣，怒目相视，相互谩骂。然后，你来我往，争斗不已，上斩颈项，下刺肝肺。这就是庶人之剑，就与斗鸡相似，一旦丧命，对国家没有任何好处。如今，大王拥有天子之位，却偏偏喜好庶人之剑，连我都替大王感到不值得。"

惠文王听罢，恍然大悟，亲自牵着庄子的手步入殿堂，向庄子表示敬意。庄子对惠文王说："大王请休息吧，关于三种剑我已经叙述完了。"

从此以后，赵惠文王再也没有出宫观看过斗剑。

【点评】

　　庄子在此用到了"与智者言，依于博"和"与过者言，依于锐"两种言辞。赵惠文王不是一个昏君，他能从庄子的话中听出三种剑指的是什么。当他明白话中另有乾坤后，毅然决然地放弃了那些曾经喜好的剑客，重新理政，实在难能可贵。这与庄子雄辩的口才是分不开的。

鬼谷子全集

谋术

　　"谋"与"权"相连系，意思是施展谋略计策，其主旨是针对不同的人或事去使用计谋，以达到自己的目的。即通常所说的"运筹帷幄之中，决胜于千里之外"。权篇更多地停留在分析总结阶段，可以说是事前的思考与准备，而本篇谋术则是计谋的实施阶段，讲述了有关计谋的产生、使用和特点，说明如何献计献策和利用他人交友的问题。

　　总之，在谋略的运用中，除了掌握技巧方法外，还应懂得公开运用不如暗中实施、遵循常理不如出奇制胜，因为谋的目的在于控制游说对象，而不是受制于人，使人在出乎意料、不知不觉中便达到了自己的目的，这才是运用智谋的高明之处。

【原文】

凡谋有道，必得其所因，以求其情①。审得其情，乃立三仪②。三仪者，曰上，曰中，曰下。参以立焉，以生奇③。奇不知其所壅，始于古之所从④。故郑人之取玉也，载司南之车，为其不惑也⑤。夫度材、量能、揣情者，亦事之司南也⑥。故同情而相亲者，其俱成者也；同欲而相疏者，其偏害者也⑦；同恶而相亲者，其俱害者也；同恶而相疏者，偏害者也⑧。故相益则亲，相损则疏，其数行也⑨。此所以察同异之分，其类一也⑩。故墙坏于其隙，木毁于其节，斯盖其分也⑪。故变生事，事生谋，谋生计，计生议，议生说，说生进，进生退，退生制，因以制于事，故百事一道，而百度一数也⑫。

【注释】

①得其所因：了解有关事物的因果联系。以求其情：以此来弄清事情的实情。②仪：法度、准则。③参以立焉，以生奇：陶弘景注曰："言审情之术，必立上智、中才、下愚。三者参以验之，然后奇计可得而生。"④奇不知其所壅，始于古之所从：陶弘景注曰："奇计既生，莫不通达，故不知其所壅蔽。然此奇计非自今也，乃始于古之顺道而动者，盖从于顺也"。壅，通"雍"，壅塞。从，从事，实践。⑤取玉：挖掘玉石。司南：即指南针，古代用来判断方向的仪器。惑：迷惑。⑥事之司南：办事能否成功的"指南针"。⑦偏害：其中一方受害。⑧同恶而相亲者，其俱害者也。同恶而相疏者，偏害者也：陶弘景注曰："同恶，谓同为彼所恶，后若俱害，情必相亲；若乃一全一害，后必相疏，亦理之常也。"⑨其数行也：这是规律在发挥作用。⑩其类一也：同类事物道理是一样的。⑪故墙坏于隙，木毁于其节，斯盖其分也：陶弘景注曰："墙木毁由于隙节，况于人事之发生于同异，故曰斯盖其分"。⑫故百事一道，而百度一数也：各种事情、各种制度的根本道理都是一样的。

【译文】

大凡为人出谋划策都要有一定方法，也就是必然要得到事情的因果关系，进而才能探索出对方的实情。假如能详细审察实情，就可以设计上、中、下三种计策，然后进行分析比较，相互吸收互补，这样就能产生奇计。设计出奇计之后，就能无往而不胜了。而奇计并不是现在所拥有的，而是始于古人的实践。所以郑国人入山采玉，都是驾着有指南针的车去，目的是为了防止迷路。度才、量能、揣情等等，也就等同于做事时的指南针。所以凡是观念相同而又很亲密的人，必然能够获得成功；如果双方欲望相同但却互相疏远，必定会有一方受到损害。假如双方有相同的憎恶或仇恨，且相互亲近，那么这样必然会对双方都有害；假如双方有共同的憎恶，却互相疏远，那么只有其中一方会受到伤害。所以假如能互相有利就要亲近，反之，假如互相有害就要疏远。所以，要看到双方的异同。墙壁都是从有裂痕的地方崩毁，而树木都是从有节的地方折断，这就是事情发生变的地方。因此新事物、新情况都是由旧事物发展变化而产生的，所以才需要进行谋略，要进行谋略才需要计划，有了计划就会有议论产生，有了议论才会进行游说，游说是为了让事情按照计划来进行，事情按计划发展的同时，还要想好退路，退路也想好了就可以进行有效控制了，可见万事万物都有同样的道理，各种权术也都有一定的法则。

【原文】

夫仁人轻货，不可诱以利，可使出费①；勇士轻难，不可惧以患，可使据危②；智者达于数，明于理，不可欺以不诚，可示以道理，可使立功，是三才也③。故愚者易蔽也，不肖者易惧也，贪者易诱也，是因事而裁之④。故为强者，积于弱也；为直者，积于曲也⑤；有余者，积于不足也。此其道术行也⑥。

故外亲而内疏者说内，内亲而外疏者说外⑦。故因其疑以变之，因其见以然之⑧，因其说以要之⑨，因其势以成之，因其恶以权之，因其患以斥之⑩。摩而恐之，高而动之⑪，微而证之⑫，符而应之⑬，拥而塞之，乱而惑之⑭，是谓计谋。计谋之用，公不如私⑮，私不如结，结而无隙者也⑯。正不如奇，奇流而不止者也⑰。故说人主者，必与之言奇；说人臣者，必与之言私⑱。

【注释】

①费：经费，财物。②据危：据守危险之地。③三才：古以天、地、人为"三才"，这里指仁人、勇士、智者。④裁：裁夺，判断。⑤为直者，积于曲也：此为比喻句，要得到平直的木料，必须要削去弯曲的部分。⑥行：运行，体现。⑦说内：从内心入手游说。说外：从外表入手游说。⑧因其疑以变之：对于抱有疑惑的人，要利用他的狐疑使他改变。因其见以然之：假如对方有过人之处，就要赞美他的优点。⑨因其说以要之：根据对方的言辞来归纳游说要点。⑩权：谋划。⑪摩而恐之：用"摩"术去恐吓他。⑫微而证之：巧妙地引用证据来证明。微，悄悄。⑬符而应之：设符验印证。⑭拥而塞之，乱而惑之：雍塞、蒙蔽对方，扰乱他的思路，使之迷惑。⑮公不如私：公开策划的，不如私下策

划的。⑯结：交结。隙：空隙。⑰奇流而不止者也：奇策实行起来就像流水一样，无法阻止。⑱人主：君主。人臣：臣下。陶弘景释曰："与人主言奇，则非常之功可立；与人臣言私，则保身之道可全。"

【译文】

一个有仁德之心的君子，自然会轻视财货，所以不能以利益来引诱他，但可以让他们捐出财物；一个勇敢的壮士，自然不惧危难，所以不能用祸患来恐吓他，但可以让他们据守危险之地；一个有智慧的人，自然通达事理，所以不能用不诚实的言行相欺骗，但可以向他们说明道理，让他们去建功立业。这是三种有才干的人，要使其各得其所。所以愚笨的人容易被蒙蔽，品行不端的人容易被恐吓，贪婪的人容易被利诱，所有这些都要根据具体情况加以裁断。所以，强大是由弱小一步步发展而来的，平直的东西是从弯曲中积累而成的，有余也是从不足开始不断积累而成的。这就是道术的一种具体表现。

所以表面亲密而实际疏远的人就要从对方内心着手去游说，表面疏远而实际亲密的人就从外表去游说。因而，对于抱有疑惑的人，就要根据对方的疑惑来进行改变，假如对方有过人之处，就要肯定他的优点，要顺着对方的观点来应和他，根据对方的说辞来归纳游说的要点，要根据对方的形势来成全他，根据对方厌恶的东西来进行谋划，根据对方的忧患设法来排斥。用"摩"的方法使对方感到害怕，不断激励赞美以策动对方，巧妙地引用证据来证明，符瑞之后加以验证，蒙蔽对方，扰乱他的思路，使之混乱迷惑，这都叫作"计谋"。说到计谋的运用，公开不如保密，保密不如团结一致，因为团结起来就会亲密无间。正规策略不如奇策，而奇策实行起来就像流水一样，无法阻止。所以向人君游说，必须先跟他谈论奇策；同理向人臣游说时，必须先跟他谈私交，关注他的切身利益。

【原文】

其身内、其言外者，疏；其身外、其言内者，危①。无以人之近所不欲②而强之于人；无以人之所不知，而教之于人。人之有好也，学而顺之；人之有恶也③，避而讳之。故阴道而阳取之也④。故去之者纵之，纵之者乘之⑤。貌者不美，又不恶，故至情托焉⑥。可知者，可用也；不可知者，谋者所不用也。

故曰："事贵制人，而不贵见制于人⑦。"制人者，握权也；见制于人者，制命也⑧。故圣人之道阴，愚人之道阳⑨。智者事易⑩，而不智者事难。以此观之，亡不可以为存，而危不可以为安，然而无为而贵智矣⑪；智用于众人之所不能知，而能用于众人之所不能见⑫。既用见可否⑬，择事而为之，所以自为也⑭；见不可，择事而为之，所以为人也。故先王之道阴，言有之曰："天地之化，在高与深，圣人之道，在隐与匿。非独忠信仁义也，中正而已矣⑮。"道理达于此义者，则可与言。由能得此，则可与毂远近之义。

【注释】

①其身内、其言外者一句：陶弘景注曰："身在内，而言外泄者，必见疏也；身居外，而言深切者，必见危也。"②无：通"毋"，不要。所不欲：所不愿意。③好：喜爱。恶：厌恶。④阴道而阳取之也：悄悄地进行，公开地收获。⑤去：除掉。纵：放纵。乘：惩罚。⑥此句意为：不为外物所动，见善不美，见恶不非，如此之人才才能将真感情寄托于他。⑦见制于人：被别人所控制。⑧制命：被别人控制了命运。⑨圣人之道阴：圣贤之人行事原则隐秘，即前文圣人"阴道而阳取"。愚人之道阳：愚笨的人行事的方法大肆张扬。⑩智者事易：聪明的人办事容易一些。⑪无为：顺应规律。⑫此句意为：智谋的运用，要让一般人无法想到；才能的施展，要让一般人无法看到。⑬既用见可否：见可否，俞樾《诸子平议补录》注曰："此以'见可'、'见不可'相对为文，不当云'见可否'也。"此句意为施展才智如果可行。⑭所以自为：这是为自己去做。⑮言有之：古语有这种说法。非独：不仅仅。中正：得当，不偏不倚。

【译文】

关系亲密而说话却虚伪而见外，就会逐渐被疏远；关系疏远而说话却情深义切，毫无顾忌，就会非常危险。不要把别人所不愿接受的事情强加于人，不要用别人所不知道的事情去教诲别人。别人有所喜爱，就可以学习并迎合顺从；别人有所厌恶，就可以加以回避以免引起不快。所以通过隐秘的方式运用上述方法，就可以得到明显的回报。因此，要想除掉对方，就要先放纵他，放纵之后再乘机采取行动。通过考察人的形貌以知其真情，如果其人平和淡定，见善不美，见恶不非，就可以真情相托。可以知心的人，就可以重用；不可以知心的人，善于谋划的人是不会重用他的。

所以说："行事贵在控制别人，而不是被别人所控制。"控制住别人，你就掌握了主动权。被别人控制，你的命运就掌握在别人手中了。由此而论，圣智之人做事总是在暗中进行谋划，愚蠢的人则在明处乍乍呼呼。因而聪明的人做起事来就容易，愚蠢的人做起事来就困难。由此可见，消失的东西不能使之再现，已有的危险也不可转危为安，但在处理事情时，顺应其规律是十分必要的。智谋的运用，要让一般人无法知道；才能的施展，要让一般人无法看到。运用计谋时，看到可以成功，就选取一些事自己去做；看到不能成功，就选取一些事让别人去做。所以说圣智之人都是暗用手段。常言道：天地化生万物，是因为天高莫测，地厚莫及；圣智之人处世的诀窍，就在于他们隐藏不露的手段。圣智之人处世决不被忠信仁义等戒条束缚手脚，只不过做事不过分罢了。能够明白这种道理的人，策士们才可以和他们设计各种计谋。

｜智慧运用｜

变生事，事生谋，谋生计，计生议，议生说，说生进，
进生退，退生制，因以制于事。

【史例解读】

将计就计败敌军

魏景元元年，姜维听说司马昭杀了曹髦，立了曹奂，便借机第七次出兵征伐中原。大军刚在祁山下寨，便听说敌将王瓘率兵来投降。姜维令军兵阻住降兵，只放降将入帐来见。

王瓘对姜维说："我是魏国尚书王经的侄儿王瓘，我叔父一家因曹髦而受牵连被司马昭杀害。今听说将军又出师伐中原，我要借将军之威，为叔父一家报仇雪恨。"

姜维一听，高兴地说："将军来降我十分高兴，昔日夏侯霸将军降我，被我军重用，卿也同样。现在我军中粮草转运是件大事，你可率本部军马三千人，去川口把几千车粮草运到祁山寨中。我用你两千军马做向导，去攻邓艾营寨。"

王瓘本来是行诈降计的，知道姜维借魏朝中有变，来伐中原。王瓘便投其所好，诈称自己是王经的侄子，来投降姜维，企图使姜维像信任夏侯霸那样信任他。现在见姜维这样安排，不答应吧，恐怕姜维会产生疑心。答应吧，带

来的五千军兵一下子就分出去近一半。为了大计他只好痛快地答应了。

王瓘出营后，夏侯霸入帐对姜维说："我听说魏将王瓘来投降，将军怎么能信任他的话呢？我在朝中多年，未听说过王经有这样一个侄子，其中必然有诈。"

姜维大笑说："我已经看出其中有诈了。司马昭的奸诈不亚于曹操。他既然在朝中杀了王经一家，怎么会让他的亲侄子在边关统兵呢？我所以允许他投降，是要将计就计，你未见我已把他的兵马分开了吗？"夏侯霸知道姜维有了防备，便放心出营而去。

姜维在王瓘率兵走后，派军兵在途中布暗哨设伏，切断王瓘与邓艾之间的联系。果然不到十天，巡哨的军兵捉到王瓘派往邓艾大寨的信使。姜维得知王瓘八月二十日运粮到魏营，让邓艾在坛山谷中接应。姜维把情况盘问清楚后，杀了信使并把信中八月二十日改为八月十五日，另派人扮成魏军把书信送给邓艾，同时做好在坛山谷伏击邓艾的准备。

邓艾得到王瓘的书信后，仔细盘问了信使，见信无伪，便如期率五万精兵向坛山谷中进发。到了谷口，邓艾登山一看，果然见谷中有千余辆粮车，慢慢而来。邓艾见天色已晚，未敢贸然率兵入谷，便在谷口安营，准备在谷口处接应王瓘。

姜维见邓艾不率兵入谷，便又遣人扮作魏兵向邓艾报告说："现在粮车已经过界，被后面蜀军发现，正在追赶，王将军请邓将军速去接应。"

邓艾听后，正犹豫不决，这时却听到谷中鼓声阵阵，杀声隐约传来。他以为这必是王瓘与后面追兵在厮杀，于是率军入谷去接应。

当邓艾深入谷中后，谷口顿时被截断，谷内草车瞬间燃起，伏兵一齐杀出，邓艾听到蜀军大喊"捉住邓艾的可封万户侯"的悬赏令后，忙弃马丢盔，混在步兵中，爬山而逃，其余数万军马皆降。

这时王瓘在川口还等着准备二十日举事呢，突然闻讯邓艾中计大败的消息，已知诈降之事败露，于是连夜烧了蜀军粮草，见无路可走，便率兵向汉中方向杀去。

姜维正要继续搜寻邓艾，却听说王瓘见事不妙，往汉中杀去了。姜维怕汉中有失，立即率兵抄小路截阻王瓘。王瓘见四面受敌，无路可逃，跳江自尽了。

【点评】

姜维知道了司马昭杀曹髦、立曹奂之事，便决定兵伐中原，这就是"变生事"；王瓘以诈降之计来见姜维，却被姜维识破。姜维便将计就计设下圈套，灭掉了邓艾的大军，取得胜利，这便是"事生谋，谋生计"。

赵匡胤陈桥兵变

后周显德七年，赵普派人散布谣言，上奏朝廷说北汉和契丹会师南下，派兵进犯。

后周宰相范质、王溥等仓促之中不辨真伪，急派赵匡胤率兵从大梁（今河南开封）出发，北上防御。当大军行至开封东北40里的陈桥驿时，赵匡胤便驻足不进。

军中有一个通晓星象的人叫苗训，他指点门官楚昭辅等人观察天象，看见"日下复有一日，黑光摩荡者久之"，似乎两个太阳正在搏斗。古时候，人们认为太阳是皇帝的象征，另外出现一个太阳，就预示要出现一个新的皇帝。谣言于是不胫而走。当晚五更，军中将士们聚集在陈桥驿前，议论纷纷。赵匡胤于是派亲信煽动将士们，让他们这样说："现在皇帝年幼，不能亲政，我们冒死为国家抵御外敌，又有谁知道！不如先立将军为天子，然后再北征也不晚。"

这时，一直在幕后策划的赵普、赵光义等出来假言规劝将士们不要这样做。他们名为劝阻，实为激将，这一下果然群情激愤。赵普等人见时机成熟，就派人连夜赶回通知大梁城内的守将石守信、王审琦等人，让他们在京城领兵策应。

黎明时分，北征的将士们披甲执刃，团团围住赵匡胤的军帐。此时，赵匡胤正悠闲地卧于帐中饮酒，佯作不知。赵普与赵光义进来禀告外面的情况，赵匡胤这才慢慢起身出来。

将士们一见便高呼："诸军无主，愿奉将军为天子！"

赵匡胤未及开口，就有人把象征着皇权的黄袍裹在他身上，高呼万岁。将士们不等他分辨，就簇拥他上马。赵匡胤手揽缰绳对众将士说："我有号令，你们能听从吗？"

众将士纷纷表示愿听号令。赵匡胤接着说："太后和皇上，我一直对他们称臣，你们不能冒犯；诸位大臣，都是与我在一起的同僚，你们不能侵凌；朝廷中普通的家庭，你们不能强行掠夺。听从我命令的重赏，违反命令的一律处置。"

众将士听到这些话，都下马跪拜。于是，赵匡胤就整肃军队进入大梁。

赵匡胤进城后，命令将士们各归营帐。片刻之后，手下将领簇拥着宰相范质等群臣前来。赵匡胤一见之下就痛哭流涕，对他们说道："我违抗了上天的旨意，当了叛军首领，都是诸位将士们逼迫我的缘故，我不得不这样做啊！"

但还没等范质等开口说话，一个名叫罗彦环的将领随即手按利剑对范质等人厉声怒喝："我们诸位将士没有首领，今天我们奉赵匡胤为天子。"

范质等人面面相觑，无计可施，只好承认赵匡胤为皇帝。于是赵匡胤择日登基，是为宋太祖。

【点评】

从散布北汉与契丹进犯的谣言，到观天象、唆使将士拥立赵匡胤为帝，而后里应外合，兵不血刃进入都城大梁，赵普等人将整个兵变过程安排得丝丝入扣、细致入微，甚至连加身黄袍和诏书都已事先准备好。赵匡胤对将士们的约法三章，也是赵普等人谋划兵变的既定策略，既有利于稳定局势，巩固统治，也有利于日后北宋的统一事业。可见，谋大事贵在一气呵成，这就是"变生事，事生谋，谋生计"。

夫仁人轻货，不可诱以利，可使出费；
勇士轻难，不可惧以患，可使据危；
智士达于数，明于理，不可欺以不诚，
可示以道理，可使立功。

【史例解读】

真君子趋义避利

郑板桥在潍县当县官时，遇到一个大灾之年，为了救济穷苦的老百姓，他不顾个人的身家性命，打开官仓，救济了当地灾民。

事后皇帝怪罪下来，革了他的官职，让他回了老家。

郑板桥其实早就厌倦了官场生涯，有归隐之意，当下就雇了一条民船，载着自己的家小和行装，沿着运河向家乡驶去。

有一天，郑板桥见江面上冷冷清清，来往的行船不是停靠在码头，就是搁浅在岸边。后来通过打听才知道，原来是因为有一条官船要在此经过，于是通知所有的民船都要回避。

郑板桥一向孤傲，哪里管这一套，仍吩咐船工照常行驶，不必理睬。

前行了一段路程之后，果然看见迎面来了一艘官船，排场甚大。桅杆上挂着"奉旨上任"的旗子，随风摆动。

郑板桥心想，好汉不吃眼前亏，这条官船很大，一旦让它撞上可就太不值了，但是，又不能畏缩地躲避它。

正在紧张地思索如何应付时，他忽然想到了一个办法。他让家人赶紧找出一块绸绢，并亲笔写下"奉旨革职"四个字，也让船工高挂到桅杆顶上。

官船的人一见迎面开来的船，不仅不回避，还占据江心主道，照常行驶，顿生疑虑，抬头一看，只见那只船上也挂着一面高高飘扬的旗帜，还以为也是奉旨上任的官船，便想借此机会攀附一番。

官船于是放慢速度，两船靠近时，官船上出来个大官人，他一见是只不起眼的民船，桅杆上挂的是"奉旨革职"的旗帜，便大呼小叫起来。

郑板桥道："你有什么可神气的？你奉旨上任，我奉旨革职，都是'奉旨'，我为什么要给你让路呢？"

这官人气得无话可说，钻回舱里，几经了解才知对方就是当今名士书画大家郑板桥。他立即改变态度，派手下的人携带一点礼物，登船道歉。其实道歉是假，取郑板桥的字画是真。

郑板桥听说此人刚用钱买了个县令，正要上任，而且这个人名叫姚有财，除了吃喝嫖赌，没有别的本事，于是便想借机羞辱他一番，所以佯装答应，手书一诗相赠。

派来的人自是十分高兴，乐得不得了。他拿到郑板桥的手迹回到船上交给县官，小心翼翼地展开欣赏，就像什么奇珍异宝似的，但见上面写道：

"有钱难买竹一根，财多不得绿花盆，缺枝少叶没多笋，德少休要充斯文。"县官把每句诗的首字连起来一读——"有财缺德"，气得昏了过去。

【点评】

"仁人轻货，不可诱以利"，意思是说仁德君子视钱财利益如粪土，这样的人用利益是无法引诱的，更何况是两袖清风的郑板桥，连当朝权贵尚且不放在眼里，如何又会在乎眼前这个小县令呢？县官想以小的恩惠收买郑板桥，实在是选错了对象，不但事无所成，还遭到了羞辱，实在得不偿失。

投鼠忌器进谏言

春秋时期，齐国国君齐景公即位后非常敬重相国晏子。

有一天，他问晏子："治理国家最担心的是什么？"

晏子回答说："治理国家最担心的是社鼠。"

齐景公觉得很奇怪，愣愣地皱着眉头盯着晏子，好半天才说："这是什么意思呢？"

晏子说："大王，您见过土地庙吗？土地庙就是由许多木头排在一起，而后外面涂上泥土做成的。社鼠最喜欢到那里去做窝了，这样便很不容易捕杀它们。如果我们用火去熏，害怕烧坏了里边的木头；如果用水去灌，又恐怕冲坏了泥墙。我们只好让其逍遥自在地在里边生活。所以，土地庙里的老鼠是最可怕的。君主左右也常常有一些类似社鼠的人，他们在君主面前夸耀自己，把自己说得天花乱坠，无与伦比，同时又攻击别人，经常说他人的坏话。在百姓那里，他们作威作福，自命不凡，把坏事做尽。如果不除掉他们，他们就会越来越胆大妄为，乃至祸国殃民。惩罚他们吧，又怕有碍于君主的面子。国君，您看这些人不就与土地庙里的老鼠一样吗？"

晏子说完，见齐景公还是似懂非懂的样子，又继续说："曾经有这样一个故事，有一个卖酒的人，他酿的酒味道非常醇美，价钱也很公道。而且，酒店前面是一条小河，后面靠着青山，店旁还有绿水环绕，环境十分幽静。店门口挂着长长的酒幌子，迎风飘扬，招揽顾客。酒店的酒这样好，但生意却非常差，没有一个人来这里品尝他的美酒。店主人非常着急，却又不知道是怎么回事，就跑去问村里的人。有一个老者告诉他：'你门前养的那条狗太凶了，有人拿着酒壶去打酒，你的狗就迎头乱咬，谁还敢再去你的酒店呀？这就是你的酒卖不出去的原因啊！'老板听了，回去后把狗牵走，结果上门买酒的人络绎不绝。一个国家也有这样的恶狗，就是那些不学无术却又野心勃勃、一心想占据高位的人，看到有道德、有才能的人想要晋见国君，提出好的治国方略，他们恐怕这些人被重用后排斥自己，就像疯狗似的对这些人迎头乱咬。您想那些占据高位的坏人不就像凶狗一样吗？君主左右藏着那么多土地庙的'老鼠'，又有那些'凶狗'占据着高位堵在门口，有德有才的人怎么能够得到重用呢？国家怎么能兴旺呢？国君得不到贤能之人的辅佐，怎么能不让天下百姓担心呢？"

齐景公听了晏子的谏言，心悦诚服，从此便更加敬重晏子了。

【点评】

"明于理，不可欺以不诚，可示以道理，可使立功"的意思是说对通达事理之人，不能用言行相欺骗，而应该向他们说明道理，以使其建功立业。历史上有很多谏臣，晏子在其中堪称魁首。他的进谏没有一丝不敬，以老鼠和凶狗来比喻朝中的那些庸人和奸臣，把道理讲得极为透彻明白。齐景公既听了故事，又得到了良好的建议，自然心悦诚服。

【现代活用】

量才用人收奇效

经济的高速发展所形成的人际关系使人与人之间的接触，慢慢从友谊面质变到较多的工作面，主管与部属之间的关系逐渐公事化，这对员工的差异化管理形成了一种负面的效应，因而管理者更应了解员工的差异点，以此作为员工管理差异化的前提。

森达集团只不过是位于江苏一个并不富裕地区的小企业，但为什么不过十几年的时间就创造了一个庞大的"森达帝国"，击败了许多原来名声显赫的国有企业，成为中国皮鞋行业排头兵呢？就是因为两个字——人才！

森达总裁朱湘桂偶然得知台湾著名的女鞋设计师蔡科钟先生莅临上海，并有在大陆谋求发展的意向。他听到这个信息后十分高兴，决定效仿当年刘皇叔三顾茅庐，第二天即赶往上海。

经过促膝长谈和多方了解，朱湘桂确信蔡先生是不可多得的人才，打算聘用他。但蔡科钟先生要求年薪不少于300万元。朱湘桂尽管有足够的思想准备，却还是吃了一惊，聘用一个人，年薪300万元！但还是下了决心，他值！

这一消息传回森达集团总部，顿时掀起轩然大波，上上下下一片反对声。有的说，他是有能力，但年薪太高，我们的员工等于替他挣钱，不合算。有的说，蔡先生是台湾人，以前只是听说他很厉害，但到底怎么样，适不适合大陆情况，不好说，等他的本事显出来再谈年薪也不迟。还有的说，东河取鱼西河放，实在不必要。但朱湘桂认为，要想留住一名人才，必须给他提供有竞争力的薪酬。他向员工解释说，聘请蔡先生这样的国际设计大师，能够不断推出领导消费潮流的新品种，占领更大的国内外市场，使森达品牌在国内国际叫得更响。

蔡先生上任后，以其深厚的技术功底、创新的思维和对世界鞋业流行趋势的敏锐感觉，把意大利、港台和中国内地女鞋的设计理念融为一体，当年就开发出120多个品种的女单鞋、女凉鞋和高档女鞋等新品种。这些式样各异的产品一投放市场，立刻成为顾客争相购买的"热货"。一年中，蔡先生设计的女单鞋为森达赚回5000万元的利润。一些议论蔡先生年薪要价太高的人，在事实面前，连连点头，年薪300万元留住一个难得的人才，值！

【点评】

员工之间的差异在任何组织或企业内都是存在的，且是任何管理者不可忽视的。如果管理者面对这些客观存在的差异，视而不见，而一再强调对员工一视同仁，有可能造成企业内部管理层与员工之间的鸿沟，使企业的人力资源白白浪费，使企业丧失应有的竞争优势。身为管理者只有真正了解这些差异，分析这些差异，进而加以取舍和运用，采取对症下药的方式进行管理，自当能药效倍增，事半功倍。

愚者易蔽也，不肖者易惧也，贪者易诱也，是因事而裁之。

【史例解读】

蒙蔽之辞驱陈轸

张仪是鬼谷子的得意门生，他天生不安分，活泼、开朗、好动，在家闲居了两个月，心闲得发慌，便又琢磨着外出谋事。到哪里去施展自己的才华呢？他细想了半天，觉得魏国比较方便，因为父亲曾在魏国任职，现虽去世多时，但总归有些世交。但他又听说，魏惠王不怎么重视人才，许多魏国能人都离开魏国而在别的国家成就了大事。

说起魏惠王，张仪想起了他与齐威王"论宝"之事。魏惠王问齐威王："上方大国必有重宝。"威王说："没有。"魏惠王得意地说："我们魏国虽小，却有十枚直径一寸多的大珍珠。这种珍珠能把前后24辆车映照得清清楚楚。你们齐国是万乘大国，怎么会没有宝贝呢？"齐威王笑了笑说："对于什么是宝贝，我与你有不同的看法。我有一位大臣叫檀子，我只要派他守南城，楚国人便不敢在边界挑衅惹事；我还有一位大臣叫盼子，我派他守高唐，赵国人连到黄河里捕鱼都不敢；我有一位官吏叫黔夫，我派他守徐州，燕、赵两国竟有七千多家甘愿随他迁到徐州；我的大臣种首，负责国内治安，结果夜不闭户，路不拾遗。这些人就是我国的宝贝，能光照千里，岂止24辆车啊！"魏惠王听了，十分惭愧。此后，士人见魏惠王重财不重人，都各自打算，准备去他国发展。张仪想：如此形势，自己怎能留在魏国呢？

经过反复思量，张仪决定离开魏国，去投奔日益强大的西部大国——秦国。

也不知走了多少路，翻了多少座山，张仪风餐露宿，紧走少歇，终于来到了周王朝的都城洛邑。他原想在洛邑稍稍停留，拜访几个鬼谷先生的故交亲朋，再继续他的行程。

不知什么原因，张仪来洛邑的消息被昭文君的一个门客知道了，门客忙对昭文君通报说："魏国人张仪，当年是鬼谷先生的门生，今已来到洛邑，要西游秦国。此人有治国安邦之才，愿君能以礼相待。"

昭文君赶忙派人去请张仪，热情接见了他，很诚恳地对他说："听说先生要到秦国去，我东周小国，不足以留住先生，可是秦国有赏识您才华的人吗？如果在秦国不如意，就请先生回来帮我恢复天下吧。我国家虽小，但情愿与先生共享。"

张仪深为昭文君的诚意所感动，忙拜谢道："知遇之恩，当永世不忘。"但他未改初衷，还是离开了东周。临走，昭文君又送了他一辆马车和许多财帛、衣物，使张仪好生感激。

张仪在东周受到昭文君礼遇之事，使他人还未到秦国，风声早已传到。当时秦国的外相是陈轸，也曾跟随鬼谷先生学习智谋权术，说起来是张仪的师兄，只是二人从未见过面。那时的游说之士只为个人求取名利，出人头地，并不看重师兄弟关系。陈轸的门客田莘为保住陈轸，预先做了手脚。他对秦君说："今秦国业已强大，能与秦国抗衡的是楚国。楚国深知秦国有善于用兵的公孙衍和善于用智的陈轸，因此故意向其他国家抬高张仪。张仪此来，必说二人坏话，请君上不要听他胡说八道。"秦惠文君点了点头。

却说张仪来到咸阳，见这里市井繁华，人丁兴旺，宫殿盖得比周王宫还气派，越发觉得自己到这里寻发展是正确的。他先向人们打听一个人，这人名叫寒泉子，是鬼谷先生的好友，现在是秦国的重要谋臣。

见到寒泉子，张仪先行弟子之礼，后送上老家特产。老先生谢了，同张仪谈起与鬼谷先生的友情。张仪的谈吐，深得老先生好感。寒泉子问明张仪的来意，对他说："你的师兄陈轸，现在是秦国的外相，他可不见得欢迎你来呀。他也很有才华，君上很信任他。但你们两个的思路不合，君上只能用一个，你看怎么办呢？"

张仪道："还请老先生指教。"

寒泉子略想一想，便把陈轸亲楚的事告诉了张仪。张仪心领神会。自此，张仪暂且在寒府住了下来。

这一天，寒泉子归来，告诉张仪："君上近日兴致很高，接连几日外出打猎，此时觐见再好不过。"

第二天一早，张仪沐浴更衣，求见秦惠文君。秦惠文君漫不经心地问道："先生千里迢迢来到敝国，有何见教啊？"

张仪拜道："微臣张仪只慕君上圣名而来，愿为君上效犬马之劳。我来咸阳已有数日，今日求见，只禀报君上一件机密之事，此事路人皆知，只瞒得君上一个。为君上计，微臣不敢不报。"

惠文君一听，问道："何等机密之事，但说无妨。"

张仪顾左右而不语，惠文君会意，令左右退下。张仪近前一步道："臣闻陈轸是楚国间谍。"惠文君非常生气，不等张仪再言，就把他逐出宫去。

张仪不肯善罢甘休，隔了几日又对惠文君说："臣明查暗访，得知陈轸早有离秦事楚之意，早在前年陈轸出使楚国时，即已动心。此后，他暗中奔走于秦楚之间，做着双重间谍。难道君上没发现楚国对秦国很不友好，而对陈轸却非常友善吗？陈轸这个人非常聪明，但也非常自私，只为个人，不为国家。若君上不信，可亲自问他本人。"

惠文君将信将疑，待张仪一走，即召陈轸入宫，问陈轸："寡人听说你有意去楚国做事，可有此事？"

陈轸矢口否认。

秦惠文君说："寡人素知楚王对你友善，秦国地小，你还是到楚国去施展才华吧。"

陈轸见惠文君对自己生了疑心，再待下去也没什么好结果，也就没再争辩，起身离开了秦国，去往楚国，成为"朝秦暮楚"第一人。

张仪逼走陈轸的同时，也赢得了秦惠文君的信任。从此以后，他便在秦国施展出了自己的才华，为秦统一六国立下了汗马功劳。

【点评】

"愚者易蔽也"的意思就是对偏听偏信、不善辨别真伪的愚钝之人要使用欺骗的手段，张仪预想投奔秦国，首先要逐走师兄陈轸，因为其才华不在自己之下。否则，自己就不会得到秦惠文君的信任，无用武之地。其采用的办法便是以陈轸是楚国的暗探来蒙蔽秦惠文君，并最终达到目的。

张仪连横魏襄王

张仪"连横"的首选对象便是魏国，他只身前往魏国去游说。当见到魏襄王时，他首先说道："启禀大王，先王在世时，微臣曾竭力促成秦魏联合，先王不愧是圣明的君主，对我本人也是恩重如山，仪从不敢忘怀。"

只这几句，就已让襄王觉得张仪是个知恩重义的君子。张仪继续说道："正因先王听从微臣所言，魏国不曾受强秦攻伐，其他诸国也不敢随意袭扰魏国。若坚持与秦合作，哪会有今日之祸？如今，魏国面积不过方圆千里，士卒也只有30来万，粮草刚刚够用，这些条件与韩国相差无几。可是魏国的地理位置，却不如韩国有山河凭据。魏国无险可守，容易四面受敌，极易被各国瓜分。诸侯相约为纵，不都是指望能安社稷、尊君主、富国强兵而名扬天下吗？可是所谓合纵，是想让天下皆为兄弟，于是诸侯们杀白马在洹水之滨歃血为盟。这看上去像亲兄弟一般团结了，而事实上呢，就是同父同母的亲兄弟，还为钱财而互相争夺甚至互相残杀呢，何况这么多利害不同的国家杂聚在一起。所以，微臣向来不主张搞什么多国合纵。合纵都是暂时的，长不了，也靠不住，这是显而易见、不言自明的道理。事实不也证明了这一点吗？公孙衍放弃与秦联合，而与其他国家约纵，魏国不是照样遭攻伐、受侵扰吗？若大王不事秦国，秦兵就会越过黄河，拔取衍、燕，攻占晋阳。这样的话，就把赵国与魏国分割开了。赵不能南下，魏不能北上；赵不南，魏不北，合纵也就断了；合纵既已名存实亡，那么大王想求无危无患则是不可能的了！如今韩国已事秦，假如秦人扶持韩国而进攻魏国，韩国有太子在秦国做人质，不敢不听。秦韩合二为一，魏国的灭亡只在眨眼之间！这正是微臣为大王所忧虑的事啊！因而，为大王着想，不如顺事秦国，有秦国做后盾，楚国和韩国必不敢轻举妄动。与秦和好，又无楚、韩之患，大王您就可以高枕无忧、睡个安稳觉了，您的国家也没什么后患了。"

说到这里，张仪举杯呷了口茶，润了润口唇，清了清嗓子，偷眼看了看魏王。魏王不知是太专注了，还是被唬住了，总之有些发呆。他一转话锋继续说道："其实，秦国一门心思只想削弱楚国，楚国强大起来，对秦国不利，对魏国威胁更大，而能助秦弱楚者，莫如魏国。若大王愿与秦'连横'，秦乃泱泱大国，将归还所占魏国土地。关于这一点，我已得秦王授权，敢拿性命担保。损楚而益魏，攻楚而从秦，既可嫁祸于别人，又可安邦保国，岂不是两全其美的善事？若大王不听臣言，秦兵将跨过黄河，向东进犯，魏国又如何阻挡得了？到那时，秦王已恼，魏国就是再想与秦和好，恐怕也不可能了！大王周围那些主张合纵的人，都脱离了现实，总说些意气用事的奋激之辞，实不可信，更不可用。愿大王深思。"

听张仪说完，襄王心动。但为慎重起见，并未马上答复张仪，只约期相告。张仪没得到魏王明确表态，就先回秦国禀报去了。

待张仪走后，襄王召集群臣入宫议事。面对当前秦兵长驱直入的形势，群臣也大都苦无良策：打又打不过，事秦又不甘心，陷入两难境地。

魏相公孙衍打破沉闷，仍然坚持己见，老调重弹："启禀大王，张仪之言不可信，我们上他的当、吃他的亏还少吗？他名义上说，秦不想攻魏，只想弱楚。可秦国向来就有吞并天下的野心。常言道：'贪心不足蛇吞象。'况秦国本就是猛虎恶狼，贪天下之心永无止境。若一味忍让，委曲求全，只会助长秦人气势。秦取楚国后，必吞魏国，覆巢之下，安有完卵？秦国虽强，也并非神兵天将。依臣之计，不如一面派使臣前往齐国，陈明利害，以求外援；一面举国动员，倾力抗秦。只有抗秦，才有出路。愿大王慎思之。"

襄王再看看其他大臣，皆愁眉紧锁，大眼瞪小眼，不置可否，只好先依公孙衍之计下令备战，实在不行再贿赂秦国以求和。

却说张仪回去以后，只等魏国派人传来佳讯。不想到了约定日期，仍不见魏人来报，料到是公孙衍等人从中捣鬼，便请秦王下令出兵伐魏，迫其就范。两军交战，魏军大败，被斩首数万。秦自此按兵不动，只等魏国主动前来求和。

张仪所言纵约之不可靠，的确不无道理。旧年刚过，新年伊始，齐国就只顾扩张，不顾约誓，出兵伐魏，在观津这个地方大败魏军。这一闹，对魏国来说，就如落井下石，雪上加霜；对魏襄王来说，犹如当头一盆冷水，从头凉到脚，这让他更加坚定了事秦的决心。公孙衍等人再劝，也苍白无力，于事无补了。

看到这般情况，张仪再次入魏，大模大样地去见魏王。魏王这次见张仪，惭愧至极，诚惶诚恐，就像落水者捞到一根稻草，不等张仪开言，他就惭愧地说："寡人实在是愚蠢之极，悔不该当初不听先生之言，轻信了公孙衍等人之计，这是寡人是非不辨，用人不当啊！这是寡人的过失，请先生代告秦王，魏国愿西向事秦，自称东藩。"

张仪窃喜，却依然若无其事地说："微臣都是为大王着想，为魏国着想，毕竟秦强魏弱，不如此，也实在没有别的办法啊！"

魏王表示十分感谢，张仪就告辞回到了秦国。公元前313年秦惠王与魏襄王相会于临晋，襄王依秦王言，立亲秦派公子政为太子，两国"连横"成功。

【点评】

"不肖者易惧也，贪者易诱也"主要说的是利用恐吓与引诱的手段。而张仪在"连横"游说魏襄王时就把这两种方法灵活地结合到了一起。他先把魏国与秦国的实力作了一下对比，如果与秦为敌，无异于以卵击石，自取灭亡，其恐吓之意溢于言表。接着他又以利诱之，说到连横只为弱楚，而弱楚便可使魏得利，得到秦国的庇护，否则，就可能会有亡国之患。最后，他又以兵伐魏国使其就范，再次恐吓威慑，加上齐国攻魏之机，魏国终于答应了"连横"之事。

符而应之，拥而塞之，乱而惑之，是谓计谋。

计谋之用，公不如私，私不如结，结而无隙者也。

正不如奇，奇流而不止者也。

楚郑袖掩鼻之计

战国时期，楚国有王后曰郑袖，美丽聪明而又狠毒，怀王对他十分宠爱。可是，某年魏国为讨好楚国，又给楚怀王送来一位更加年轻、漂亮的女子，夺去了郑袖之宠。郑袖恨得牙根发痒，决定用计除去此女人，夺回宠爱。

她不像一般女人那样，用找丈夫大吵大闹那种做法来解决问题，而是反其道而行之。新人来了之后，怀王对郑袖有点冷落，又怕郑袖心怀怨言，对新人发难，让他为难。但郑袖好似一点儿也不放在心上，安排新人在最好的宫室中住，给新人做与自己同样的衣服，分给新人最好的首饰。怀王见状，对郑袖更加信任，觉得她是一个大度、善良的女人。新人也很是感激，于是对郑袖的戒心也放下来，认为她是大好人，在怀王身边多年，深得怀王喜爱，应多向她学习。郑袖见把二人迷惑住后，便施展第二步"迷乱"之计。

一天，她告诉新人："大王对您太好了，总夸您漂亮，不过——""不过什么？"新人急切地问。"算了吧！一点小毛病。"郑袖假作欲言又止。"不！请您告诉我。"新人为了"碧玉无瑕"，缠着郑袖哀求。郑袖看四周无别人，便压低声音说："大王只是嫌您的鼻子稍微尖了些。""那怎么办呢？"新人忧虑地问。郑袖笑了笑，装作轻松地说："这个容易。您再见大王，就把鼻子掩起来。这样，既掩饰了不足，又表现得含蓄，多好啊！不过——"郑袖顿了顿，又看了四周一眼，说："您千万别说是我说的，别告诉大王是我出的主意。大王这个人最讨厌别人传话了。"新人感激地点点头说："您放心吧！"

从此以后，新人见了怀王，便以袖掩鼻。怀王大惑不解，追问原因，新人笑而不答。怀王更加疑惑，某日，见了郑袖，便问原因。郑袖假装迟疑了一下，说："大王，您别生气，这个——""快讲！"怀王性情暴躁，急催道。郑袖又装着迟疑了一番，才说："她说您身上有一股让她厌恶的气味，鼻子嗅到便难受！""岂有此理！"怀王气得一拍桌子，"我身上有味让她的鼻子难

第十篇·谋术

受，那好，把鼻子割去，就不难受了！来人——"怀王拖长声音高喊："去把那贱人的鼻子割下来！"新人容貌被毁，自然失宠，郑袖的目的也就达到了。

【点评】

"符而应之，拥而塞之，乱而惑之"是弱者对付强者、制服强者的"三步制君术"。在这里，郑袖第一步用假象迷惑了怀王和新人，为第二步施计打下基础。第二步她用假出主意的方法迷惑住新人，使其按自己授意行事；接着，第三步，她又用假解释迷惑并激怒怀王，终于达到自己的目的。

结盟解燃眉之急

公元756年，安禄山反唐，肆虐华北。颜真卿举兵抗击，把义军队伍集中起来，正准备训练时，清河人李萼代表本郡前来借兵。

他对颜真卿说："您首先倡导大义，号召大家来反抗叛军，河北地区的郡县都把您当作长城依靠。清河是您的西邻，国家平常把江、淮以及河南的金钱布帛都集中在那里供给北方的军队，被人们称为'天下北仓库'。现在那里有布300余万匹，帛80余万匹，钱30余万缗，粮30余万斛。过去征讨突厥默啜可汗时，把兵器盔甲都贮藏在清河郡的武库中，现在还有50余万件。清河郡有户数7万，人口10余万。我估计它的财物可以顶三个平原郡，兵马足可以顶两个平原郡。您如果能够借兵给清河郡，以平原、清河二郡为腹心，那么周围的州郡就会如四肢一样，无不听您的指挥。"

颜真卿说："平原郡的兵是新近才集结的，没有经过训练，自保还恐怕兵力不够，哪里还顾得上邻郡呢？如果我答应了您的请求，那又将怎么样呢？"

李萼说："清河郡派我来向您借兵，并不是兵力不足，而是想看一看您这位大贤士是否深明大义。现在看您还没有下定决心，我怎么敢随便说出下一步的计划呢？"

颜真卿听后很惊奇，就想把兵借给他。但其他人都认为李萼年轻轻敌，借兵分散兵力，将会一事无成，颜真卿不得已只好拒绝。

李萼住到馆舍后，又给颜真卿写信，认为："清河郡脱离叛军，归顺朝廷，奉献粮食、布帛和武器来资助官军，您不但拒绝接受，而且还心存怀疑。

清河郡不能孤立，必定要有所依靠，我回去复命说您不肯借兵后，清河郡如果投向叛军，就会成为您西面的强敌，您不后悔吗？"

颜真卿大为震惊，立刻到馆舍去见李萼，答应借给他6000兵卒，一直把他送到边境。颜真卿又问："所借的兵已经出发，你可以告诉我你下一步的计划吗？"

李萼说："听说朝廷派程千里率精兵10万出崿口讨伐叛军，敌人占据险要之地使之不能前进。现在应当先率兵攻打魏郡，抓住安禄山所任命的太守袁知泰，恢复原太守司马垂的职务，让他做西南的主将，分兵打开崿口，让程千里的军队出来，共同讨伐汲郡、邺郡以北，一直到幽陵我方未攻下的郡县。平原与清河二郡率其他的同盟郡兵，合兵10万，向南进逼孟津，然后分兵沿着黄河占领战略要地，控制叛军北逃退路。估计官军向东讨伐的军队不少于20万，河南地区忠于朝廷的义兵不少于10万。您只要上表朝廷请求东征的军队坚守不出战，用不了一个月，叛军必然会发生内乱而互相攻击。"

颜真卿说："好！"，他把这些军队交与平原县令范冬馥，并会同清河兵4000及博平兵1000，驻军在堂邑县西南。袁知泰派部将白嗣恭等率兵2万余人来迎战，三郡兵与魏郡兵苦战一天，魏郡兵被打得大败，被杀1万多人，被俘1000多人，被缴获战马1000匹，被缴获的军用物资也非常多。袁知泰逃往汲郡，于是官军攻克魏郡，军威大振。

【点评】

"私不如结，结而无隙者也"，意为同心相结，之后便可亲密无间，从而做到无懈可击。李萼在此便是运用"私不如结"的方法。由于身处劣势，独木难支，他便在分析双方情势的情况下，以软硬兼施的方法说服颜真卿与之联合作战，才保全自己的势力，并壮大起来，其眼光高远又切合实际，从而把计谋运用得恰到好处。

巧出奇计降米价

唐宪宗时期，令狐楚被任命为兖州太守。

在他上任的时候，兖州正遭受一场严重的旱灾，粮食颗粒无收，民不聊生。兖州到处都是一片凄凉破败的景象：干枯的禾苗，乞讨的百姓，整个兖州没有一丝生机。令狐楚看着，心情十分沉重。

到了兖州城，他看到街市上的粮店却照样挂着招牌，价格奇高，穷人们哪能买得起呢？令狐楚不禁恼怒，心想原来是这帮粮商趁机发不义之财，抬高物价啊！难怪当地百姓背井离乡，乞讨逃荒。他决心降低粮价，让百姓吃上廉价的粮食，同时严厉惩处奸商。

远远的，他还没有走到州府，那些官吏就前来迎接，争先恐后地和他打招呼，套近乎，令狐楚便趁机同他们寒暄起来。他把话题引到旱灾上，不慌不忙地问："现在兖州城内有多少粮库？大约存了多少粮食？"

一旁的官吏大献殷勤，为了表明自己对州内事务的熟悉，他们毕恭毕敬地回答："粮仓一共有20个，平均一个存粮5万担，应该没有后顾之忧。"

"那粮价多少？"

这次大家都绝口不提，陷入了沉默之中。令狐楚已经明白了几分，其中肯定有鬼，一定是他们和奸商勾结起来，从中作梗，谋取暴利。

令狐楚仍然不紧不慢地说："现在旱灾把百姓害苦了，这些粮食本来就是取之于民，也应该用之于民。明天就把粮仓打开以最低价出卖，救济百姓，你们觉得这个主意怎么样？"

众官吏见新太守主意已定，都附和着点头，说："大人仁慈，这样不仅可以救灾，还能树立朝廷爱民的形象。好主意，好主意啊！"

令狐楚立即命令随从张贴告示，安抚民心。这个消息一传出，百姓都欢呼雀跃，奔走相告，而那帮趁火打劫的奸商却开始愁肠百结了。如果州里的粮食价格低廉，自己囤积的粮食就会无人问津，时间一长，就会受潮霉烂，岂不是要赔钱？他们索性清仓处理自己的粮食，而且价格比州里定的还低。百姓看到粮价一个比一个低，拍手称快。令狐楚只几句话，一个告示，就轻而易举地安定了民心，稳定了形势，手段可谓高矣！

【点评】

"正不如奇"。用"奇"贵在出人意料，使人防不胜防，其优点是能够以微小的投入换来巨大的收获。令狐楚在此以小手段惩罚了贪官奸商，拯救了一方百姓。

巧施三步制君术

当代商战中,运用"三步制君术"制人的例子很多。

1973年,苏联人放话说,打算挑选美国的一家飞机制造公司为苏联建造一个世界上最大的喷气式客机制造厂,该厂建成后,将年产100架巨型客机。如果美国公司的条件不合适,苏联就将同德国的公司做这笔价值3亿美元的生意。

美国三大飞机制造商——波音飞机公司、洛克希德飞机公司和麦克唐纳·道格拉斯飞机公司闻讯后,都想抢这笔大生意。

三家公司背着美国政府,分别同苏联方面进行私下接触。

苏联方面在他们之间周旋,让他们互相竞争,以更多地满足自己的条件。

波音飞机公司为了抢到生意,首先同意苏联方面的要求:让20名苏联专家到自己的飞机制造厂参观、考察。

苏联专家在波音公司被敬为上宾。他们不仅仔细参观飞机装配线,而且钻到了机密的实验室里"认真考察"。他们先后拍了成千上万张照片,得到了大量资料,最后还带走了波音公司制造巨型客机的详细计划。

波音公司热情送走苏联专家后,满心欢喜地等他们回来谈生意、签合约。岂料这些人却一去不回了。

不久,美国人发现苏联利用波音公司提供的技术资料设计制造了伊尔新式巨型喷气运输机。使美国人不解的是,波音公司在向苏联方面提供资料时特意留了一手,没有泄露有关制造飞机的合金材料的秘密,而苏联制造这种宽机身的合金是怎么生产出来的呢?

波音公司的技术人员一再回忆,苦思冥想,才觉得苏联专家考察时穿的鞋似乎有些异样,秘密果然在这种鞋里。

原来,苏联专家穿的是一种特殊的皮鞋,其鞋底能吸住从飞机部件上切削下来的金属屑,他们把金属带回去一分析,就得到了制造合金的秘密。

这一招,使得故作精明的波音公司叫苦连天,有口难言。

在商业谈判中,常见卖主先标低价或买主先标高价,让对方觉得有利可图而同意交易,以此排除竞争对手,取得垄断交易的实际地位。而到最后成交的关键时刻，突然寻找机会制造种种借口，大幅度提价或降价，逼迫对方在措手不及、求助无门、无可奈何的情况下忍痛成交。

日本一些商人常以此计向第三世界国家推销商品。他们先以低廉的价格诱使对方与之达成交易，可是交货以后，对方常感到还缺少点什么零件，只好又向他们购买。

这时，他们便顺势漫天要价，买方欲退无"梯"，只得答应。

有家公司拍卖旧设备，底价20万美元。在竞争的几位买方之中，一位愿出30万美元的高价，并当场付1%的订金，卖主没想到好事这么容易就成了，就同意不再与其他买主商谈。几天后买方来人，说当时出价太高，由于合资方不同意，难以成交，如果降到10万美元，可以再商量。

由于卖方辞掉了别的买主，只好继续与之谈判，经过一番讨价还价，最后以12万美元的低价成交了。

【点评】

制人智谋有多种多样，要想制人而不受制于人，就要善于思考，善抓时机，善借对方漏洞，从而制订出良谋佳策去制人。

标新立异巧施奇正之术

1955年，索尼公司研制出一种小而实用的半导体收音机。为了开辟美国市场，盛田昭夫副总经理带着样机来到纽约。

经过了几轮的洽谈，终于有一家公司愿意销售这种收音机，他们开口就要100000台。盛田昭夫惊呆了，100000台！这个数字远远超出了公司的生产能力。如果接受订单，那么公司就得扩建工厂，添置设备，招收工人，就要投入大笔资金，等生产出这100000台收音机之后，如果没有后续订货的话，公司就会落入破产的境地。

盛田昭夫没有为这100000台订货兴奋不已，而是冷静地考虑到公司未来的发展，努力寻求制胜之方。

盛田昭夫仔细思索后，分别开出了5000台、10000台、30000台、50000台和100000台收音机的报价单，然后以5000台的单价为基准，画了一个U字形曲线。当订货达10000台时，其单价最低：到50000台时，其单价反而超过5000台的价格，如果订货达100000台时，单价更高。虽然这个报价方式是罕见的，但盛田昭夫自有道理。他认为如果接受大量订货，就必须在订货有效期内创造足够多的利润，用于扩大再生产。另外如果100000台的单价报低的话，对方会先按100000台的单价签合同，而只订10000台的货，以后也许就不再订货了。

第二天，盛田昭夫拿着这份罕见的报价单去见该公司的采购部部长。对方惊异地看着报价单说："我干了30年的采购工作，你这种报价还是头一次见到。怎么订货越多，单价反而越高了呢？"

盛田昭夫耐心地解释了报价的道理，这位采购部长终于同意了他的解释，签订了30000台收音机的销售合同，当然是按30000台时的单价。这个数字无论对该公司还是索尼公司，都是最合适的。就这样，索尼公司以这种报价方式开始打入美国市场。

【点评】

以变应变，立足现实，以异乎寻常的销售方针，出奇制胜，既可避免己方风险，又兼顾了对方利益。巧施奇正之术，敢于标新立异，反其道而行之，往往成为权谋家、商家获取成功的拿手好戏。

人之有好也，学而顺之；
人之有恶也，避而讳之。
故阴道而阳取之也。

【史例解读】

王守仁智收太监

明武帝正德年间，宁王朱宸濠谋反，很快就被王守仁擒获。可武宗本有意亲自征伐，以显示武功，名垂青史，所以对王守仁此举并不高兴。再加上武宗宠臣江彬、张忠等人对王守仁心怀成见，不时进几句谗言，故王守仁十分担忧。

事过不久，武宗有两名心腹太监到王守仁驻地浙江办事，王守仁亲自出面招待两人，并在有名的镇海楼（在今杭州城内吴山东麓）设宴款待两位太监。

酒至半酣，王守仁让手下人撤去上下楼的木楼梯，屏退左右，然后取出两箱子书信给两位太监看。太监们一翻，原来是缴获的宫中太监、包括他们两人与朱宸濠的来往信件，其中不乏通风报信的词句。两人见后大惊，心想：今天非掉脑袋不可，王守仁把这些呈给皇上，我们还有命吗？他们脸色蜡黄，瞅着王守仁。王守仁却哈哈大笑，把这两箱子书信全送给了两位太监。两位太监当然感激不尽，自此回宫后，明里暗里替王守仁说好话。

　　后来，王守仁终能逃脱江彬、张忠等政敌的陷害和武宗的猜忌，全靠这两位太监从中斡旋维护。这就是"阴道阳取"权谋术的效力。

【点评】

　　"人之有好也，学而顺之；人之有恶也，避而讳之。"顺人之意，迎合别人的心愿去做事，就可以为自己留条后路，多个朋友；别人有所厌恶，要加以回避或提前做"手脚"，以免引起不快，这样才能得到回报。这就是"阴道阳取术"，是智谋权术之士常用的策略。

【现代活用】

柏特利的娘子军

　　柏特利出生在美国犹他州的盐湖城。他家境困难，一家5口人靠父亲几十元的月薪，吃力地维持着生活。当他初小毕业时，父亲便让他找活干，以增加收入、资助家里。

　　柏特利经朋友介绍，来到一家家庭用品制造厂当了推销员。由于柏特利的口才不错，加上他非常和善，笑口常开，因而推销成绩很不错，两年中他跑了不少地方。在克利夫兰城，他认识了一家袜子制造厂的老板，名叫查理斯，他很欣赏柏特利的推销才能，千方百计地把他"挖"了过来。

　　柏特利跟查理斯工作了几个月后，发现老板另有打算，准备待存货卖掉后，结束制袜生意，转入新行业。

　　"袜子生意不是也很赚钱吗？为什么要结束它？"柏特利提出了疑问。查理斯听了柏特利的话，突然想到：何不把生意转让给他？这不但对柏特利有好处，自己也可以早一点脱身。

　　当柏特利了解到查理斯的打算后，笑着说："你别开玩笑了。我哪里有这么多钱？"

"只要你把存货的钱拿出来，我把机器卖给你，你再用机器作抵押，到银行去借钱还给我，问题不就解决了吗？"

这笔生意很快成交，25岁的柏特利拥有了自己的小工厂。

接手之后，柏特利便下决心改变经营方针。经过苦心策划，他制订出两个与以前不同的经营方针：首先，采取"单一多样化"的生产方式。他专做女人的袜子。他想，凡是女人穿的袜子，应该做到应有尽有，式样、配色要不断变化更新，要经常研究新产品，领先于同行业，这样才能搞出名气来。其次，是设立门市部，直接经营。这样可以节省一部分推销费，也可以主动向各地扩展。

于是，柏特利在克利夫兰设立了第一个门市部，专门销售女袜。其口号是：凡是女人想买的女袜，我这里都有；如果我现有的袜子你都不喜欢，那么，只要你能把你喜欢的样子、花色说出来，我就能满足你的要求，专门为你订做。

柏特利认识到，这一口号是与众不同的"绝招"，也是他经营的特色。因此，他买了几部小型针织机，请了几位手艺很好的家庭主妇作为他的特邀工人。有人订做，就请她们立即加工，论件计酬，两边都不吃亏。

虽说这种订做的生意不多，但却是一个很好的经营方式。因此，不到半年时间，柏特利的女袜就在克利夫兰轰动一时，随之名声大噪。

为了增强公司在市场上的竞争力和树立起不同凡响的形象，柏特利采取了与众不同的经营原则：首先，重用女性人才，使每个分公司都由女性来经营；其次，选择适当地点，设立分厂，设置仓储中心，以方便货物的供应，第三，配合时令，推出自己特制的产品，以加深消费者的印象。

柏特利亲自奔赴各地设立分公司，并挑选经理人才。仅仅一年，他就在克利夫兰等大城市成立了5家分公司。柏特利在美国工商界的崛起，被认为是轰动一时的奇迹。

【点评】

"人之有好也，学而顺之"就是说别人有所喜爱，就可以学习并迎合顺从他。柏特利接手制袜厂后，确立了迎合女人的经营方针：即采取"单一多样化"的生产和销售方式，专做女人的袜子，专销女人的袜子，还可以根据顾客所好为她们专门定做。他还重用女性人才，使每个分公司都由女性来经营，从而一步步赢得客户，取得成功。

<blockquote>
圣人之道阴，愚人之道阳。
……智用于众人之所不能知，
而能用于众人之所不能见。
</blockquote>

克罗克瞒天过海

在商业竞争中，更应多想一些别人想不到的计谋，多使用一些别人思索不出的招数，去打败对手。

香港有一家小食品厂，专为一家大企业员工提供工作餐，两家合作多年，另几家小食品厂也想抢这一"肥肉"，总抢不过去。原因何在？原来这家小食品厂善于暗中用计谋、用手段，那家大企业近千名员工的生日，这家小食品厂都掌握着，到你生日那天，保准有份"生日工作餐"送到你面前。这样，谁还愿意放弃这家小食品厂供应的工作餐呢？

日本味精商在销路不景气的情况下，将味精瓶上的小孔由直径1毫米扩大到1.5毫米，消费者在没有察觉的情况下，一倒就多了，这样就大大增加了味精的销售量。

克罗克原先是美国的一个穷人，没读完中学就出来打工以养家糊口。后来，他在一家工厂当上了推销员，一方面收入有了一定的提高，生活有了明显的改善；另一方面，也是更主要的，他在推销产品过程中走南闯北，结识了不少人，交了许多朋友，增长了见识，学到了一些有关经营管理方面的知识。一段时间后，他开始越来越不满足于给别人当雇员了，一心想创办自己的公司。可选择哪一行呢？"民以食为天"，随着人们工作生活节奏的加快，他通过市场调查发现当时美国的餐饮业已远远不能满足已变化了的时代要求，亟需改革，以适应亿万美国人的快餐需求。想归想，要将其变成现实就不是那么容易的事情了，必须为之付出一定的代价。克罗克面临的首要问题就是资金问题，要实现鸿鹄之志没有启动资本就如同"水中月""镜中花"，可望而不可及。"一分钱难倒英雄汉"这话一点不假。对于并不富裕的克罗克来说，自己开办

鬼谷子全集

餐馆又谈何容易呢？思来想去，他终于想出了一个好办法，他在做推销员工作时，曾认识了开餐馆的麦克唐纳兄弟，自己倒不如凭双方交情先打入其内部学习，以最终实现自己的抱负。主意已定，他找到麦氏兄弟，对其进行了一番赞美后，话锋一转，开始讲述自己目前的窘境，待博得对方的同情后，便不失时机地恳请麦氏兄弟无论如何要帮他这个忙，答应留他在餐馆做工，哪怕是做一名跑堂的小伙计也行。在过去一段时间的接触中，克罗克深知这两位老板的心理特点。为尽早实现自己的远大目标，他又主动提出在当店员期间兼做原来的推销工作，并把推销收入的5％让利给老板，麦氏兄弟见有利可图且又考虑到眼下店里确实人手不足，便十分爽快地答应了他的要求。

　　克罗克进入快餐店后，很快就掌握了其运作方式。为取得老板的信任，他工作异常勤奋，起早贪黑，任劳任怨。他曾多次建议麦克兄弟改善营业环境，以吸引更多的顾客，并提出配制份饭、轻便包装、送饭上门等一系列经营方法，以扩大业务范围，增加服务种类，获取更多的营业收入。他的每一项改革都使老板感到满意，他总是表现得那么坦诚，那么可信赖，给人留下了谦虚谨慎的极好印象。由于他经营有道，为店里招徕了不少顾客，生意越做越好，老板对他更是言听计从、百依百顺了。餐馆名义上仍是麦氏兄弟的，但实际上餐馆的经营管理、决策权完全掌握在克罗克的手中。这一切正是通向其最终目的的铺路石，可怜的两位老板一直被蒙在鼓里，对此并无丝毫戒心，甚至还在暗自庆幸当时留下克罗克的决定是对的，认为多亏他的有效管理和辛勤治店，餐馆的生意才这么兴隆，财源才滚滚而来，大有"伯乐相识千里马"之自豪与快慰。

　　不知不觉，克罗克已在店里干了6个年头。他的羽毛渐渐丰满，翅膀越来越硬，展翅腾飞的时机日趋成熟，他便暗暗加快了行动步伐，通过各种途径弄到了一大笔贷款。该与麦氏兄弟摊牌了，事到临头，不容再难为情继续拖延下去了，他知道两位老板素来喜欢贪图眼前利益，为眼前利益常常会忘记原来最基本的要求。为此，克罗克充分做好了谈判前的思想准备。一天晚上，克罗克与麦氏兄弟进行了一次很艰难的谈判。起初，克罗克先提出较为苛刻的条件，对方坚决不答应，克罗克稍作让步后，双方又经过激烈的讨价还价，最终克罗克以270万美元的现金，买下麦氏餐馆，由他独自经营。麦氏兄弟尽管有种种忧虑与不安，但面对如此诱人的价格，他们终于动心了。

　　第二天，该餐馆里发生了引人注目的主仆易位事件，店员居然炒了老板的鱿鱼，这在当时可以说是当地一特大爆炸性新闻，引起了巨大的轰动，而快餐馆也借众人之口，深入人心，大大提高了其在美国的知名度。到此为止，克罗克的"瞒天过海"之计也基本达到了预期目的。

克罗克入主快餐馆后，经营管理更加出色，很快就以崭新的面貌享誉全美，在不长的时间内，270万美元就全部捞了回来。又经过20多年的苦心经营，其总资产已达42亿美元，成为国际十大知名餐馆之一。

【点评】

克罗克实施"瞒天过海"计的成功，就在于他了解麦氏兄弟的脾气性格，仅以让利5％就轻易打入了麦氏快餐馆。随后通过长时间的潜移默化，对老板的刻意奉迎，克罗克换取了兄弟俩的信赖，使兄弟俩认为他处处替自己着想，认为双方利益一致，便自动消除了对他的猜忌，愉快地接受了他的多种建议。经过逐步渗透、架空，老板本已"名存实亡"，最后一场交易全部吃掉了麦克唐纳快餐馆，双方谈判以克罗克的"瞒天过海"计大功告成而宣告结束。

"舍博求微"寻商机

"尼西奇尿布"是日本福冈市一家名叫尼西奇的公司生产的。

尼西奇公司原来是一家生产雨衣、游泳帽、防雨篷等橡胶制品的综合性企业。"二战"后，尼西奇公司面对越来越激烈的市场竞争感到无所适从，公司面临倒闭的危险。

尼西奇公司的老板多川博在一个偶然的机会，从日本政府发布的人口普查资料中获悉，日本每年大约出生250万婴儿。由这条不显眼的信息，多川博突发奇想，即使每个婴儿每一年用两块尿布，那么全日本一年就要500万块，此外，再加上国际潜在市场，数量一定非常可观！

接着，多川博进一步考察了国内生产尿布的厂家，发现大企业根本不屑生产这类产品，连小企业也嫌弃，转产尿布一定大有可为！

多川博立即行动，他首先将公司更名为尼西奇公司，在生产上不断采用新技术、新材料，新设备，推出深受怀孕妇女欢迎的多模式的"尼西奇"尿垫。到了20世纪80年代，该公司年产尿布已达1000多万块，老板多川博更博得了"尿布大王"的美誉。

尼西奇公司在雨衣市场竞争激烈的情况下，毅然转产竞争不那么激烈的婴儿尿布，可谓是有战略眼光的。这说明虽然是小产品，只要有广阔的潜在市场，也是可以赚大钱的。

要发现商机，就要在小、新、奇等几个方面去开动脑筋。跟在别人后面是发现不了机会的，对于一些创业者来说，要想在竞争中立于不败之地，也得靠不断地去发现、去挖掘，才能在财富方面更上一层楼。

哈默是美国著名的企业家，曾经营着一个药厂，然而，一次小小的发现让哈默以壮士断腕的气概将自己的药厂卖掉，向新的领域进军。1921年，哈默在莫斯科的报纸上看到当时的苏联将进行一次全国扫盲运动，当时他并没有往心里去。但当他准备回国的时候，意外发现商店中的铅笔很少，而且价格很贵。哈默产生了一个大胆的想法——在当时的苏联办一个铅笔生产厂。他的举动令朋友们大惑不解，他们都不明白哈默怎么会想到去生产只有2美分一支的铅笔。但哈默认准了这是一个极好的机会，他从德国法伯铅笔公司高薪聘请了技术人员，很快就生产出铅笔。第一年他就获得了250万美元的纯利润，第二年达到了400万美元。哈默名声大振，并积累了最初的资本。

小商品可以赚大钱。尼西奇公司选择生产尿布这一小商品，主要是看准了日本每年新出生的250万婴儿，哈默选择生产铅笔，主要是看到了苏联的巨大市场。这正是应用了"能用于众人之所不能见"的思想，因为一般企业对这些小商品是不太注意的。此外，单一的小商品生产也有本身的优势：第一，由于是单一化经营，厂家可以获得技术优势和规模效益，有利于降低成本。第二，由于一般生活必需品的需求相对稳定，市场较为广阔，商品虽小，市场并不小。第三，由于是小产品，竞争者一般为小工厂，大公司一般不愿涉足，只要产品质量、管理过硬，就容易在竞争中克敌制胜。

【点评】

"舍博求微"，即舍弃博大、流行、引人注目的产品市场，选择微不足道、易被人忽视及用途独特的那部分产品市场。它是一种利用人们见大不见小、忽视小商品的心理而实行的市场开发策略。

第十一篇

决术

　　"决"就是作决定，下决断，所以本篇讲述的是关于决策的原则、方法以及决策的意义等问题。古语有云："当断不断，反受其乱"。文中也强调了"决"的重要性，认为善于判断情况，作出决断是万事成功的关键。

　　只有在知晓游说对象实情的条件下，才能做出正确的决策。否则，就会因困惑而制订不出有益于自己的决策来，不但自己的建议得不到对方的接纳，还会导致关系的疏远，甚至给自己带来祸害。决策过程的一个重要原则就是趋利避害，如想让别人采纳自己的建议，就得从对方的立场出发。在探知实情后，做出使对方觉得有利可图的决策，才易于被对方接纳。

【原文】

　　凡决物，必托于疑者①。善其用福，恶其有患②。善至于诱也，终无惑偏③。有利焉，去其利则不受也，奇之所托④。若有利于善者，隐托于恶，则不受矣，致疏远⑤。故其有使失利者，其有使离害者，此事之失⑥。

【注释】

　　①决物：决断事情。②善其用福，恶其有患：善于决疑者有福，不善于决疑者有祸患。③善至于诱也：善于解决疑难的人，通常先诱导对方道出实情。终无惑偏：最终决断事物才不至于感到困惑而产生误解。④奇之所托：寄托于奇谋。⑤此句意为：假如计谋可以给他带来好处，但其中隐藏着不利的一面，对方也不会接受你的决断，而渐渐地疏远你。⑥其有使失利者：作出决断却使人失去利益。其有使离害者：作出决断却使人遭到损害。离，通"罹"，遭致，遭遇。此事之失：这是不善于决断的失策之处。

【译文】

　　大凡决断事情，一定是因为犹豫不决，对事物存有疑问。善于决断就会得到福报，不善决断就会招致灾祸。善于决断的人，首先会诱得实情，然后加以定夺，这样就不会感到困惑，有所偏失。进行决断要带来利益，如果决断不能带来利益，就不会被接受，这就需要制订奇谋妙策，做到出人意料。某个决策可以给人们带来福祉和利益，但这种利益如果隐藏在表面不利甚至有祸患的形式里面，对方自然不会理解和接受，还会导致关系逐渐疏远。所以对事物的决断，有的会使人丧失利益，有的会使人遭致祸害，这都是决断的失误之处。

【原文】

　　圣人所以能成其事者有五：有以阳德之者①，有以阴贼之者②，有以信诚之者③，有以蔽匿之者④，有以平素之者⑤。阳励于一言，阴励于二言⑥，平素枢机以用⑦，四者微而施之⑧。于是度之往事，验之来事，参之平素⑨，可则决之。王公大人之事也，危而美名者⑩，可则决之；不用费力而易成者，可则决之；用力犯勤苦，然不得已而为之者⑪，可则决之；去患者⑫，可则决之；从福者⑬，可则决之。故夫决情定疑，万事之机⑭，以正乱治决成败，难为者⑮。故先王乃用蓍龟者，以自决也⑯。

【注释】

①以阳德之：用公开的方式来感化。②以阴贼之：用隐蔽险恶的方法来惩治。③以信诚之：以信用诚实的方法决断。④蔽匿：隐藏，掩饰。⑤以平素之：平素，平常，平时。意为待以常道。⑥励：勉励。一言：言辞专诚不二。二言：前后不一、真假难辨的话。⑦枢机：枢要。⑧四者微而施之：将这四者综合起来，然后小心谨慎地去施行。四者，指一言、二言、平素、枢机。⑨参：核对，对照。⑩王公大人：君王诸侯。危：崇高。⑪犯勤苦：忍受劳累困苦。不得已而为之者：出于不得已的原因非要替他出主意的。⑫去患：除去祸患。⑬从福：祈求幸福。⑭决情定疑：判定实情，解决疑难。万事之机：万事的枢纽、关键。⑮以正乱治决成败：用以拨乱反正，决断成败。难为：难以做到。⑯蓍龟：占卜的意思。蓍，蓍草，龟，龟甲，都是占卜工具。自决：用来帮助自己决断。

【译文】

圣人之所以能成就大业，手段大致有五种：有的用正面的道德感化，有的用暗地里的手段来对付，有的作出诚信的姿态与对方结成真诚的联盟以借用对方力量，有的用蒙蔽手段迷惑对方，有的却用一般化的手段按平常程序解决问题。使用"阳德"手段时要前后如一，要讲信誉。使用"阴贼"手段时却要真真假假，令人摸不清我们的真意。平常手段再加上关键时刻运用的"信诚""蔽匿"手段和阴、阳两手，这四种手段暗地里交互运用，一般问题都可以解决。解决问题时，要参验历史，考虑将来，对照现今，若可实施，就作出决断。王公大人的事情，虽然有危险因素，但我们可以用来博取美名，若可实施，就作出决断。不用耗费大的精力就容易获得成功的，若可实施，就作出决断。需要耗费很大精力，作出艰苦努力，但又非做不可的，若可实施，就作出决断。能除去祸患的，若可实施，就作出决断。所以，决情定疑，是一切问题的解决关键，这关系到国家的治乱，决定国家的成败，因此作出决断是很难的事情。所以，先王们才用蓍草和龟甲来指导自己决疑断难。

智慧运用

善其用福，恶其有患。善至于诱也，终无惑偏。
有利焉，去其利则不受也，奇之所托。

平原君舍财救赵

秦军攻打赵国，赵国的平原君去楚国求援，虽然楚王答应了出兵救援，但援兵迟迟不到。邯郸的形势迫在眉睫。秦军攻势日甚一日，步步紧逼，赵国军民奋力抵抗，终因寡不敌众，不得不收缩防线。邯郸城外尸横遍野，赵军战死者不计其数，负伤者得不到及时治疗。百姓深受其苦，全城笼罩在一片哀伤、忧郁的气氛中。久战不决，对赵国十分不利。在内乏粮草、外援未到的情况下，不出几日，赵国就得投降。国人忧心如焚，可又无计可施。

危险之际，门客李谈对平原君说："赵国也是公子之国，赵国将亡，公子不为之忧虑吗？"

平原君说："赵亡，我也不能独存，就要做秦人的俘虏了，我怎么能不忧虑呢？我曾去楚国搬救兵，可至今援兵未到，我正为此忧心忡忡呢！"

李谈说："现在邯郸的百姓，易子而食，濒临绝境；而公子的后宫累金积银，嫔妃婢妾衣食有余。前线将士刀剑用钝，削木为矛；而公子府库里钟磬如山，秋毫无损。如果邯郸失守，公子还能拥有这些东西吗？而如果邯郸解围，赵国保全，公子还担心得不到这些东西吗？现在公子若能把家人编入士卒，与百姓共同抗敌，把家中财物拿出来供应将士，前线将士会大受鼓舞，必誓死保卫邯郸，与敌军血战到底，公子以为然否？"

平原君本是慷慨之人，当即对李谈说："先生所言极是！为救邯郸，我愿尽遣家人为军，尽散家财助战。"

平原君听从李谈的建议，很快组织起3000人的敢死队，李谈也在其中。这支由男女老少组成的队伍，在与秦军作战中，不怕牺牲，奋勇拼杀，大乱秦军，使秦军不得不后退30里。秦军后撤，为赵国赢得了喘息的机会。

平原君又数次写信请求魏国援助。魏国公子信陵君率8万精兵侧击秦军。楚国公子春申君也派大将景阳领兵杀到。赵、魏、楚三国联军内外夹击，秦军大败。秦将郑安平被围困数日，最后带两万人投降赵国。秦国统一天下的进程由此而减慢。

邯郸解围，赵王封赏将士。由于平原君功勋卓著，策士虞卿为平原君向赵王请赏。他面见赵王说："公子平原君国难之际，出使不辱使命，搬来楚魏援兵，解邯郸之围；又编家人入伍，散私财助战，击退秦军进攻。其心耿耿，其功无量，大王不可用其力而忘其功，请大王为赵公子加封。"

赵王听从虞卿之言，打算封平原君为相，赐给他东武城。

平原君的门客公孙龙听说此事，对平原君说："舍下听说赵王要赐封公子，舍下以为公子不宜受封。"

平原君说："愿听先生细说。"

公孙龙说："在保卫邯郸的战役中，赵国将士伤亡惨重，连一些王公大臣都参加了战斗。公子为赵王出使楚魏，不辱使命，当然功不可没。但论功行赏，许多人都应当受封赏，论才能也有像公子这样智勇双全的人。而赵王封公子为相，赐封公子土地，外人则会认为您是沾了王室的光。您若受封，必然损害您在赵国人心中的形象。您不受封，其他人也不好请求加封。这对大战后赵国的复兴有利。所以我认为公子还是不受封为好。"

平原君高兴地说："先生说得极有道理，就依你之言吧。"

平原君辞功谢赏的仁义之举赢得了国人的尊重，他的威望得到了进一步的提高。

【点评】

"善其用福，恶其有患"可以看作替人出谋划策的评定标准，因为每个人都是趋利避害的，平原君也不例外。他之所以接纳了李谈的建议，就是看到了赵国被灭自己也不能独活，如果舍财救赵成功，自己就可以获得更多的好处，所以才接受了李谈的建议。保卫邯郸成功后，平原君又依公孙龙之言拒绝受封，那是为了更长远的利益，暂时的放弃也是为了更长久地拥有，吃点小亏却能在以后得到更多的便宜。

利而诱之降众匪

宋仁宗当政时期，朝廷腐败，官员贪婪，群盗并起，百姓苦不堪言，大臣富弼请求宋仁宗惩治匪徒。

仁宗皇帝叹息道："各地盗匪多如蚁群，一时蜂拥而至，我哪有这么多的财力兵力来对付他们呢？"

富弼说道："难道就任他们在各个州郡横行霸道、为非作歹吗？百姓本来就难以生存，现在又遭此厄运，天理何在啊？皇上您尊贵，岂能任他们胡作非为？应该替天行道啊！"

宋仁宗满脸愁容地对富弼说："我的臣民受苦，我怎么能不心痛呢？你有什么好的计策，不妨告诉我，替我分担忧愁啊！"

富弼想了想回答道："世间的凶恶险诈之徒，并不是天生如此。起初他们也是寒窗苦读，胸中有一番抱负的。他们期待参加科举考试，大展宏图。怎奈长大后，却发现自己并未学业有成，最后名落孙山，仕途坎坷！于是他们开始愤世嫉俗，郁郁不得志，彻底毁了自己。他们略微知道一些朝代兴亡的缘由，于是便转而习武，潜心钻研兵法，由此寻找出路。他们结党成群，煽动民众，扯起大旗，占山为王，行事狡诈。这些人虽然成不了什么气候，却给朝廷带来了危害。"

仁宗皇帝见富弼分析得非常有道理，便试探地问道："你既然分析得如此透彻，一定有平定他们的好办法吧？"

富弼摇头道："对待这样逆天而行的人，不能强行消灭他们，只能采取亲和的办法。"

"什么是亲和的办法？"

"就是以柔克刚，水乃天下之至柔，看似无力，却可以冲刷万物，遇山绕山，逢石避石，而山石都作为它的陪衬存在。所以，臣请求皇上命令有关官员以朝廷的名义拜访这些人，把他们当作被朝廷遗忘的英雄，重新推荐给朝廷。然后根据这些人的能力，适当地给予官职任用。"

宋仁宗半信半疑道："他们肯为朝廷效力吗？"

富弼笑道："他们之所以落草为寇，还不是为了让自己有权有势！既然给他们封官，哪有不效力的道理？"

于是宋仁宗依照富弼的办法去做。

不久，朝廷发出了数千份招降的书信，不到半年，盗寇竟消失了大半。

【点评】

"善至于诱也，终无惑"，人人都喜欢做对自己有利的事，更何况是匪徒呢？宋仁宗时朝政腐败，吏路不畅，有才能的人无用武之地，只得聚众生事，另谋出路。这些人多半是为了自己的私利，并没有什么报国爱民的理想，只要有当官发财的机会，他们就会放下"替天行道"的大旗。富弼建议采用招安的方法，以利诱之，可谓对症下药。

一言之辩退敌军

战国时，楚国上柱国昭阳带兵攻打魏国，在襄陵打败魏军，得到八座城池。

昭阳大喜之下又欲移兵攻打齐国，齐王得到消息后，召群臣商议。

当时齐国的军队战斗力还很弱，若与楚兵交战，必是惨败，但固守城池不出，也不是长久之计，所以齐王为此很担心。群臣也没什么好办法来阻挡楚兵的进犯。

正在齐王一筹莫展之时，忽有人报说秦国使臣陈轸前来拜见。

陈轸上殿后见齐国君臣皆面有难色，问其原因，才知道楚国上柱国昭阳在得了魏国八座城池后，又来攻打齐国，他便对齐王说道："大王不必担忧，待我去叫他罢兵回国。"

齐王无法，只好抱着试一试的态度让陈轸去见昭阳。

陈轸见到昭阳后开口问道："请问按楚国的赏制，对那些击败敌军、杀死敌将而得城池的人，应给予什么奖赏呢？"

昭阳回答说："官封上柱国、爵封上执。"

陈轸又问道："还有比这更高的奖赏吗？"

"那要数令尹了。"

"您回国后，能封令尹吗？"

昭阳哈哈笑道："当然没问题了！因为我马上就能当令尹了。"

陈轸也仰头哈哈大笑。

昭阳奇怪地问："您笑什么呢？难道您认为我在说谎吗？"

陈轸摇头道："我没有丝毫怀疑之心，只是我觉得您既已是令尹了，又何必自取降职杀身之祸呢？"

昭阳听了，气愤地问道："您这是什么话？"

"将军请莫动怒。让我给您讲这样一个故事。有人送给他的门客一杯酒，门客们商量说：'一杯酒，这么多人饮用，毫无趣味可言。我们每人画一条蛇，谁先画成，那杯酒就让他一人饮用。'众人皆称好，于是取来笔墨在地上画起来。有一人顷刻便画完了，拿起酒杯欲喝，他见众人还没有画完，便自以为是地给蛇画起脚来。另一人画完，抢过酒杯一饮而尽，讥笑那人道：'你见过有脚的蛇吗？它穿不穿鞋呢？'先画完的人后悔不已。

"现在您攻打魏国取城八座已是画成蛇了，若再进攻齐国，打下来，你的官职还是令尹，若打不下来，爵位被夺，不亦悲乎？况且还有损于楚国的威望。两下皆不讨好，这与那个画蛇添足的人有什么区别呢？您不如带兵回国，功德圆满，得楚王及全民的欣赏和赞颂，何乐而不为呢？"

昭阳仔细想了想，觉得陈轸说得有理，果真连夜撤兵回楚国了。

【点评】

陈轸在此的游说之法能够达到最终的目的，其原因也不外乎陈说利弊。陈轸从昭阳的角度仔细分析昭阳所处的位置，指出其伐齐纯属多此一举，并用寓言的形式点明其利弊，使昭阳不得不服。打了胜仗，自己已身居显位，也不会得到更高的地位了；打了败仗，还可能会受到惩罚，更何况自己又没有必胜的把握，权衡利弊，当然择利己者而从之。

【现代活用】

福特车价廉物美

亨利·福特不但首创了福特T型车，还首创了大批量生产方式，所以，他制造的汽车价廉物美。

福特有他独特的经营思想。他认为，浪费和贪求利润妨碍了买方的切身利益。浪费是指在完成某一工作时花费了多于这项工作所需的精力，而贪求则是由于目光短浅，应该以最小的物力和人力的损耗来进行生产，并以最小的利润将货销出，以达到整个销售额的增加即"薄利多销"。

为了实现这一经营理念，福特运用不同的经营手段，对产品的标准化、生产过程、劳资关系、成本核算等进行了一系列改革，开辟了一个独特的"薄利多销"的经营途径，而大规模装配线是实现大批量生产的主要手段。

福特的构想是：建立一条输送带，把装配汽车的零件和敞口的箱子装好，放到转动的输送带上，送到技工的面前。换言之，负责装配汽车的工人，只要站在输送带的两边，所需要的零件就会自动送到面前，用不着自己再费事去拿。

这一设计非常好，节省了技工们来往取零件的时间，装配速度自然加快了。可是，实际使用之后，出现了一个很大的缺陷。

由于输送带是自动运输的，在前半段比较简单的装配非常适用；到了后半段，向车身上安装零件时，比较麻烦，技工们赶不上输送的速度，往往把送过来的零件错过了。而这些在输送带上没有来得及取下的零件，都堆积在后面的地板上，妨碍了输送带的转动。

没有多久，福特想出了改进的办法，建立了一种新的生产线。

他挑选一批年轻力壮的人，拖着待装配的汽车底盘，通过预先排列好的一堆堆零件，负责装配的工人就跟在底盘的两边。当他们经过堆放的零件前面时，就分别把零件装到汽车底盘上。

这一改进使装配速度大大地提高。以前要12个半小时才能装配好一部车，现在则只需要83分钟就完成了。福特被誉为"把美国带到轮子上的人"就是从这时候开始的。他提高了装配速度，降低了成本，各公司的廉价车不久都纷纷问世，这是造成美国汽车工业真正起飞的重要因素。

输送带的设立，使任何一个负责装配的工人都没有偷懒的机会。因为经过多次的试验，福特把输送带转动的速度固定好了，在两边的工人，每人只负责一件工作，只要不停地做，一定可以做得好。可是你稍微一偷懒，要用的零件就转过去了，只好等下一个。如果你负责的零件与下一个人的工作有关联性，由于你没有装上，下面的人也就无法工作。在这种情形下，走上生产线的人都要全神贯注，所以他们都自称"机械人"。实际上，他们也真像输送带两边的机器，配合转动的节奏，把零件装到车上，动作是千篇一律的，时间快慢也是一定的。

【点评】

"善其用福，恶其有患。善至于诱也，终无惑偏。"就是说人之常情是有了福祉就高兴，有了祸患就厌恶。善于决断的人，首先诱得实情，然后加以定夺，自然不会产生困惑而只会使其受益。福特认为，浪费和贪求利润妨碍了买方的切身利益，应该以最小的物力和人力的损耗来进行生产，并以最小的利润将货销出，以达到整个销售额的增加，即"薄利多销"。正是在这种经营思想的指导下，他才设立了一条输送带，首创了大批量生产方式，实现了汽车的价廉物美。

有以阳德之者，有以阴贼之者，有以信诚之者，
有以蔽匿之者，有以平素之者。

巧出奇计弱楚国

春秋战国时期，齐国的宰相管仲深谋远虑，颇有远见。在他的辅佐下，齐桓公获得了军事上的巨大胜利，陆续消灭了散布在各个地方的割据势力，只有强硬的楚国还没有臣服齐桓公。

连战皆捷的几位大将建议齐桓公："您为什么不一鼓作气，出兵讨伐楚国，一统江山呢？我们随时为您效劳！"

这番话说到了桓公的心上，他看着手下将领主动请战，心中甚是欢喜，于是决定出兵。管仲得知齐王要出兵，马上前去阻止，劝道："现在不是攻打楚国的好时机，大王千万不要草率行事！"

"为什么？你没有看到现在士气大振吗？而且我国粮草充足，我实在找不出时机不成熟的理由！"齐桓公有些不解。

"我们连续征战数次，兵马早已疲惫不堪。再说楚国和其他诸侯国不一样，它实力雄厚，国力强盛，现在进攻实在很危险！"

"那我们就眼看楚国继续强盛下去吗？难道等着它把我消灭了不成？"齐桓公急了。

管仲笑着说："我自有办法，而且保证您一年之内不动一刀一枪，不伤一兵一卒，就让楚国降服！"

齐桓公半信半疑，但看着管仲胸有成竹的样子，就放手让他实施既定的计划。于是管仲命人铸造不计其数的铜币，然后派一百名商人去楚国买鹿，临走时嘱咐他们说："齐桓公特别喜欢观赏鹿，愿以重金购买活鹿。"

商人们到了楚国后，四处悬赏购买活鹿。梅花鹿在楚国很普遍，不值钱，两枚铜币就能买到一头，人们大都把它们宰杀了吃肉。楚国人一听有人重金购买活鹿，于是纷纷到山上捕获。随着猎鹿人的增多，鹿越来越少，而鹿的价格也一涨再涨，从开始的5枚铜币到10枚铜币。几个月之后，商人又抬高了价格，40枚铜币一头。在当时，40枚铜币可不是小数目，能买2000斤粮食。楚国上下见有利可图，都放弃自己的行当去寻找野鹿。农民变成了猎人，战士也

不顾纪律，上山捕鹿。

不知不觉，一年就快到了。管仲对齐桓公说："您现在可以召集人马，出兵楚国了。现在楚国只有数之不尽的铜币！农民因为猎鹿荒废了田地，没有充足的粮草供应；士兵因为猎鹿无心操练，丧失了作战的能力。成熟的时机已经到了！"

齐桓公听从管仲的意见，放出发兵的消息。楚王见粮草短缺，人民因为饥荒四处逃亡，士兵也都无心恋战，如果自己勉强打下去，只有死路一条。他连忙派使臣向桓公求和，心甘情愿地归顺了齐国。

【点评】

齐桓公在成其霸业中，征服楚国的方式就是利用的"阴贼术"。他采用管仲的诡计，以"买鹿之谋"让楚国在不知不觉中受到削弱。楚国人多势众，楚王绝不会料到一年后，竟没有人愿意种粮，曾经号称铁甲雄狮的军队会变成病猫。

代人受过收人心

周襄王二十五年（公元前627年），秦穆公趁晋文公病逝、晋国上下无暇他顾之机，派孟明视、西乞术、白乙丙三人出兵伐郑，结果在崤山遭到伏击，全军覆没，三将均被生擒。晋襄公的嫡母文嬴是秦穆公的同宗之女，后来她为他们说情，三人才幸免一死，逃回秦国。

孟明视三人逃回国内的消息一传出，立即有人向秦穆公进谏："孟明视、西乞术和白乙丙身为秦将，作战不利，丧师辱国，应立即杀掉以平民愤。"

还有的大臣说："他们三人统率秦国子弟出关，只有他们三人生还，其余全部命丧崤山，实在可恶，理应将其斩杀以慰国人。"

更有人说："当年城濮之战，楚军战败，楚国国君杀元帅以儆三军，您也应当效法此举。"

一时间大臣议论纷纷，众口一词，要求秦穆公杀掉三人。

秦穆公听了，对大家说："这次出兵，是因为我不听蹇叔、百里奚的劝告，才导致失败。这都是由我一个人引起的，所有责任都应由我一人承担，同其他人毫无关系。"

众大臣听后都瞠目结舌，说不出话来，不知道他到底是什么意思。

秦穆公深深知道，孟明视三人是秦国不可多得的勇将。秦、晋争霸中原的战争刚刚开始，自己正在用人之际，杀掉三人，肯定有百害而无一利。况且晋襄公放回三将，显然想借刀杀人，既要除掉仇人，又要获得秦国的好感。胜败乃兵家常事，凭三人的本领，将来总有一天能打败晋国，洗雪耻辱。

于是，他不顾群臣的反对，身穿白衣，到郊外迎接孟明视、西乞术和白乙丙。一见面秦穆公就哭着向他们表示安慰，并对死去的将士表示悼念。孟明视三人非常感激，发誓要忠心效命于秦穆公。

不久，秦穆公又任命孟明视、西乞术和白乙丙三人为将，统率军队。三人都感激国君宽宏大量，纷纷竭尽所能，辅佐秦穆公整顿军备，加强军队的训练。

经过一段时间的精心准备，三人在后来的战役中一举大败晋军，不仅报了被俘之仇，而且使秦穆公成为中原霸主。

【点评】

秦穆公在此以"信诚术"使孟明视三人深受感动，他代将受过，取人以信，示人以诚。其高明之处有三：一是勇于承担责任，不诿过于人；二是能分清形势，不错过有用之人；三是善于笼络人才收买人心，并最终成就霸业。

深藏不露杀逆臣

五代时期，后蜀国国君孟昶于公元934年即位。他在危机四伏，烽烟迭起的混乱年代里做了30多年的"偏安之王"，实属不易。

孟昶即位时才16岁，将相大臣都是老臣旧将。这些人自恃资历深厚，并不把这个年幼的皇帝放在眼里。他们骄恣放肆，为所欲为，公然违反国家制定的法律，建造豪华房舍，规模巨大，浪费钱财，引起了人们的不满。其中以李仁罕、李肇、张业、赵廷隐最为过分。

孟昶刚即位，大将李仁罕便提出要主管六军的要求，他的言词充满了威胁。他不但派人到枢密院提出明确的要求，还到学士院让人按照他的要求起草命令，根本就不通过孟昶，这不仅是目无幼主，实际上是犯上作乱。

这一咄咄逼人的举动深深地刺激了孟昶，他知道这样下去的后果是什么。他当然不愿意就此受到别人的摆布，可是他怕张扬出去会引起叛乱，无法控制局面。

于是，他隐忍不发，还请李仁罕吃饭，表面上接受了他的条件，任命李仁罕为中书令，主管六军。然后，等李仁罕进宫朝见时，孟昶命令武士将他捉住，当场处死。

李仁罕一死，曾假称有病不跪的侍中李肇才知道新君的厉害。他吓得魂不附体，当再次见孟昶时，他扔掉拐杖便跪了下去。孟昶因为他过去对自己十分不敬，勒令他退官隐居，李肇便由此徙居邛州（今四川省邛崃县）。

李仁罕的外甥张业在李仁罕被杀时，正执掌禁军。禁军的军队虽然不多，但直接掌管皇帝宫廷的守卫，如果他以替舅报仇为名而造反，那后果将不堪设想。所以，孟昶怕他反叛，当时不敢动手处置他，而是千方百计加以笼络。他甚至把这个武夫任用为宰相，又兼判度支。

张业在家里私设监狱，关押欠债的人。他滥施酷刑，制定了一种"盗税法"，规定税官吞没赋税的，照吞没的数目十倍罚款。税官受了罚，无处筹钱，自然如数从百姓身上勒索。这种苛刻的税法使得百姓难以承受，怨声载道。身为一国之君的孟昶闻知后，当即废除此法。

到了后蜀广政十一年（公元948年），孟昶觉得自己已经积聚了一定的势力，认为诛杀奸臣的时机已到，就与禁军将领官思廉密谋，用诛灭李仁罕的办法，把张业在朝堂上捉住处死。

卫圣都指挥使兼中书令赵廷隐见事不妙，急忙以老为由还乡。至此，故将旧臣基本上被除尽，剩下的也都不敢藐视这位新主，孟昶这才真正掌握了蜀国的大权。

【点评】

孟昶在稳固自己政权的过程中运用的多是"蔽匿术"。他先以请李仁罕吃饭将其稳住，后在朝堂上将其铲除，这对其他大臣起到了一定的震慑作用。后来他又对张业进行笼络，当时机成熟时，再故技重施，在朝堂上又将其处死。所有的这一切，都做得滴水不漏，让人防不胜防，这也正是"蔽匿术"的独到之处。

故夫决情定疑，万事之机，以正乱治决成败，难为者。

密谋图变成帝业

隋朝末年，李渊起兵反隋，终于推翻了隋炀帝的统治。随着战争的结束，李渊之子李世民被封为秦王，他的地位已不同往日，而李建成则利用太子的优越地位，频频向李世民发难。

武德九年（公元622年）五月一日晚，李世民应邀到太子府赴宴，饮酒数杯，突然感到心口剧痛，连连吐血，他连忙命人把自己扶回府中，总算保住了性命。还有一次皇家打猎时，太子让部下给秦王备马，结果，秦王骑马差点被摔死。

秦王频频遇险，王府上下极为惊骇。房玄龄觉察到事态的严重，他认为，太子与秦王的嫌隙已经形成，公开的较量在所难免。一旦两人兵戎相见，刚刚统一的国家又要陷于战祸之中，这与他治国安民的理想是相违背的。他希望李世民能先发制人，力挽狂澜，从而达到天下的长治久安。于是他劝李世民："事势如此，不如向周公学习，对外安抚周围各国，对内安抚社稷，先下手为强。否则国家沦亡，身名俱灭，您应早做决断，绝不能再迟疑！"

此时的朝中，太子与秦王两派已是剑拔弩张。为了打击李世民，李建成想方设法排挤他的谋士勇将。他告诉李元吉，秦府中最有谋略的人是房玄龄和杜如晦。因此，他们在李渊面前极力中伤房、杜二人，并最终通过李渊的圣旨把他俩逐出了秦王府。接着，他们又利用调兵遣将的机会，设法调动秦王的部将。程咬金原是秦王府统军，是秦王的得力干将，李建成奏请父皇让他出任康州刺史，程咬金却借故拖延，滞留长安。

李世民看到这种情况，知道再等下去，只有死路一条，他决定按房玄龄的计谋，先下手为强，发动政变，杀掉太子，逼父禅位。于是，他派长孙无忌秘密召见房玄龄、杜如晦。房杜二人不清楚秦王究竟是否下定决心，他俩故意激将，对长孙无忌说道："皇上下旨命令我们不再为大王办事，我们如果私自见大王，就是死罪，不敢奉召。"

李世民得知后大怒："怎么连他们都不愿忠诚于我！"当即他取下佩刀，对尉迟敬德说："你再去一次，如果他们无心见我，就拿他俩的人头来见我！”

尉迟敬德和长孙无忌又秘密召见房杜二人，对他俩说：“大王决心已下，你们快来谋划大事吧。”

房玄龄和杜如晦便穿上道袍，乔装打扮，秘密进入秦王府，同秦王密谋对策。

武德九年六月三日，李世民进宫密奏太子建成、齐王元吉淫乱后宫以及试图谋害自己的事情。李渊听了，便命令他们明日一同进宫对质。次日清晨，李世民率领尉迟敬德等人在宫城北门玄武门事先设下埋伏，趁李建成、李元吉入朝没有防备的时候，将他们射死，这就是历史上有名的“玄武门之变”。

政变后，李渊被迫以秦王李世民为太子，并交出大权，李世民成为实际上的皇帝。两个月后，全国局势稳定，李渊便把皇位传给了李世民，退为太上皇。李世民终于登上皇帝的宝座，改年号为贞观，从此，翻开了唐朝历史新的一页。

【点评】

“决情定疑，万事之机”，意思是说判断实情、解决疑难是成就万事的关键，直接关系着事情的成败。正所谓当断则断，否则就会反受其乱。李世民抓住时机，当机立断，才成功登上了帝王的宝座。

楚霸王优柔寡断

刘邦的军队驻扎在灞上，没有跟项羽相见。刘邦的左司马曹无伤就派人去告诉项羽说：“刘邦想占领关中称王，让子婴做他的国相，珍珠宝器都归为自己所有。”

项羽听了非常生气地说：“明天用酒肉犒劳士兵，要让他们打败刘邦的军队。”此时，项羽的军队有40万人，驻扎在新丰县鸿门；刘邦的军队有10万人，驻扎在灞上。范增劝告项羽说：“刘邦在山东时，贪图财物，喜爱美女。现在进入关中，财物一点都不要，妇女一个也不亲近，这说明他的志向不小。我叫人去看过他那里的云气，都是龙虎形状，为五彩的颜色，这是天子的云气啊。你赶快攻打他，不要失掉时机！”

楚国的左君项伯，平时和留侯张良友好。张良这时候跟随着刘邦。项伯就连夜骑马赶到刘邦军中，私下会见了张良，详细把事情告诉张良，想叫张良和他一起离开刘邦，说："不跟我走将会一起被项羽所杀。"

张良说："我替韩王护送沛公入关，沛公现在有难，我逃跑离开是不讲道义的，我不能不告诉他。"

张良于是就把情况详细告诉了刘邦。刘邦大吃一惊，说："怎样应付这件事呢？"

张良说："谁替大王献出这个计策的？"刘邦回答说："浅陋无知的人劝我说：'把守住函谷关，不要让诸侯进来，秦国所有的地盘都可以由你称王了。'所以我听信了他的话。"

张良说："大王的军队能够抵挡住项王的军队吗？"

刘邦沉默一会儿说："本来就不如人家，怎么办呢？"

张良说："请让我去告诉项伯，说沛公不敢背叛项王。"

刘邦说："你怎么和项伯有交情的？"

张良说："在秦朝的时候，项伯和我有交往，项伯杀了人，我救了他；现在有了紧急的情况，幸亏他来告诉我。"

刘邦说："你们的年龄，谁大谁小？"

张良说："他比我大。"

刘邦说："你替我把他请进来，我得用对待兄长的礼节待他。"

张良出去，邀请项伯。项伯立即进来见刘邦。刘邦就奉上一杯酒为项伯祝福，并约定为亲家，说："我进入关中，极小的财物都不敢沾染，登记官吏、百姓的户籍，封闭了收藏财物的府库，以等待将军的到来。所以派遣官兵去把守函谷关的原因，是为了防备其他盗贼的进出和意外变故。我日日夜夜盼望着将军的到来，怎么敢反叛呢？希望你对项王详细地说明，我是不敢忘恩负义的。"

项伯答应了，跟刘邦说："明天你一定要早些去向项王谢罪。"

刘邦说："好。"

于是项伯又连夜离开，回到项羽军营里，详细地把刘邦的话报告项羽，还趁机说："刘邦不先攻破关中，您怎么能进来呢？现在人家有大功您却要打人家，这是不仁义的。不如就趁机友好地款待他。"项羽答应了。

刘邦第二天带领一百多人马来见项羽，到达鸿门，谢罪说："我和将军合力攻打秦国，将军在黄河以北作战，我在黄河以南作战，然而自己没有料想到能够先入关攻破秦国，能够在这里再看到将军您。现在有小人的流言，使将军和我有了隔阂……"

项羽说："这是你左司马曹无伤说的。不然的话，我怎么会这样呢？"

项羽当天就留刘邦同他饮酒。项羽、项伯面向东坐，亚父范增面向南坐，刘邦面向北坐，张良面向西陪坐。

范增多次使眼色给项羽，举起他所佩戴的玉玦向项羽示意多次，项羽默默地没有反应。范增站起来，出去召来项庄，对项庄说："君王为人心肠太软，不忍下手。你进去上前祝酒，祝酒完了，请求舞剑助兴，顺便把刘邦击倒在座位上，杀掉他。不然的话，你们都将被他所俘虏！"项庄就进去祝酒。

祝完酒了，项庄说："君王和沛公饮酒，军营里没有什么可以用来娱乐，请让我舞剑助兴吧。"项羽说："好。"项庄就拔出剑舞起来。项伯也拔出剑舞起来，并用自己的身体掩护刘邦，项庄终于得不到机会刺杀刘邦。

于是张良到军门外去见樊哙。樊哙问："今天的事情怎样？"

张良说："非常危急！现在项庄拔剑起舞，他的用意在沛公身上。"

樊哙说："这太紧迫了！请让我进去，和他们拼命。"樊哙就带着剑拿着盾牌进入军门。守卫军门的士兵想要阻止，不让他进去。樊哙侧举盾牌一撞，卫士跌倒在地上。樊哙就进去了，揭开帷幕面向西站立，瞪眼看着项羽，头发直竖起来，眼眶都要裂开了。项羽手握剑柄直起身子说："客人是干什么的？"

张良说："他是沛公的卫士樊哙。"

项羽说："壮士！——赏他一杯酒。"左右的人就给他一大杯酒。樊哙拜谢，站起来一口气把酒喝了。

项羽说："赏给他一只猪腿。"左右的人就给了他一只半生的猪腿。樊哙把盾牌反扣在地上，把猪腿放在盾牌上，拔出剑切着吃起来。

项羽说："壮士！能再喝吗？"樊哙说："我死尚且不怕，一杯酒又哪里值得推辞！秦王有像虎狼一样凶狠的心肠，杀人唯恐不能杀尽，处罚人唯恐不能用尽酷刑，因此天下老百姓都背叛了他。沛公进入咸阳，一丝一毫财物都不敢占有动用，封闭了宫室，退军驻扎在灞上，以等待大王到来，特意派遣将士把守函谷关，是为了防备其他盗贼的出入和发生意外的事变。像沛公这样劳苦功高的人，您没有封侯赏赐，反而听信小人谗言，要杀有功劳的人，这是灭亡的秦国的后续者啊！我自己认为大王不应该采取这样的做法。"

项羽无话可答，说："坐吧。"樊哙便挨着张良坐下。

坐了一会儿，刘邦起身上厕所，顺便招呼樊哙一道出去。刘邦对樊哙说："刚才出来没有告辞，这怎么办呢？"

樊哙说："做大事情不必顾虑细枝末节，讲大礼不必讲究小的礼节。现在人家正像切肉的刀和砧板，我们是鱼和肉，为什么还要告辞呢？"于是沛公叫张良留下向项羽辞谢。张良问道："大王来时带些什么礼物？"

刘邦说："我拿了一对白玉璧，准备献给项王，一对玉酒杯，要送给范增。正赶上他们发怒，不敢献上去，你替我献吧。"

张良说："遵命。"刘邦丢下随从的车辆、人马，独自一人骑马，同持剑拿盾徒步跑着的樊哙、夏侯婴、靳强、纪信等4人一起，顺着骊山脚下，取道芷阳，抄小路逃走。刘邦行前对张良说："从这条路到我军营不过20里罢了。请你估计我到了军营，你再进去见项王。"

估计刘邦抄小道已经回到军中，张良进去辞谢，说："沛公不能多喝酒，已经醉了，不能前来亲自向大王告辞，叫我奉上白玉璧一对，敬献给大王；玉杯一对，敬献给大将军。"

项羽说："沛公在哪里？"

张良说："听说大王有意责备他，他离开鸿门，已经回到了军中。"项羽就接受了白玉璧，放到座位上。范增接受玉杯，丢在地上，拔出剑砍碎了它，说："唉！这小子不值得和他共谋大业！夺走项王天下的一定是沛公。我们这些人就要被他俘虏了！"

刘邦回到军营，立即杀掉曹无伤，以解心头之恨。

【点评】

项羽鸿门宴错失除掉刘邦的最佳时机，可以说是当断未断，以致最终让刘邦逃走，而自己最后却落得个四面楚歌、垓下自杀的结果。刘邦逃走之后，首先便是杀掉了曹无伤，与项羽形成了鲜明对比。观鸿门宴的整个过程，项羽有许多杀掉刘邦的机会，但都一一错过，这与他的优柔寡断是分不开的。刘邦回营立即杀掉曹无伤，展现了其果敢的作风，这可能就是他们各自成败的原因吧。

诺基亚当断则断

一提起芬兰的诺基亚，许多人都非常熟悉，它与美国的摩托罗拉、瑞典的爱立信曾同为世界移动电话的三巨头。然而就在1997年，当新任总经理鲁玛·奥里拉刚上任时，诺基亚还是债台高筑，业务混乱，其经营状况尚陷于空前的困境之中。

由于传统大市场苏联东欧的快速崩溃，芬兰的经济深受打击，诺基亚公司也一落千丈。从1991年至1993年，该公司仅电子工业一个部门就亏损27亿美元。面对残酷的现实，奥里拉痛下决心，作出了"最无情的决断"：舍弃公司的其他产业，全力投入以移动电话为主的通信市场。

这一明智的决策让他们抓住了千载难逢的好机会。后来，世界移动电话通信市场发展势头迅猛，而性能卓越的数字式移动通信电话正取代固有的蜂窝式便携电话，这恰恰是诺基亚的技术优势所在。

事实证明奥里拉的决策是对的。

首先被调整的是公司的家电产业，诺基亚卖掉了长期亏损的显像管厂，一下子就辞退了2000名员工。接下来奥里拉又拿设在赫尔辛基的总部开了刀，那些上了年纪而又业绩平庸的老职员全部被请走，取而代之以充满活力的年轻人。奥里拉还积极采纳了年轻职员的革新建议，使诺基亚公司迅速摆脱了困境。

【点评】

"决情定疑，万事之机，以正乱治决成败，难为者。"就是说决情定疑，是一切问题的解决关键，这可能关系到国家的治乱，决定国家的成败，因此，做出决断是很难的事情。面对残酷的现实，诺基亚公司痛下决心，做出了"最无情的决断"：舍弃公司的其他产业，全力投入以移动电话为主的通信市场，终于抓住时机获得了迅猛的发展。

第十二篇

符言术

"符"原意是指古代朝廷传达命令、调兵遣将时所用的信物，上面刻有与使用相关的文字。"符言"在此引申为君主所下达的命令，所以本篇着重讲述的是为君王设计的一套御国治民的策略。如何治理天下、统领百官，以及如何具备一国之君所应有的素质，都在文中得以体现。

本篇所讲到君主理应掌握的为政之道，不但没有涉及儒学所说的君臣平等之说，也没有法家所提到的君臣如虎狼的利害关系，而是注重如何使用计谋驾驭臣民，以维护自己的统治，这是本篇的奇特之处。

【原文】

安徐正静，其被节无不肉①。善与而不静，虚心平意，以待倾损②。有主位③。

目贵明，耳贵聪，心贵智④。以天下之目视者，则无不见；以天下之耳听者，则无不闻；以天下之心虑者，则无不知。辐辏并进，则明不可塞⑤。有主明⑥。

听之术曰：勿坚而拒之⑦。许之则防守，拒之则闭塞⑧。高山仰之可极，深渊度之可测⑨。神明之听术正静，其莫之极⑩！有主听⑪。

【注释】

①安徐正静：安详从容，正直沉静，指人的修养而言。②倾损：倾倒与损害。③主位：身居君主之位的人，应有安徐正静的修养。④明：明亮，明了。聪：听觉灵敏。智：智慧，思维敏捷。⑤辐辏：辐，车轮中连接轴心和轮圈的木条。辏，车轮之辐集于轴心。⑥主明：身为君主者要明察。⑦勿坚而拒之：不要坚持己见而拒绝对方。⑧许之则防守：听信他人的意见，众人就会归服而保卫君主。拒之则闭塞：假如拒绝采纳臣民的进言，君臣之间的通道就会闭塞。⑨可极：可看到顶点。可测：可以测出深浅。⑩其莫之极：指神明的君主，其权术高，深不可测。⑪主听：对于听信人民言论之术，君主必须具有广大的胸襟度量。

【译文】

在位者应该安详从容、正直沉静，就像骨节必须有肉附着于其上一样，才能活动自如，发挥作用。在位者要善于给予或者放纵对方，使之不能安静，自己则平心静气，静观其变。以上所说的就是君王安于本位的道理。

眼睛贵在明亮，耳朵贵在灵敏，心灵贵在有智慧。身为人君，若能以天下人的眼睛去看，就没有看不到的东西；若能以天下人的耳朵去听，就没有听不到的声音；若能以天下人的心灵去思考，就没有无法知晓的事情。假如真的能做到以上几点，天下万民就可以像车轮的辐条都集向轴心一样归顺于君主，君王的视听也会如日月照临，不会被阻塞和蒙蔽。以上所说的是君王明察秋毫、了解民生疾苦的道理。

采纳别人进言的方法是：不要固执己见而拒绝对方。采纳进言，民众就会拥护和捍卫君王；拒绝进言，君王就会闭目塞听。山峰虽高耸在上，抬头仰望就可以看到其最高的顶点；深渊虽深不可测，但经过测量仍然可以知其深度。神明的君王，其听言之术正直沉静，高深玄妙，是深不可测的。以上所说的就是君王采纳进言、端正视听的道理。

【原文】

用赏贵信，用刑贵正①。赏赐贵信，必验耳目之所闻见②。其所不见闻者，莫不暗化矣③。诚畅于天下神明，而况奸者干君④？有主赏⑤。

一曰天之，二曰地之，三曰人之⑥。四方、上下、左右、前后，荧惑之处安在⑦？有主问⑧。

心为九窍之治，君为五官之长⑨。为善者君与之赏，为非者君与之罚⑩。君因其所以求，因与之，则不劳⑪。圣人用之，故能掌之⑫。因之循理⑬，固能久长。有主因⑭。

【注释】

①贵信：以信用为贵。贵正：以公正为贵。②验：检验，验证。③暗化：潜移默化。④畅：畅通，无阻碍。干君：冒犯君主。⑤主赏：指君王赏必守信的道理。⑥此句意为：应知天时、地利、人事。⑦荧惑：指迷惑。⑧主问：指君王不耻下问、分辨三才的道理。⑨九窍：指双眼、双耳、双鼻孔、口、前阴、后阴。五官：《礼记·曲礼下》曰："天子之五官，曰司徒、司马、司空、司士、司寇，典司五众。"⑩与：给予。⑪劳：费力，吃力。⑫掌：掌握。⑬循理：遵循事理。⑭主因：指君王因循事理、统御臣民的道理。

【译文】

君王对臣民施行奖赏，最重要的是坚守信用；施行刑罚，最重要的是要公正无私。赏赐贵在坚守信用，必须以耳目所闻见的实际情况为依据，即使没有耳闻目睹的情况，也会自然而然地在潜移默化中被民众所认可和接受。如果真的能够做到奖赏守信，刑罚公正，从而使君王的德行遍及天下，再加上有神明护佑，那么奸邪之人加害君王的企图，怎么会得逞呢？以上所说的就是君王赏必守信的道理。

一是上知天时，二是下知地利，三是通晓人和。如此一来，四方、上下、左右、前后，各种因素都通晓明白，那么哪里还有被人迷惑的地方呢？以上所说的就是君王不耻下问，掌握天时、地利、人和的道理。

心是九窍运行的主宰者，君王则是各级官员的领导者。做善事的臣民，君王就要予以奖赏；作恶的臣民，君王就要予以惩罚。君王根据百官行政的具体情况，仔细斟酌给予赏赐或处罚，既不会大费心力，更免劳民伤财之怨。圣人这样来使用赏罚，所以能够使其各得其所。这样因势利导、遵循事理，国运才能昌盛持久。以上所说的就是君王因循事理、统御臣民的道理。

【原文】

人主不可不周。人主不周，则群臣生乱①。家于其无常也，内外不通，安知所开②？开闭不善，不见原也③。有主周④。

一曰长目，二曰飞耳，三曰树明⑤。千里之外，隐微之中，是谓洞⑥天下奸，莫不暗变更⑦。有主恭⑧。

循名而为，实安而完⑨；名实相生，反相为情⑩。故曰：名当则生于实，实生于理⑪，理生于名实之德⑫，德生于和⑬，和生于当。有主名⑭。

【注释】

①周：周密。乱：叛乱。②家于其无常也：陶弘景释曰："家，犹业也。"③不见原也：不能发现事物的开始、本原。④主周：君王必须通晓天下事、思考缜密周详。⑤长目：用天下之目来看。飞耳：用天下之耳来听。树明：用天下之心来想。⑥洞：深透，明澈。⑦莫不暗变更：没有不暗中改变的。⑧主恭：指君主应该做到恭。⑨实安而完：按实定名。陶弘景释曰："实既副名，所以安全。"⑩反相为情：反过来又合于情理。⑪当：适合，恰当。理：道理。⑫德：道德。⑬和：和谐，协调。⑭主名：君主应把握名分、循名求实的道理。

【译文】

身为君王，必须要考虑得缜密周详，懂得世间的道理，若不能做到缜密周详，通晓天下人情世事，那么群臣就会发生动乱。若国家动乱不断，群臣来往无常，那么君臣上下之间就无法沟通，怎么知道天下万事的兴衰演变呢？若不善于运用开启闭藏之术，就无法洞察事物的本原。以上所说的就是君王必须通晓天下事、思考缜密周详的道理。

身为君王，首先要做到长目，即用天下人的眼睛去看万事；其次要飞耳，即用天下人的耳朵去听声音；再次要树明，即用天下人的心灵去思索、洞察万象。了解千里之外的情况，明察秋毫，就叫作"洞察天下的奸邪"。这样世间的奸邪之徒，就会在暗中弃恶从善、痛改前非。这里所说的就是君王应耳聪、目明、心灵的道理。

君王若遵循名分去行事，按照事实来采取行动，一切就会安好无恙。名与实相互依存，名要符合事物的本性。所以说，名应生于实，实应生于理，名实之德产生于名与实的相互符合，两者相互符合，那么就是按实定名，定名得当。以上所说的是君主必须恰如其分、循名求实的道理。

‖智慧运用‖

安徐正静，其被节无不肉。
善与而不静，虚心平意，以待倾损。

【史例解读】

乾隆帝怀柔有术

乾隆皇帝当政时，以宽仁为本，对新疆问题，他一直抱和平解决的愿望，但最后他不得不使用军事力量。

在平定准噶尔后，回部何去何从？

起初，清朝希望和平解决，采取措施，减轻其贡赋，给予其较大自治权力和优惠政策。但后来的发展事与愿违，由于和卓兄弟发动叛乱，阴谋分裂，清廷不得不诉诸武力。

乾隆二十三年，朝廷以雅尔哈善为靖逆将军，率满汉官兵一万余人，向库车进发。征讨之前，乾隆下谕宣示大小和卓的罪状，其文至情至理，赢得了老百姓的拥护和支持。

谕旨中这样对维族百姓说：

"布拉尼敦、霍集占兄弟当时被拘禁，我们第一次平定伊犁时，放出二人，并任命他们做了你们的首领。朝廷正要对和卓二兄弟加恩赐爵、授予良田时，没料到二人乘厄鲁特变乱之机，率领伊犁人逃往叶尔羌、喀什噶尔，拥兵自重。朕原以为他二人或许是惧怕厄鲁特的骚扰，暂时避开，休养生息，因此没有发兵责难。后来见他二人仍然没有回归之意，就派遣使节前去招抚，没想到二人竟戕杀使臣，僭称巴图尔汗，情节尤其可恶。"

乾隆帝在谕旨中还说：

"朕以为，倘若朝廷听之任之，不擒拿主犯，那么回族百姓终不得安生。因此，特发大兵，声罪致讨。这次兴师，只为霍集占一人。因朕听说霍集占起义倡乱，布拉尼敦是被迫的，所以朕已命分别处理。像大小和卓兄弟至亲，朕尚且视其情节轻重，加以处理，更何况你们全无涉及，岂有被株连之理？朕是不会将尔等无罪之人与叛逆之徒一并诛戮的。"

谕旨最后说：

"你等若将霍集占缚获献上，自会安居乐业，永享殊恩。若执迷不悟，听从逆贼指使，大兵所至，即不再分善恶，全被剿除，悔之晚矣！希望你们熟思利害，不要贻误终生。"

从这道谕旨中，可以清楚地看出乾隆顺应民意的基本策略。在谕旨中，乾隆帝依据情理，对准极少数，保护大多数。一方面指责和卓兄弟忘恩负义，尤其是霍集占，申明这次征伐的正当理由；一方面解除各方面的忧虑，说明平回的矛头只对准霍集占一人，绝不株连维族一般人民，连大和卓布拉尼敦也会宽大处理。

这道谕旨的发布，有利于瓦解叛军的意志，分化了叛军内部的凝聚力，为最后平定回部大小和卓叛乱的胜利打下了坚实的基础。

【点评】

乾隆在平定大小和卓叛乱的过程中，以审时度势的眼光分析其利弊关系。为了趋利避害，不但以宽容之心对待叛逆者，还以最小的投入取得了最佳的效果，真可谓事半功倍。其成功之处与乾隆帝敏锐的观察力、正确的判断力和英明的决断力是分不开的。

乾隆下达的谕旨既解除了百姓的顾虑和担忧，又大大鼓舞了受压迫百姓反抗的决心，达到了分化敌军营垒，争取维族群众，减轻进军阻力的目的。可以说，这道谕旨的作用绝不亚于单纯的军事进军，为最终的胜利奠定了基础。

【现代活用】

身先士卒展魅力

领导者的人格魅力实际上是领导者的一种吸引力和凝聚力，领导者的人格魅力是通过领导者的美德表现出来的，领导者的人格魅力是非权力影响力，高尚的品格是领导者人格魅力的核心。领导者有比较强的人格魅力，就会赢得组织成员的敬重和信任，从而增强团队的凝聚力和战斗力，同心同德为实现组织目标而努力奋斗。

日本本田技研工业总公司的创始人本田宗一郎每当遇到棘手的事情时，总是自己率先去干。因此，公司里的年轻人非常佩服他的这种身先士卒的作风。

1950年的一天，为了谈一宗出口的生意，本田宗一郎和藤泽武夫在一家餐馆里招待外国商人。

客人兴致挺高，喝了许多酒，不久便跑到卧室呕吐起来。

过了一会儿，服务员满脸沮丧地报告说："本田先生，我不小心，把客人的金假牙倒进厕所里了，您说怎么办？"

本田一听，二话没说，跑到楼下，掀开粪池石板，脱掉衣服，纵身跳到粪池，用一双筷子打捞起来。那些粪便、便纸在水面浮着，臭气熏天，令人作呕，但本田却像没事人一般，用筷子拨弄粪便纸屑，细心寻找，找了好一阵才把那颗金假牙找到。

本田回到卧室卫生间，将身子冲洗干净，穿上衣服，再将假牙冲洗干净，并对假牙消了毒，然后悄悄地放到外商的床边。

"您是怎么找到的？"服务员惊奇地问。

"是本田先生亲自跳下粪池寻回来的。"不待本田回答，藤泽激动地抢着说。

"啊？"服务员的嘴巴张得很大，"本田先生，真是太谢谢您了！您真伟大！您帮了我大忙，我一辈子也不会忘记。"服务员深受感动。

这件事让那位外国商人也很受感动，生意自然获得了圆满成功。藤泽武夫目睹了这一切，感慨不已，认为自己可以一辈子和本田宗一郎合作下去。

后来，他们并肩战斗几十年，在几十年中，他们把其他人用来内斗的精力都用于各自领域内的"对外战斗"，战胜了技术、经营上的敌手。

老话说：上行则下效。老话又说：上梁不正下梁歪。作为领导，只有自我严格要求，并以身作则，作出表率，才具有强大的号召力。

一个优秀的领导，要执行、贯彻自己提出的政策方案，必须愿意吃苦耐劳，身先士卒。领导者要能急人之所急，组织内部有了困难要能一马当先，解决问题。

【点评】

人们因为很多理由跟随一个领导。越是野心勃勃想成为领导的人反而越不能成为合格的领导者，真正的领导者谦卑温和，富有自我牺牲精神。一句话，优秀和杰出的领导基于自身的人格而赢得人们对他们的尊重，人们愿意跟随他们是因为他们的人格和他们所代表的价值观。

目贵明，耳贵聪，心贵智。
以天下之目视者，则无不见；
以天下之耳听者，则无不闻；
以天下之心虑者，则无不知。
辐辏并进，则明不可塞。

【史例解读】

汉昭帝善辨忠奸

汉武帝去世的时候，他所立的太子即后来的汉昭帝，年龄才8岁。汉武帝并不放心，就把他托付给霍光、金日䃅、上官桀、桑弘羊四位大臣，让四人辅佐昭帝。四人之中，霍光是大司马、大将军，掌握着朝廷军政大权，地位最高。

霍光为人正直，又忠心耿耿辅佐汉昭帝，把国家大事处理得有条有理，因此，威望日益增高。但是霍光为人耿直，做事不讲情面，得罪了不少人，其中就有上官桀、桑弘羊、盖长公主等人。

当时燕王刘旦（汉昭帝的哥哥）因为自己没有做成皇帝，一心想废掉昭帝，但又畏惧霍光，于是他便和上官桀勾结起来，想设计除掉霍光。

于是，在汉昭帝14岁那年，上官桀趁朝廷让霍光休假的机会，伪造了一封刘旦的亲笔书信，又派人冒充刘旦的使者，把这封信送给了汉昭帝。

汉昭帝打开信一看，只见上面写道："霍光外出检阅御林军时，擅自使用皇上专用的仪仗。而且他经常不守法度，不经皇上批准，擅自向大将军府增调武官，这都有据可查。他简直是独断专行，根本不把皇上放在眼里！我担心他有阴谋，对皇上不利，因此我愿意辞去王位，到宫里保护皇上，以提防奸臣作乱。"

送完信后，上官桀等人做好一切准备，只等汉昭帝发布命令，就把霍光捉拿起来，谁知汉昭帝看完信后毫无动静。

第二天，霍光前去上朝，听说了这件事，就坐在偏殿中等候发落。

汉昭帝在朝堂上没有看见霍光，便问道："大将军在哪里？"

上官桀回答道："大将军因为被燕王告发，所以不敢进来。"

于是，汉昭帝派人请霍光上殿。霍光来到殿前，摘掉帽子，磕头请罪。

汉昭帝说："大将军只管戴上帽子。我知道那封信是假的，你没有罪。"

霍光既高兴又迷惑不解，问："皇上是怎么知道的啊？"

汉昭帝说："大将军检阅御林军只是最近几天的事情，增调武官校尉到现在也不过10天，燕王远在北方，他怎么知道得如此之快啊？如果将军要作乱，也不必依靠校尉。"

上官桀等人和文武百官听了都大吃一惊。

汉昭帝又说："这件事只须问问送信人就可以弄明白！不过，我想他肯定早已逃跑了。"

左右下属连忙命人去找送信人，送信人果然逃跑了。

一计不成，上官桀等人又生一计，他们经常在汉昭帝面前说霍光的坏话。最后，汉昭帝大怒，对他们说："大将军是忠臣，先帝嘱托他辅佐我，以后谁敢再诬蔑大将军，我就治谁的罪！"

上官桀等人看到这个方法不行，就密谋让盖长公主出面请霍光喝酒，然后借机杀掉他，废掉汉昭帝，立燕王刘旦为帝。但他们的阴谋还没来得及施行，就被汉昭帝和霍光发觉，全部被杀。

【点评】

"主明术"说的就是君主只有耳聪、目明、心智，才能做到明察秋毫，而不至于被事物的外在假象蒙蔽了眼睛。霍光如果碰上一个昏庸的皇上，恐怕早已被斩首了。而昭帝从信中的时间准确地推算出燕王不可能知道近期发生的事，而且又令人去追查送信之人，他这样做的目的只是想给诬陷霍光的人一个威吓，上官桀果然吓得半死。更为可悲的是，上官桀等人仍不死心，意图谋反，最终落得身首异处的下场。

雍正帝杀一儆百

康熙和乾隆执政时期，国家呈现出太平盛世的局面。康熙时期的繁荣得益于康熙治理天下有方，然而康熙晚期，国家却一直走下坡路。一方面是他晚年多病，不能勤政；另一方面是确立皇储的问题搅得朝中一片混乱。因此，在他统治晚年，朝中官员渐渐疏于政事，因循敷衍、懒散拖沓、贪污行贿，把官场弄得乌烟瘴气，这种情况一直延续到雍正初年。

雍正登基后，决心全面整顿，改变朝廷大臣玩忽职守的态度和消极懒散的作风。他清楚这种作风已经有很长时间了，彻底改变不是轻而易举的事情。但如果对他们仅仅讲一些大道理，恐怕收不到较好的效果。

雍正想来想去，觉得不如来个杀鸡给猴看，说不定能产生大的影响，震住其他大臣。但是，到哪儿去找这只"鸡"呢？不久，雍正就找到了突破口。

一天，雍正让手下趁别人不注意时，把刑部大门上的匾额拿回来，藏在屏风后面。然后雍正耐心地等待，看看刑部有什么反应。

一天过去了，刑部没有什么异常。

两天过去了，刑部依然像什么事都没有发生一样。

第七天，雍正再也沉不住气了。他命令召见刑部主管官员。一见面，他突然问道："你们衙门外的大匾额还在吗？"

官员不知雍正有何用意，毕恭毕敬地回答说："在！"

可是当他抬头看皇上时，只见雍正脸色阴沉，他不知自己说错了什么，慌忙补充说："应该在吧！"说罢，不敢言语。

雍正向近旁的侍从招招手，两个内侍便把刑部大门外的匾额从屏风后抬出来。刑部主管官员一看，吓得直哆嗦，一时不明白究竟怎么回事。

雍正指着放在大殿中央的匾，厉声说道："这块匾额已经放在这里七天了，可你们却没有任何人发现！这么大的缺陷你们居然都没有注意到，不知你们平日会疏忽多少事务！堂堂一部之首尚且玩忽职守到如此地步，又怎么能以身作则、教导下面的人勤于公务呢？"

雍正大发脾气，刑部主管吓得双腿发软，连连叩头，俯首请罪。他在皇上面前立下誓言，决心痛改前非，整顿吏治，提高效率。

雍正对其他部门什么都没说，但自从这件事传开后，朝廷六部拖拖拉拉的办事作风很快就有了改观。

【点评】

面对因循敷衍、懒散拖沓、贪污行贿等劣行，雍正帝心知肚明，一时难以解决，于是便想到了杀鸡给猴看的招数，这也是历来古代官吏乐此不疲的行事策略。为什么呢？因为与各个击破相比，罚一儆百的影响更为深远，而且要省时省力得多。由此可见雍正帝的高明之处。

【现代活用】

集思广益智谋多

当全美短帮皮靴成为一种流行时尚的时候，每个从事皮靴业的企业几乎都趋之若鹜地抢着制造短皮靴，供应给各个百货商店，他们认为赶着大潮流走要省力得多。

罗宾当时经营着一家小规模皮鞋工场，只有十几个雇工。他深知自己的工场规模小，要挣到大笔的钱并非易事。他也知道自己薄弱的资本、微小的规模，根本不足以和强大的同行相抗衡。那么如何在市场竞争中获得主动权，争取有利地位呢？

罗宾考虑了两条道路：一是在皮鞋的用料上着眼，就是尽量提高鞋料成本，使自己工场的皮鞋在质量上胜人一筹。然而，这条道路在白热化的市场竞争中走起来是很困难的，因为自己的产品本来就比别人少得多，成本自然就比别人高了，如果再提高成本，那么获利就会有减无增。显然，这条道路是行不通的。二是着手更新皮鞋款式，以新领先。罗宾认为这个方法不失妥当，只要自己能够翻出新花样、新款式，不断变换，不断创新，招招占人之先，就可以打开一条出路，如果自己创造设计的新款式为顾客所钟爱，那么利润就会接踵而至。

经过一番深思熟虑，罗宾决定走第二条道路。他立即召开了一个皮鞋款式创新会议，要求工场的十几个工人各尽其能，设计新款式鞋样。为了激发工人的创新积极性，罗宾提出了一个奖励办法：凡是所设计的新款鞋样被工场采用的设计者，可立即获得1000美元的奖金，所设计的鞋样通过改良可以被采用，设计者可获500美元奖金，即使设计的鞋样不能被采用，只要其设计别出心裁，均可获100美元奖金。同时，他设立了一个设计委员会，由五名熟练的造鞋工人任委员，每个委员每月例外支取100美元。

这样一来，这家袖珍皮鞋工场里马上掀起了一阵皮鞋款式设计热潮，不到一个月，设计委员会就收到40多种设计草样，并采用了其中三种款式较别致的鞋样。罗宾立即召集全体大会，给这三名设计者颁发了奖金。

罗宾的皮鞋工场就根据这3个新款式来试行生产。第一次每种新款式各制造皮鞋1000双，罗宾立即将这些鞋送往各大城市进行推销。顾客见到这些款式新颖的皮鞋，立即掀起了购买热潮。两星期后，罗宾的皮鞋工场收到2700多份数量庞大的订单，这使得罗宾终日忙于出入于各大百货公司经理室大门，跟他们签订合约。

因为订货的公司多了，罗宾的皮鞋工场逐渐扩大起来，3年之后，他已经拥有18个规模庞大的皮鞋工场了。不久，危机又出现了，当皮鞋工场一多起来，做皮鞋的技工便显得供不应求了。最令罗宾头疼的是，别的皮鞋工场尽可能地把工资提高，挽留自己的工人，即便罗宾出重资，也难以把其他工场的工人拉过来。缺乏工人对罗宾来说是一道致命的难关，因为他接到了不少订单，如果无法给买主及时供货，将意味着他得赔偿巨额的违约损失，罗宾为此忧心忡忡。

他又召集18家皮鞋工场的工人召开了一次会议。他始终相信，集思广益，可以解决一切棘手的问题。罗宾把没有工人可雇用的难题告诉大家，要求大家各尽其力地寻找解决办法，并且宣布有想到办法的人会给予奖励。会场一片沉默，与会者都陷入思考之中，绞尽脑汁想办法。过了一会儿，有一个小工举起右手请求发言，罗宾嘉许之后，他站起来怯生生地说："罗宾先生，我以为雇请不到工人无关紧要，我们可用机器来制造皮鞋。"

罗宾还来不及发表意见，就有人嘲笑那个小工：

"孩子，用什么机器来造鞋呀？你是不是可以造一种这样的机器呢？"

那小工窘得满面通红，不安地坐了下去。

罗宾却走到他身边，请他站起来，然后挽着他的手走到主席台上，大声说道："诸位，这孩子没有说错，虽然他还没有造出一种造鞋的机器，但他这个办法很重要，大有用处，只要我们围绕这个概念想办法，问题定会迎刃而解。我们永远不能安于现状，思维不要局限于一定的桎梏中，这才是我们永远能够不断创新的动力。现在，我宣告这个孩子可获得500美元的奖金。"

经过四个多月的研究，罗宾的皮鞋工场的大量工作就已被机器取而代之了。

个人的认识总是有限的，再高明的领导也不能单靠自己的智慧，他必须集中众人的智慧，利用众人之长方可成事。

许之则防守，拒之则闭塞。

【史例解读】

虚心听劝成霸主

晋文公重耳是春秋五霸之一，他使晋国成为霸主，是经历了一番艰难曲折的历程的。起初，他受到父亲的宠妃骊姬的陷害，被迫逃出晋国，在许多国家流浪，经历了19年的磨难。在这19年里，他增长了见识，积累了经验，开阔了眼界，更重要的是磨炼了他的性格。公元前636年，由于晋国发生内乱，没有了国君，重耳便结束了在外国流亡的生活，在秦国的护送下回到了晋国，成为了国君，是为晋文公。

晋文公回国后，雄心勃勃，想成就一番大事业，就开始征调百姓，组织军队。两年以后，晋文公认为差不多了，便准备用他的百姓称霸诸侯。

子犯曾经跟他在外流浪，是一个非常有见识的人，他劝阻晋文公说："百姓虽经过训练，但还不懂得什么是义，还没能各安其位，不能用。"

晋文公听了子犯的这番话，觉得很有道理，便想办法让百姓懂得义。

正在这时，周朝发生了"昭叔之难"。昭叔是周惠王的儿子，他的母亲是惠后，昭叔还有个哥哥，是太子，即后来的周襄王。惠王想立昭叔为太子，但还没来得及便去世了，昭叔便逃到齐国。襄王即位后，将昭叔接回来。然而昭叔回国后，又与襄王的王后私通。襄王知道后，便将王后废掉。这件事触怒了王后的娘家，他们派兵伐周，周襄王便逃到了郑国。

当时，周名义上还是各诸侯国的宗主国，虽然有名无实，但各诸侯国毕竟还得尊重它。于是晋文公决定帮助周襄王返周，其主要的目的是以此教育晋国的百姓，让他们懂得什么是义。

他派出左右两军，右军攻杀昭叔，左军前往郑国迎接周襄王返国。事成之后，周襄王为表彰晋文公的功劳，以天子的礼仪迎接晋文公。

晋文公推辞说："这是臣下分内之事。"

晋文公用他的实际行动告诉他的百姓，对上尽忠就是义。他的这一举动对他的声誉产生了很好的影响，使得百姓愿意对他尽忠。

他在帮助襄王返国后，又回国致力于造福百姓，使百姓安居乐业。他认为这次可以役用百姓了。

不料，子犯又出来阻拦，他说："百姓虽然懂得了义，但还不知道信是怎么回事，还不能使用。"

晋文公听了，觉得很有道理，于是，又想方设法让百姓懂得信。

他率领军队攻打原国，命令士兵们携带3天口粮。军队围困原国整整3天，士兵们携带的粮食全部吃完了，而原国还未投降。晋文公就下令退兵。

正当晋国准备退兵时，派出的间谍回来报告说："原国已经支持不住，准备投降。"

晋文公说："当初带3天军粮，就是准备攻打3天，如今已下令退兵，就应该说话算数。如果不退兵，即使攻下了原国，也不能取信于人，如果没有了信用，百姓也就失去庇护。得失相比哪个多呢？"晋文公故意利用打原国来教育百姓，让他们知道什么是信，以此来树立自己的威望。结果，国内民风大变，凡事以信为本，做买卖不求暴利，不贪不骗，民皆信实。

做到了这些后，晋文公又问子犯："这次行了吧？"

子犯回答："还是不行。百姓虽知信、义，还不知道什么是礼，还没有养成恭敬的习惯。"

于是，晋文公又千方百计让百姓知礼。他举行盛大的阅兵仪式，每个环节都依照军礼执行，使百姓看到了什么是礼仪。他又设立专门管理社会秩序的部门，并规定百官的等级职责，使百姓知道对什么官行什么礼。不仅如此，人们还知道了根据礼来判断一件事的是非曲直。

这一次，晋文公没有去问子犯，子犯却主动找到晋文公，说道："民力可用矣！民心可用矣！"于是，晋文公开始伐曹国，攻卫国，取得齐国之地，解救宋国之围，大败楚军于城濮，成为春秋五霸之一。

【点评】

"主听术"中说的就是君主如何在明察秋毫的基础之上去听取、采纳臣子的劝谏。春秋五霸之一的晋文公，虽时刻想着称霸，但他并不冒进，而是虚心三次听从子犯的建议，并且不遗余力地去完成。他不但教化百姓明白了信义，还使百姓懂得了礼仪，最终成为春秋五霸之一。

符坚拒谏败淝水

西晋末年，南北分裂。南方司马睿在建康称帝，建立东晋王朝；在北方，匈奴、鲜卑、羯、氐、羌等少数民族首领也纷纷称王称帝，占据关中一带的氐族统治者以长安为都城，建立了前秦政权。公元357年，符坚即位，他重用汉族知识分子，推行一系列改革措施，在一定程度上使前秦国出现了兵强国富的局面。

在此基础上，符坚积极向外扩张势力，初步统一了北方地区。接着他攻打江南，企图统一南北。东晋太元八年（383年）八月，符坚亲率百万大军，水陆并进，南下攻晋。东晋在强敌压境、面临生死存亡的紧急关头，决意奋起抵抗。他们一方面缓解内部矛盾，另一方面积极部署兵力，制订正确的战略战术，以抗击前秦军队的进犯。

十月十八日，符融率领前秦军前锋攻占寿阳，幕容垂部攻占了郧城，接着攻打硖石。胡彬困守硖石，粮草乏绝，难以支撑，便写信请求谢石驰援。可是此信却被前秦军所截获，符坚决定迅速开进，以防晋军逃遁，便把大部队留在坎城，亲率骑兵八千驰抵寿阳，并派遣降秦的原东晋襄阳守将朱序到晋军中劝降。朱序到了晋军阵营后，不但没有劝降，反而向谢石等人密告了前秦军的情况，并建议谢石乘前秦军各路人马尚未集中的机会，主动出击。

谢石及时改变作战方针，决定转守为攻，派刘牢之率精兵5000迅速奔赴洛涧，与前秦梁成军相遇。刘牢之大败梁成，取得洛涧遭遇战的胜利，这挫抑了前秦军的兵锋，极大地鼓舞了晋军的士气。谢石乘机命诸军水陆并进，直逼前秦军。符坚站在寿阳城上，看到晋军布阵严整，又望见淝水东面八公山上的草和树木，以为也是晋兵，心中顿生惧意，对符融说："这明明是强敌，你怎么说他们弱不堪击呢？"

前秦军洛涧之战失利后，沿淝水西岸布阵，企图从容与晋军交战。谢玄知己方兵力较弱，利于速决而不利于持久，于是便派遣使者激将说："将军率领军队深入晋地，却沿着淝水布阵，这是想打持久战，不是速战速决的方法。如果您能让前秦兵稍稍后撤，空出一块地方，使晋军能够渡过淝水，两军一决胜负，这不是很好吗？"

前秦军诸将都认为这是晋军的诡计，劝苻坚不可上当。但苻坚却说："只引兵略微后退，待他们一半渡河，一半未渡之际，再用精锐骑兵冲杀，便可以取得胜利。"于是苻融便答应了谢玄的要求，指挥秦军后撤。

前秦军本来就士气低落，内部不稳，阵势混乱，指挥不灵，这一撤更造成阵脚大乱。朱序乘机在前秦军阵后大喊："秦军败了！秦军败了！"前秦军听了信以为真，遂纷纷狂跑，争相逃命。

东晋军队在谢玄的指挥下，乘势抢渡淝水，展开猛烈的攻击。苻融被杀，前秦军全线崩溃，完全丧失了战斗力，晋军乘胜追击，一直到达青冈。前秦军人马相踏而死者，不计其数。活着的人听到风声和野鹤的叫声，以为是晋兵追来，更没命地向北逃窜。淝水之战，前秦军被歼灭的十有八九，苻坚本人也中箭负伤，仓皇逃至淮北。

【点评】

苻坚在位时励精图治，不但开创了前秦的盛世，还统一了北方，是少数民族政权中较为有实力的。然而他好大喜功、崇尚武力，由于刚愎自用，不能虚心听取群臣的建议，而最终导致了兵败淝水，遗恨千古。

用赏贵信，用刑贵正。
赏赐贵信，必验耳目之所闻见。

【史例解读】

罚人救火保都城

战国时期，一到冬天，鲁国都城南门附近的人们就会到芦苇荡里打猎。那里湿度适宜，生长着肥美的野草，有数不清的鱼虾。许多飞禽野兽也栖息在这块风水宝地，过着惬意的生活。

人们都说这里动物的肉鲜嫩，不仅肉好吃，而且皮毛还能卖钱，所以来这里打猎的人络绎不绝。一天，不知谁为了一时之利，竟然放了一把火来捕杀猎物。火借风势，很快蔓延开来，马上要烧到都城了，但却没有一个人救火，大家仍然兴高采烈地追逐着四处逃窜的动物。

鲁哀公在宫中听到火灾的消息，大吃一惊，赶忙派人去救火。但是被派去的人也跟着众人追逐火海中逃出来的猎物。看到这乱糟糟的情形，鲁哀公不知所措，担心再延误下去都城就要化为灰烬了。

这时，宫中一位大臣说："在这样危急的情况下，我们没有设置任何奖赏和惩罚，他们当然不愿意冒险去灭火。更何况趁机捕杀猎物不仅有利可图，也有趣味，他们自然趋之若鹜。出现这种情况也是在所难免的。"

鲁哀公心中焦急，听到这句话，茅塞顿开，传令下去，凡是救火的人就是为挽救都城立下功劳的人，一定会得到重重赏赐的！

那位大臣赶忙说："这样也不太好。现在一团糟，不清楚谁在救火，谁在追逐猎物。至于谁的功劳大谁的功劳小，也没有办法评定。况且还有一个重要的问题，现在人这么多，用这么多的财富赏赐实在是不划算啊！"

鲁哀公想想觉得也对，又开始发愁，说："那该怎么办呢？"

大臣回答道："既然奖赏不行，那为什么不惩罚呢？我们可以规定，捕杀猎物者视同玩忽职守，不救火的人等同于战场上的逃兵。如果被发现，不管是谁，都要以军纪处罚，不留半点情面！这样不用花一分钱，就能达到目的。您觉得怎么样？"

鲁哀公一听赞不绝口，立即传令下去。在场的人都害怕了，纷纷救火。有的脱下自己的衣服扑灭火苗，有的拿工具切断向四周蔓延的火，有的铲土掩盖即将复燃的灰烬。不一会儿，大火就被扑灭了。

【点评】

"主赏术"说的就是君主如何运用赏罚的手段来激励他人为自己服务。鲁哀公采用宫中大臣的赏罚之法，其成功之处就在于时机得当，通过对运用对象的分析，抓住了人们害怕受到惩罚的心理，灵活地制订赏罚策略，最终团结人心，扑灭了大火。可见，赏罚分明不仅可以作为制度来遵循，还可以通过变通的手段为自己所利用。

招贤纳士筑金台

燕国被齐国打败后，不久国君就死去了，太子继位，是为燕昭王。他在收拾残破燕国的时候，决定用厚礼聘请有才能的人，准备报败齐之仇。

他对谋士郭隗说："齐国趁着我国内乱而打败了我们，现在，我们燕国势单力薄，无力复仇。所以，得到贤明之人与我共商国事，以雪先王的耻辱，是我最大的心愿。您觉得如何才能招到贤能的人呢？如何才能让燕国繁荣昌盛，打败齐国呢？"

郭隗说："成就帝业的君主以贤者为师，成就王业的君主以贤者为友，成就霸业的君主则以贤者为臣，而亡国的君主就以低贱的小人为臣。您如果能恭敬地对待贤者，那么就能招来超过自己百倍的人才；您如果先于别人劳动，后于别人休息，先去请教别人，然后再深思默想，那么就能招来超过自己十倍的人才；您如果与别人一样辛勤劳动，并且能够平等地对待别人，那么就能招来和自己才能差不多的人才；您如果对人态度蛮横，随便发怒，任意呵斥，那就只能招来奴隶那样的人。这就是自古以来的经验和教训啊！大王如果真想广泛选任贤者，就应该亲自去拜访，让天下人知道大王礼贤下士，那么天下的贤士一定都会到燕国来。"

燕昭王听了郭隗话，问道："我应该首先去拜访谁呢？"

郭隗说："我先给您讲个故事。古代有个国君，想用千金买千里马，三年也没买到。宫中有个侍者对国君说：'请让我去买千里马！'国君就派他去了。三个月后，这个人找到了千里马，但那匹马已经死了。于是他就用五百金买了马骨，回来向国君报告。国君大怒：'我要买的是活马，哪能用五百金买个死马呢？'侍者镇定地回答：'买死马尚且用五百金，何况活马呢？天下的人都以为大王真要买马，千里马很快就会送来。'果然，不到一年，就有三匹千里马送上门来。"

郭隗接着对燕昭王说："如今大王要想招揽人才，就请从我开始。我尚且未被任用，更何况比我有才能的人呢？"

燕昭王听从了郭隗的话，筑起高台，拜郭隗为师，并筑黄金之台以待贤者。一时间，乐毅、邹衍、剧辛这些人才纷纷从自己的国家奔向燕国。

经过许多贤人智者20多年的努力，燕国终于强大起来，军队的战斗力也大大加强。于是燕昭王派乐毅为上将军，与秦、楚及三晋联合谋划进攻齐国。经过几场大战，齐军大败，齐闵王逃到国外，燕昭王终于报了败齐之仇。

【点评】

重赏之下必有勇夫。燕昭王运用金钱招贤纳士，最终使燕强盛起来，报了败齐之仇。其成功的原因有三：一是会用人，他首先想到的是以厚礼招请人才；二是善纳谏，他听从了郭隗的建议并重用他；三是不惜财，以高筑黄金台招贤纳士，使人才都能够各尽其用。

圆融待人树威信

郭子仪是唐代的中兴名将，当朝重臣，因平定安史之乱有功，被朝廷封为汾阳王，其子郭暧被代宗招为驸马，可谓权倾朝野，显赫一时。

不久，郭子仪过寿，家人和亲朋好友纷纷拜贺，唯有儿媳升平公主仗着自己是当朝公主，不肯给公公拜寿。

郭暧不由得勃然大怒，与升平公主发生争吵，大打出手，给了公主一记耳光。他盛怒之下，指着升平公主的鼻子说："你如此无礼，不就是仗着你父亲是天子吗？我的父亲功高盖世，他根本不愿意做天子！"这句话，无疑可能招致杀身灭门之祸。

升平公主本是唐代宗的掌上明珠，做丈夫的不但没有把自己放在眼里，而且也不把自己的父亲、当朝天子放在眼里，这还了得！公主万分恼怒地跑回皇宫，向父亲告状，痛斥郭暧"犯上作乱"的罪行。

唐代宗听完女儿的哭诉后，却一团和气地说："郭暧说的话，不是你能懂得的。他父亲确实是不想做天子，否则的话，天下哪里会归到我们家所有呢？"说完，他就叫公主赶快回家去，并要她向公公赔罪。

此时，郭子仪听说儿子打了升平公主并口出狂言一事后，不禁大惊失色，早已把郭暧囚禁起来，随后自己入朝请求皇上治罪。

唐代宗却对郭子仪哈哈一笑："俗话说'不痴不聋，不做家翁'，小两口在闺房中吵架时说的气话，怎么能当真呢？你这样做也太小题大作了！"

就这样，一件本来可能酿成大祸的事情，最后不了了之。

【点评】

赏罚的尺度要灵活把握，且不可一概而论。在以上这件事中，唐代宗显示了十分高明的御臣手段和处世谋略。他以宽容的态度对待郭暧的口出狂言，并没有给予惩罚。因为唐代宗深知郭子仪对自己忠心耿耿，而且事发之后他又绑着儿子前来请罪，实在不必小题大作。

循名而为，实安而完；
名实相生，反相为情。
故曰：名当则生于实，实生于理，
理生于名实之德，德生于和，和生于当。

奔驰树品牌优势

奔驰是世界知名的汽车品牌，其创始人卡尔·奔驰生于1844年，他是世界上最早的汽车发明人之一。

1866年7月3日，他发明的汽车第一次开上马路，1893年起正式投入生产与销售。一百多年来，奔驰汽车以无可匹敌的质量优势，成为地位、权力的象征。奔驰车的质量体现在奔驰车的方方面面，甚至每一颗螺钉。以其座位用料为例，羊毛是专门从新西兰进口的，其粗细必须在23至25微米之间，细的用来织造高档车的座位面料，以保持柔软舒适；粗的则用来织造中档车的座位面料。纺织时，根据各种面料的不同要求，还要掺入从中国进口的真丝以及从印度进口的羊绒。而制造皮革座位则选用全世界最好的皮子。为此，他们先后到世界各地考察、选择。最后，他们认为南德地区的公牛皮质最好。确定皮革供应点后，奔驰公司又要求在饲养过程中防止出现外伤和寄生虫，既要保持饲养场地良好的卫生状况，又要防止牛皮受到伤害。座椅制成后，还要由工人用红外线照射器把皮椅上的皱纹熨平。

管中窥豹，奔驰公司为了保持其长盛不衰的世界名牌地位，真是煞费苦心，一丝不苟。

【点评】

"循名而为，实安而完"就是说圣智之人若遵循名分去行事，按照事实来采取行动，一切就会安好无恙。奔驰公司采取的种种举措，使得产品质量与其名牌地位名副其实，确保了其优秀的品质，展现了世界名车的风范，从而保持了其长盛不衰的世界名车地位。

金利来名实相生

中国香港地区著名实业家曾宪梓先生创造了"金利来"这一著名品牌。但鲜为人知的是，这一品牌开始并不叫"金利来"而是叫"金狮"。一次，曾宪梓拿出两条"金狮"领带送给他的一位亲戚。不料，亲戚非但不领情，反而满脸不高兴地说："我才不戴你的领带呢，金输金输，什么都输掉了。"原来，香港话"狮"与"输"读音相近，加上香港参与赌博的人多，很忌讳"输"字。亲戚的不满给曾宪梓以极大的启迪。经过一夜绞尽脑汁的思考，他终于巧妙地将"金狮"的英文GOLD LION改为意译与音译结合，即GOLD意译为"金"，LION谐音读为"利来"，便成为今天几乎无人不知的"金利来"。这个名字一上市就为消费者认同、接受。

如今，"金利来"不仅成了领带大王，而且陆续推出了皮带、皮包、钱夹、衬衫、运动套装、西装、袜子以及领结、领带夹、钥匙链等男士服装及饰品、用品，甚至还推出了男士皮鞋。

正如曾宪梓先生所言："事实上，'金利来'不需要为每一个品种开设一间工厂，从而投入大批资金。我们有一大部分品种是委托欧洲名厂生产的，出了名的牌子再加上名厂的精工制作，照样受到市场的欢迎。创出了名牌，不论你推出何种品种，只要你保证质量，就会同样受到欢迎。一个名牌的价值，真是难以衡量。"

【点评】

"名实相生，反相为情"就是说当名与实相互依存，名要符合事物的本性。许多世界著名企业深谙"名实相生"之理，都善于经营自身以品牌、包装、企业形象为主要内容的无形资产。这样，不但提高了企业及其产品的知名度、美誉度，而且以事半功倍之效使市场份额不断扩大。

本经阴符七篇

　　《鬼谷子》一书在此处对游说之人提出了几条要求，其中包括才思敏捷、头脑灵活、知识广博、多谋善断等等。但这些知识又如何得来呢？本篇就给予了精确的回答。

　　《本经阴符七篇》依次为：一、盛神法五龙；二、养志法灵龟；三、实意法螣蛇；四、分威法伏熊；五、散势法鸷鸟；六、转圆法猛兽；七、损兑法灵蓍。前三篇是内养项目，后四篇是外练项目，如能做好这七点，便可成为一个进退自如的好谋士。

盛神

【原文】

盛神法五龙①。盛神中有五气，神为之长，心为之舍，德为之大②。养神之所③，归诸道。道者，天地之始，一其纪也④，物之所造，天之所生，包宏无形化气⑤，先天地而成，莫见其形，莫知其名，谓之神灵⑥。故道者，神明之源，一其化端⑦，是以德养五气⑧，心能得一⑨，乃有其术。

术者，心气之道所由舍者，神乃为之使⑩。九窍、十二舍者，气之门户，心之总摄也⑪。生受之天，谓之真人⑫。真人者，与天为一。内修炼而知之⑬，谓之圣人。圣人者，以类知之⑭。故人与一生，出于化物⑮。知类在窍，有所疑惑，通于心术⑯，心无其术，必有不通。其通也，五气得养，务在舍神，此之谓化⑰。

【注释】

①盛神：旺盛之精神。五龙：古代传说中五个人面龙身的仙人，道教称之为五行神。②五气：指古人所认为的神、魂、魄、精、志等五气。③养神之所：修养精神的道理。④一其纪：一是天地之始。一，此指古人的哲学概念，为万物之源。道家认为，一是由"道"派生的原始浑沌之气。纪，基础。⑤包宏：包容宏厚。无形：不见形体。⑥神灵：指上文"道""一"。⑦一其化端：一为天地转化的开端。⑧德养五气：德能循理而涵养五气。⑨心能得一：心能理解"一"之含意和起源。⑩心气之道所由舍者：心气的通道和所停驻的地方。神乃为之使：精神是舍与五气之使者。⑪十二舍：指人的眼、耳、鼻、舌、身、意及其感觉的对象色、声、香、味、触、事等。⑫生受之天：道本是由上天传授给人间的。真人：道家称存养本性或修真得道之人。⑬修炼：自身修道炼气。⑭以类知之：以同类事物旁通而了解一切。⑮化物：化于物，即随着外物的不同而变化。⑯知类在窍：了解事物在于人之九窍。通于心术：知晓事物。⑰舍神：让精神休养。

【译文】

如果使人的意志和精神旺盛，便要效法五行之龙。旺盛的精神中包含着神、魂、魄、精、志五气。其中神气是居于首位的，心灵是五气所在的地方，德是为人的根本。养神的途径，归于道。道是天地万物的开端，万物的创造，天地的生成，都由道而来。包容无形化育之气，在天地间生成，不能知其形，无法道其名，这就是神灵。所以说道是神明的本源，也是变化的开端。因此德能滋养五气，心能合于大道，而后便在自然中孕育了术。

术是心气运行的通道和停驻的地方，神气是心的使者，沟通内外。口、鼻、眼、耳、二便等九窍，目、耳、鼻、舌、身、意、色、声、香、味、触、事等十二舍，是五脏之气出入的门户，其中心为总管。道本由上天传授至人间，那些得道存养本性的就被称为真人。真人与天地融为一体。明白道术的人，是通过自身修炼而获知的，这就是圣人。圣人是通过类推悟道的。所以人生于天地间，本性是一样的，只不过后来随事物、环境的变化而有了区别。人根据九窍知晓事物，如还有疑惑的，那是术不通的缘故。一旦相通了，五脏之气就会得以滋养，并努力使神气停留体内，这就是化育。

【原文】

化有五气者①，志也，思也，神也，德也，神其一长也②。静和者，养气，气得其和③。四者不衰，四边威势④，无为无，存而舍之，是谓神化。归于身⑤，谓之真人。真人者，同天而合道，执一而养产万类⑥，怀天心，施德养⑦，无为以包志虑、思意，而行威势者也。士者⑧，通达之，神盛乃能养志。

【注释】

①化有五气者：能化育为五气的因素。②神其一长：精神是居于首位的。③静和：安静平和。和：和顺，和谐。④四者：指志、思、神、德。四边：四境。⑤是谓神化：这就是所说的精神化育。⑥同天而合道：同天而存在和道相合。同天，与天一块存在。合道，和道相融合。执一而养产万类：掌握根本之道而养育万物。执一，掌握根本之道。⑦天心：天意，此处指天道自然之心。施德养：布德滋养五气。⑧士：古时四民之首，位于庶民之上，指行文习武之民。

【译文】

化育五气，就是指志气、思气、神气、德气而言，神气是五气的根本。宁静平和才能养气，从而可使五气和顺。志、思、神、德四气不衰，四边形成的威势就无所不能，能把五气存于体内，把道存养于本性自身的，就是真人。真人，同于天地，合于大道，执守"一"而养育万物，包容天道自然之心，布德滋养五气，以无为之法包育意志、思虑，而施行威盛之势。士人通达此道，神气强盛就能养育心志。

养志

【原文】

养志法灵龟①。养志者，心气之思不达也②。有所欲，志存而思之③。志者，欲之使也。欲多则心散，心散则志衰，志衰则思不达也。故心气一则欲不偟④，欲不偟则志意不衰，志意不衰则思理达矣。理达则和通，和通则乱气不烦于胸中⑤。故内以养志，外以知人，养志则心通矣，知人则职分明矣⑥。将欲用之于人，必先知其养气志。知人气盛衰，而养其志气，察其所安，以知其所能。志不养则心气不固⑦，心气不固则思虑不达，思虑不达则志意不实⑧，志意不实则应对不猛⑨，应对不猛则志失而心气虚，志失而心气虚则丧其神矣。神丧则仿佛⑩，仿佛则参会不一⑪。养志之始，务在安己⑫；己安则志意实坚；志意实坚，则威势不分⑬。神明常固守，乃能分之⑭。

【注释】

①养志：培养心志。灵龟：神龟。古人认为，龟既能占卜，测定吉凶，也善于"静心养气"。②心气之思：心意所想。心气，五气之一，即神气。达，通达。③志存：心怀志向。④一：专一。偟：游移不定。⑤和通：调和通畅。乱气：人体中的逆乱之气。⑥职分：名分职责。⑦固：稳固，安定。⑧志意不实：志气意念不充实。⑨应对：作出反应，给出对策。⑩仿佛：隐约，疑惑，此处指意志恍惚。⑪参会不一：三者（即志、心、神）交会不统一、不协调。参，三。一，一致，统一。⑫安己：指欲望少，心安静。⑬实坚：充实坚定。不分：不分散。⑭固守：稳固坚守。分之：分散瓦解对方。

【译文】

培养心志要效法有灵性的龟。养志是由于心气不通达的缘故。人有了欲望，就要存于心中去思考。心志是会被欲望所驱使的。欲望多则心气散；心气散，志气就会衰弱；志气衰弱，思想就不能通达。如果心气专一，欲望就会减少；欲望减少，意志就不会消沉；意志不消沉，思想就会通达；思想通达，就会和顺畅通；和顺畅通，乱气就不会游积胸中。所以自身要培养心志，对外要了解他人。养志就会心气畅通，知人就能做到人尽其用。如想用来考察人，就应首先了解他的养志功夫，知道他五气的盛衰，而后才可培养其五气和心志，考察对方心思所在的地方，以了解他的才能。心志不培养，就不能得到巩固；心气不巩固，思虑就不通达；思虑不通达，意志就不坚实；意志不坚实，应对就不果断；应对不果断，就易丧失心志，心气就会虚弱；丧失心志，心气又虚弱，神气也会随之丧失；神气丧失，就会恍惚不精明；意志恍惚不精明，志、心、神三气就不能协调配合。养志的开始，务必安定自身；安定自身，才会意志坚定；意志坚定，威势就不会分散。神明就会经常存于心中，这样就可以分散对手的威势。

实意

【原文】

实意法螣蛇①。实意者，气之虑也②。心欲安静，虑欲深远。心安静则神明荣③，虑深远则计谋成；神明荣则志不可乱，计谋成则功不可间④。意虑定则心遂安，心遂安则其所行不错，神自得矣，得则凝⑤。识气寄，奸邪得而倚之⑥，诈谋得而惑之，言无由心矣⑦。故信心术，守真一而不化⑧，待人意虑之交会，听之候之也⑨。计谋者，存亡之枢机。虑不会，则听不审矣，候之不得。计谋失矣，则意无所信，虚而无实⑩。故计谋之虑，务在实意，实意必从心术始。无为而求安静五脏，和通六腑⑪，精神魂魄固守不动，乃能内视、反听⑫、定志，思之太虚⑬，待神往来。以观天地开闭，知万物所造化，见阴阳之终始，原人事之政理⑭。不出户而知天下，不窥牖而见天道⑮，不见而命，不行而至，是谓道。知以通神明，应于无方而神宿矣⑯。

【注释】

①实意：坚定意志。螣蛇：传说中的一种能飞的蛇，据说这种蛇"能兴云雾而游其中"，"蜿而自纠"。②实意者，气之虑也：坚实意志，气就会变得平和，思虑就会详明。③神明荣：精神旺盛。神明，此处指精神。荣，繁荣旺盛。④间：干犯，非难。⑤凝：专注，集中。⑥识气寄：心中有所惦记。寄，暂居，寄居。倚：凭恃，依仗。⑦言无由心：说话不是出自内心。⑧真一：本性，真气。⑨交会：交融会合。⑩意无所信：意不实。信，确信，确实。⑪五脏：指人心、肝、脾、肺、肾五种器官。六腑：指人胃、胆、三焦、膀胱、大肠、小肠六

种器官。⑫内视：内心反省。反听：自我审查。⑬定志：集中意志。太虚：空寂玄奥之境。⑭原人事之政理：探究人世间的为政之道。原，探究，了解。人事，世间之事。政理，为政之道。⑮不窥牖：不通过窗户观察。牖，窗。天道：天象。⑯无方：变化无穷。宿：停留，安息。

【译文】

坚定意志，要效法传说中的神蛇。坚定意志，气就会变得平和，思虑就会详明。心气安静稳重，思虑就深远。心气安静，精神就会饱满而有生机；思虑深远，计谋就能成功运用。精神饱满有生机，心志就不会紊乱；计谋成功，所建功绩就难以侵犯。意虑安定，心绪就会随之安定；心绪安定，行为就不会出现错乱，神气就会安详，事业就会成功。五气有所依附却不能集中，就会给奸邪之气以可乘之机，就易被迷惑，就会言不由衷。所以要使心术诚实，坚守专一而不变化，这就要求待人接物要诚心诚意，倾心交流，善于纳言，而后才能获知详情、计谋。计谋是成败的关键。思虑而不交流，就不会得到明确的情况。计谋失败了，意志无所依托，就会变得虚而不实。所以计谋务必思虑周全，思考得当，但做到这些还得从心术专一开始。自然无为要求安静五脏、和通六腑，精气、神气、魂气、魄气固守不动，不使心气外散，以求内省自察，安神宁气。思绪进入虚幻之中，就等待神灵的往来。以此可以观察天地开闭，知晓万物的造化，发现阴阳运行的始终，推究人事治国的道理，不出门便可知天下，不看窗外便知自然变化的规律，不用见就能发出命令，不用行就能达到目的，这就叫"道"。明白了"道"，心就可与神明相通，应和各方需要而神明永驻。

分威

【原文】

分威法伏熊①。分威者，神之覆也②。故静固志意，神归其舍，则威覆盛矣③。威覆盛，则内实坚；内实坚，则莫当④；莫当，则能以分人之威⑤，而动其势，如其天⑥。以实取虚，以有取无，若以镒称铢⑦。故动者必随，唱者必和⑧。挠其一指，观其余次⑨，动变见形，无能间者⑩。审于唱和，以间见间⑪，动变明而威可分。将欲动变，必先养志伏意以视间⑫。知其故实者，自养也⑬。

让己者⑭，养人也。故神存兵亡，乃为之形势⑮。

【注释】

①分威法伏熊：施威慑敌要效法潜伏之熊。分威，施威慑敌。伏熊，潜伏之熊，因熊之搏击必先伏而后动，故法之。②神之覆：掩盖、隐蔽自己的精神状态。③威覆盛：威势被掩盖在内里却很强盛。④莫当：不可阻挡。当，挡住。⑤分人之威：分散对方之威势。⑥动其势：动摇其威势。⑦以镒称铢：用重量相同的单位称量，表示绝对相等丝毫不差。镒，古代重量单位，二十两为一镒；一说二十四两为一镒。铢，古代重量单位，二十四两为一铢。⑧唱者必和：歌唱时此唱彼和，互相呼应。⑨挠：弯曲。余次：其余，其他的。⑩动变见形：运动变化中显现其形。间：阻隔，阻挡。⑪以间见间：在间隙中寻找机会。⑫伏意以视间：隐伏自己的意图而寻视对方的漏洞。⑬自养：自我养气。⑭让己：自己谦让。⑮神存兵亡：精神存在军队灭亡。形势：形成新的局势、势力。

【译文】

如要分布威势，就应效仿蓄积待发的伏熊。分布威势，就是要掩藏自己的精神力量。所以应当使自己的思虑坚固安定，从而使神气凝聚于心，从而就可使威势更加强大。威势强大，心中的意志就会更坚实；内在意志坚实，就不可阻挡；不可阻挡，就能分散他人威力，震动他人气势，如天覆盖四野一样。这样用实来取虚，用有来取无，就好比用镒来称铢。所以一行动就会有人跟随；一倡导就会有人应和。弯曲一根手指，观察其余的情况，所有的运动和变化都能发现，没有能够干扰的。仔细观察相互应和的情况，从细微之处寻找对方的漏洞，这样行动就能明了，威势就可分散并壮大。如有所行动，必先培养心志、隐藏意图，来观察对方的缺陷，寻找有利时机。懂得自我巩固，就能自我修炼。自己谦让，就可替人养气。神气存养了，武力对抗就会得以化解，这就是自己的威势。

散势

【原文】

散势法鸷鸟①。散势者，神之使也。用之，必循间而动②。威肃、内盛，推间而行之③，则势散。夫散势者，心虚志溢④。意衰威失，精神不专，其言外而多变⑤。故观其志意为度数，乃以揣说图事⑥，尽圆方，齐短长⑦。无间则不散势，散势者，待间而动，动而势分矣。故善思间者，必内精五气⑧，外视虚实，动而不失分散之实⑨。动则随其志意，知其计谋。势者，利害之决，权变之威⑩。势败者，不以神肃察也⑪。

【注释】

①散势：分散对方的势力。鸷鸟：像鹰一类的猛禽。这些鸟类捕捉动物常常是集中精力，瞅准机会，突击而就。②循间：寻找机会。③威肃：庄重肃穆。④心虚志溢：内心谦虚而志念充实。心虚，内心谦虚。志溢，志念充实。⑤言外而多变：言语外泄而多变化。⑥度数：标准，准则。以揣说图事：用揣摩游说的方法图谋大事。⑦尽圆方：竭尽圆方变化之理。齐短长：衡量事物的短长。⑧内精五气：体内精养五气。⑨动而不失分散之实：行动就不失去分散对方势力的实质意图。⑩权变之威：随机应变的威力。⑪不以神肃察：不再费神去认真审察。

【译文】

分散对方的威势时就要效法凶猛的鸷鸟。分散势力要靠精神的驱使。用这种方法，必须乘间隙与时机而运用。威壮整肃，内气强盛，推测时机而采取行动，那么对方的威势就会自然分散。分散他人威势的人，内心谦虚，意志饱满。对方的威势一旦散失，就会意志衰弱、精神不专一，言语中就会暴露实情，词不达意。所以需观察对方意志作为揣度的标准，而后才可以根据情况图谋行事，尽圆方自然之理，使长短各有其用。时机不具备就不能分散威势。要分散他人威势，一定要等待时机去采取行动，这样才能够把威势分散开来。所以善于判断时机的人，一定要精于蓄积体内五气，探察外在虚实，行动起来而不失分散威势的作用。采取行动就要了解对方意志，知道对方的计谋。威势，决定着利害关系，是权变发挥威力的所在。威势一旦衰弱，就不能再以心神去观察了。

转圆

【原文】

转圆法猛兽①。转圆者，无穷之计也。无穷者，必有圣人之心，以原不测之智而通心术②。而神道混沌为一③，以变论万类，说义无穷④。智略计谋，各有形容⑤，或圆或方，或阴或阳，或吉或凶，事类不同⑥。故圣人怀此之用，转圆而求其合⑦。故与造化者，为始，动作无不包大道⑧，以观神明之域⑨。天地无极，人事无穷，各以成其类⑩。见其计谋，必知其吉凶、成败之所终也⑪。转圆者，或转而吉，或转而凶。圣人以道先知存亡，乃知转圆而从方⑫。圆者，所以合语；方者，所以错事⑬；转化者，所以观计谋；接物者，所以观进退之意⑭。皆见其会，乃为要结，以接其说也⑮。

【注释】

①转圆：转动圆形物体，文中指无穷的智慧，如转圆一样不止。因猛兽威势无尽，故效法之。②原：探究，查找。心术：认识事物的方法和途径。③神道混沌为一：神明之道原是混沌而为一的。混沌，混然一体，不可分割。④说义：解说义理。⑤形容：外貌，模样。⑥事类：事物。⑦怀此之用：胸怀这些，并使用这些。合：和顺。⑧动作：行为举动。大道：正道，常理。⑨神明之域：神灵活动的领域。⑩成其类：成就其事物。⑪所终：结局，最终结果。⑫以道：按照规律、事理。转圆而从方：改变方法、谋略。⑬错事：筹措具体事情。错，通"措"。⑭接物：与人交往。⑮要结：要点，结论。

【译文】

想使智慧如转动的圆一样没有穷尽，就要效法威猛无穷的猛兽。转圆，就是没有穷尽的计谋。无穷的计谋，必要有圣人般博大的胸怀，去追究探求深不可测的智慧，再以不可测度的智慧去通达心术。大自然造化万物，变化多端，但其发展变化的道理是一样的，根据这个道理，可以阐发没有穷尽的玄机。智谋策略，要随着客观情况的变化而调整，或圆或方，或阴或阳，或吉或凶，各不一样。圣人依靠这种方法，像转动圆的物体一样以顺应事理。所以圣人从教化开始，其行为就包容着合乎自然的大道，以观察神明的领域。天地是没有极限的，人事是不会穷尽的，各分为不同的种类。由此可以推测计谋，得知吉凶成败的结果。转圆也有不同的结果，有的转而成吉，有的转而成凶。圣人因通达事理便可预先推知存亡，所以能够转圆成方，转凶成吉。圆是变化无穷的，所以言辞也可自由变化。求方，是为确立四方后求得安稳；转化，是为了观察计谋的优劣；接物，是为了观察事物的进退原则。以上这些都要了解问题的症结，而后才能得其要领，以便继续捭阖。

损兑

【原文】

损兑法灵蓍①。损兑者，机危之决也②。事有适然③，物有成败。机危之动，不可不察。故圣人以无为待有德，言察辞合于事④。兑者，知之也⑤。损者，行之也⑥。损之说之，物有不可者，圣人不为辞也⑦。故智者不以言失人之言⑧，故辞不烦，而心不虚；志不乱，而意不邪。当其难易，而后为之谋，因自然之道以为实⑨。圆者不行，方者不止⑩，是谓大功。益之损之，皆为之辞⑪。用分威散势之权，以见其兑⑫。威其机危⑬，乃为之决。故善损兑者，譬若决水于千仞之堤，转圆石于万仞之谷⑭。

【注释】

①损兑：谓减少他虑，专心察理。灵蓍：占卜用的蓍草，固能显灵，故名。②机危之决：决定预兆之事。机危，犹隐微，指预兆。③适然：偶然。④有德：有德行的人或事。察辞：经过审察之言辞。⑤兑者，知之也：陶弘景释曰："用其心眼，故能知之。"是释"兑"为"心眼"。⑥损者，行之也：排除其他观念，所以能实行。⑦为辞：进行论说。⑧失人之言：不听取他人之言。⑨当：根据，凭借。自然之道：自然的法则、规律。实：实质的内容，实际。⑩圆者不行，方者不止：如果施展巧妙的计策，即使圆形物也不转、方形物也不停，所以能打破对方的一切计谋。⑪益之损之：即益损，增减。⑫分威散势之权：施威并分散对方势力的权谋。以见其兑：以显示其了解的程度。⑬威其机危：显示其预兆。机危，即"几危"。⑭譬若：比如，比喻。仞：长度单位，古以七尺或八尺为一仞。

【译文】

要想了解损益要效法能预测吉凶的蓍草。损兑，也就是损益，是指对危险的判断依据。凡事都有偶然，凡物都有成败。危险的征兆，不可不认真观察。所以圣人以无为对待有德之士，谈话时观察对方言辞，看是否合乎事理。兑，是了解事物；损，是排除其他观念，以求实行。排除之后再行说服，事物有不可行，圣人就不再过多加以辩说。所以聪明的人绝不会因为自己能言善辩就抛弃他人的观点，言辞不烦琐，内心不虚伪，心志不迷乱，思虑无邪念。遇到或难或易的事情，都要进行谋划，谋划时要以事物发展变化的自然之道为依据。施展巧妙的计策，彼用圆不停，我用方不止，这样便能破坏对方的计谋，取得成功。或增加，或减少，都是为了用合适的言辞加以表达。用分威、散势中的权变方法，使其危机暴露，而后就可抓住机会，进行决断。所以善于运用"损兑"之术，就好比在千丈堤防上决堤，又像在万丈深谷中旋转圆石，真是威力无比。

罗罗罗罗罗罗罗罗罗罗罗 |智慧运用| 罗罗罗罗罗罗罗罗罗罗罗

【史例解读】

曲中求全逃魔掌

温峤是东晋人，以有胆有识、博学多闻著称于世。皇帝司马绍见他文采风流，又善谋善断，对他很是信任，便让他参与朝廷的机密大事。

当时掌握朝中军事大权的将军王敦，企图谋反，见温峤有才，便请求皇上调他去给自己当左司马，以便使皇上失去一条臂膀。

温峤调到王敦那里后，觉察到王敦已有反心，便常常为他出谋划策。王敦渐渐地对他产生了好感，常把一些很重要的事务交给温峤去办。

温峤见钱凤是王敦的心腹干将，便积极同钱凤交往，经常在别人面前称赞钱凤满腹经纶，文韬武略，天下无出其右者。钱凤听说后，非常高兴，把温峤当成自己的知己。

公元324年，宰相去世后，朝廷让王敦指定。温峤得知后，认为这是一个逃回京城的最好机会。为了不让王敦知道自己的意图，温峤故意几天不上将军府，在家喝酒玩乐。

王敦知道后，便去征求温峤的意见。温峤醉醺醺地说："非钱凤莫属！"

王敦觉得有理，便去征求钱凤的意见。钱凤原本就和温峤要好，又听说是温峤介绍自己，感激地说："温峤比我强，还是让他去吧！"

王敦又回到温峤那里，温峤再三推辞，可他越是推辞，王敦就越觉得温峤对自己忠诚，便非让他去不可。于是王敦立即上表，说人选已定，三日内即可到任。他告诉温峤要严密监视朝廷的一举一动。

温峤得到消息后，高兴之余又想到钱凤。因为此人诡计多端，心思周密又多疑，若被他识破，突然阻挡，岂不前功尽弃，功亏一篑？

于是在饯行会上，温峤故意装成醉鬼，走到钱凤面前，趁他喝酒时洒出一些酒，把他的帽子打落在地，并大骂道："你算什么东西，温大爷给你敬酒，竟敢倒掉！"

王敦见温峤醉了，忙命人分开两人。临行前，温峤泪流满面，对王敦依依不舍。温峤刚走，钱凤便赶来对王敦说："温峤曾做过太子庶子，和当今皇上司马绍关系还很密切。这个人未必靠得住！"

王敦哈哈大笑道："看来你的胸襟也太狭窄了点！他昨日只是喝多了，虽然对你有点失礼，但从前他对你也是赞赏有加啊！"

温峤回去后，将王敦的大逆不道告诉了皇上，司马绍便命人剿灭了王敦。

【点评】

温峤在此用计逃脱王敦的魔掌运用的便是"转圆"之术，其策划谋略的速度和高明实在让人难以想象。转圆虽有成凶者，但只要把握要领，便能像温峤这样转圆成吉。如果不能直中取，便向曲中求，温峤对付王敦之法，称得上智慧中的经典。他先为王敦出谋划策，再反过来曲意协助王敦造反，并拉拢关系，相机脱身。尤其难得的是，当他有脱身机会时，并未喜形于色，而是小心谨慎，相机而动，预先消除隐患。由此可见，他把转圆之术运用得可谓恰到好处。

巧献妙策获显贵

楚孝烈王没有儿子，春申君为此很发愁，于是替孝烈王找到了很多能生育的女子，但仍然没有生出儿子。

赵国人李园领着自己的妹妹来到楚国，想把妹妹献给楚王，可听说楚王不能生育，心里不免有些担心，因为时间长了，妹妹会因为生不出儿子而得不到宠幸。后来，李园来到春申君家当家仆，没过多久便请假回家，但他故意耽误了归期。

李园回来后拜见春申君，春申君向他询问这次归家的情况，李园说："齐王派人去聘我妹妹，我陪使者喝酒，所以才会回来这么晚。"

春申君问："聘礼送来了吗？"

李园回答说："还没有。"

"可否让我见见你的妹妹？"

"可以。"

李园马上就把妹妹献给了春申君，随后，他妹妹就和春申君同房了。李园知道妹妹怀孕后，就和妹妹密谋策划怎样见到楚王。

李园的妹妹看到时机已经成熟，就对春申君说："楚王十分宠爱您，看重您，把您当成他的心腹。您任楚国宰相已经20多年，可楚王还没有继承大业的儿子，如果百年之后让他的兄弟继承王位，那么将来的继位国君，必将重用他原来的亲信，您哪里还能长久受到宠爱呢？不但如此，您当权久，地位高，免不了得罪楚王的兄弟，如果楚王的兄弟继位，您就会遇到很大的麻烦，到那时，您的相位和江东的封地也就危险了。现在我知道自己怀孕了，可别人还不知道。我受您宠幸的时间不长，如果以您尊贵身份和地位把我献给楚王，我一定会受到楚王的宠幸。要是我运气好的话，就会生出一个儿子，那么，将来的大王就是您的儿子了，这样整个楚国都可以到手。您好好想想吧。"

春申君认为这样做很好，他先派人把她安排在馆舍里，小心地伺候，然后向楚王报告。楚王召见她之后就跟她同房，她后来果然生了个儿子，楚王就立这个儿子为太子，并册封李园的妹妹为王后。自然，李园也得到了提拔，很快就当权了。

【点评】

李园在此使妹妹当上王后、自己当权，可以说运用的便是"损兑"之术。他知道直接把妹妹献给楚王后总有失宠的一天，自己的计划便会落空，于是便利用了春申君，使事情朝着自己预定的方向发展，从而自始至终掌控着局势的变化，这便是李园成功的根本原因。所以说，机遇并不是随时都有的，一旦遇见，就应该牢牢将它抓住，为自己的发展铺平道路。

【现代活用】

"分威伏熊"制强敌

一般假冒伪劣产品冒充名牌，是为了获取利益。但在企业竞争中，也不乏以此法砸对手名牌，分对手威势者。

中国台湾地区有一家企业生产清酒，产品既不像白酒那般猛烈，也不像啤酒那样喝多了容易让人发胖，所以很得中老年消费者的欢迎。另一家酒水企业看到这种产品的销路广、获利丰，就如法炮制，但却总比不过这家老企业。新企业主心生一计，气急败坏地模仿这家老企业的包装生产了大批劣质品，几经转手低价批了出去，坑苦了消费者。消费者碰到真货也怕上当不敢买了。这是用假冒伪劣产品以分敌手名牌产品之威的例子。

艾特是一家中等规模厨具公司的老板，在各类新产品风起云涌的时候，他的产品似乎失去了原来的销售旺势，他希望能尽快将这个问题解决。

他分派了一部分人到市场上做了半个月的调查，发现其他同类公司的产品并不比他的产品质量好，而是靠新型号走俏的。

于是，他在本市内又加设了4个专销点，又去郊区甚至远一点的农村推销产品。他分派了很多人出去，总部里每个办公室只留下一个人。另一方面，艾特开始在黄金时间进行大力宣传。经过两个月的努力，销售总额开始回升，并呈直线上升趋势。

艾特并不满足于这一点，他又向社会招聘了一大批专业维修人员，实行送货上门、修理免费的服务。他这一新招果然更加奏效，他的产品比此前更好卖了。

在众多厨具公司的竞争中，艾特将每一个人都派上用场，并实行"撒天网"的办法，在郊区和农村，人们渐渐熟悉了他的产品，他的产品就像暴风一样刮遍了每个有能力购置的家庭。

就这样，艾特以"分威伏熊"的老办法渡过了低谷期，走上了康庄大道。

【点评】

当今商场中，"分威伏熊术"是常用的制人手段。使用"分威伏熊术"，有以智谋增己之威而压倒敌人威势以令其服者；也有借别人的威势来增加自己的威势吓唬敌手者；又有使用妙计使敌人落入圈套自分其威势者，还有使用"釜底抽薪术"，除掉敌威所凭恃之物者。只要你动脑筋，就会有办法。

"分威"巧施垄断术

早在20世纪40年代，威尔逊就从父亲的手里继承了美国塞洛克斯公司。

一天，一位德国籍发明家约翰·罗梭来访问威尔逊，谈到了自己还在研究的干式复印机。两人一拍即合，同意双方合作。

经过反复研制，塞洛克斯公司终于研制出干式复印机成品——塞洛克斯914型复印机。当时市面上所有的复印机都是湿式的，用起来麻烦极了。对比之下，干式复印机则便利多了。

威尔逊决定把此产品作为"主力产品"推出。起初，威尔逊打算把首批复印机以成本价推销，以图开拓市场。他的律师提醒他：这是倾销，是法律不允许的。

威尔逊于是矫枉过正，反其道而行，将卖价定为2.95万美元。其实，干式复印机的成本仅2400美元，他却定出了相当于成本10多倍的高价。这可把副总经理罗梭吓呆了。

当时，法律是禁止高价出售商品的，威尔逊却信心百倍，他解释道："我不出售成品，而是出售品质和服务。

不出威尔逊所料，这种新型复印机因定价过高被禁止出售。但由于展销期间已经向人们展现了它独特的性能，消费者都渴望能用这种奇特的机器。

威尔逊早已获得了新型复印机的专利权，"只此一家，别无分店"。所以当威尔逊把新型复印机以出租服务的形式重新推出时，顾客顿时蜂拥而至。尽管租金不低，可由于受以前定价很高的潜意识的影响，所以人们仍然认为值得。

到了1960年，威尔逊的黄金时代到了。干式复印机一下子流行起来，虽然公司拼命生产，产品仍然供不应求。

由于产品被塞洛克斯公司独家垄断，加上原有的高额租金，所以塞洛克斯914型复印机为威尔逊赚了大量的利润。

1960年，公司营业额高达3300万美元，而市场占有率已达15%；5年以后，公司营业额上升到4亿美元，市场占有率达到66%；到了1966年，营业额上升到5亿多美元，塞洛克斯公司也被美国的《财富》杂志评为10年内发展最快的公司，从此迈入了巨型企业行列。

【点评】

威尔逊的成功在于他运用了"分威伏熊术"，表面上是法律禁止了威尔逊高价出售，实际上是威尔逊借法律威势，封死了消费者的购买之门，把他们逼向租借之路。同时威尔逊还定了超出平常的高租金，断了消费者廉价租用的念头，并为以后高价出售做好了准备。

持枢

　　本篇与全书各篇不同，其特点是言简意赅，让人怀疑是否是残留下来的某个自然段，故陶注亦说："此持枢之术，恨太简促，畅理不尽。或篇简脱烂，本不能全也。"

　　本篇的内容主要是说为君者应该按照自然和社会的客观规律来治国安邦，以推动社会在正常的轨道上运转。其中所提到的如顺应民意，不违四时，调动人民的积极性等等，对为君者有着深刻的指导意义。

持枢^①，谓春生、夏长、秋收、冬藏，天之正也^②，不可干而逆之^③。逆之者，虽成必败。故人君亦有天枢^④，生养成藏^⑤，亦复不可干而逆之。逆之者，虽盛必衰。此天道，人君之大纲也^⑥。

【注释】

①持枢：枢是门扉的轴。持，把握。持枢，即把持枢机，掌握关键。②正：不偏不倚，符合准则。③干：干犯。逆：向相反方向活动、逆转。④天枢：天下治乱变化的关键。⑤生养成藏：生长、养育、成功、收藏。⑥大纲：根本纲领，基本原则。

【译文】

所谓持枢，即指春季万物萌生，夏日万物成长，秋时万物收获，冬季万物储藏，这是自然运行的正常法则，不可干扰、违背它。若违背了这种法则，即使暂时成功也必然最终失败。所以说，君主治世也要遵循一定法则，顺应自然之道，生长、养育，事业的成功与收获，也同样不可违背。如违背了，即使暂时强大，也终归要衰弱下去。这是社会的基本法则，也是君主治国的基本纲领。

〓〓〓〓〓〓〓〓〓〓〓〓〓｜**智慧运用**｜〓〓〓〓〓〓〓〓〓〓〓〓〓

【史例解读】

汉朝明帝善治国

上古时代的三皇五帝各有各的治国方略，他们的英名之所以流芳百世，就是因为他们依照自然的法则，有理有据地治国，所以才会君臣谦让，互不贪功，天下太平。他们顺应民意，使百姓深受教化，赏罚制度公正严明，才取得了不俗的成绩。汉朝也不例外，从汉高祖刘邦建汉，到汉武帝时期达到鼎盛，都是因为治国方略合乎民意，顺应自然规律。

汉高祖刘邦建汉后吸取了秦朝灭亡的教训，废除前秦的诸多酷刑暴政，

鬼谷子全集

对百姓体贴关爱，从而为大汉王朝的巩固与发展奠定了坚实的基础。尤其是后来的"文景之治"，给予国民休养生息的时机，几十年不征赋税，很快便国富民强。

汉文帝在位23年，没有增建过宫室园林；臣民有不便之处，就以国家的积蓄帮助，为人民谋利；南越王赵陀自立为帝，文帝招来赵陀的兄弟，给予厚赐，以德感化，赵陀深受感动，便改帝称臣。文帝与匈奴曾有兄弟之约，但匈奴违约入侵，文帝派将镇守边关，只守不攻，担心攻打匈奴会侵扰百姓。被分封到东南沿海的吴王因故与文帝不和，称病不肯上朝，文帝不怪他还派人赐予他手杖，并传语吴王因年老可以免朝。群臣劝文帝用宣吴王入朝的办法将其软禁，文帝表面听从，实际上不予理睬。郎中令张武受过吴王的贿赂，文帝知道后，不但没治罪，反而赏赐他，让他心生悔意。所有这些，都表明了汉文帝以德服人，所以国家才出现了繁荣的景象。

汉朝不可避免地承接了历代弊端，高祖拨乱反正，文帝、景帝休养生息。汉武帝登基后，罢黜百家，独尊儒术，在全国访求优秀人才，给他们立业的机会。他兴办太学，修建祠庙，改正月为一年初始，确定历法，规范音乐诗歌，修建祭天灵台，顶礼百神，赐予周朝后裔封地。他申明法度，号令建制。作为继承人，汉武帝依循祖先的事业，学习高祖、文帝、景帝三代人的风范，施展雄才大略，使汉王朝达到了全盛时期。

【点评】

《尚书》中说："使用刑罚要时轻时重，审时度势。"《周礼》中说："治理新建国家应用宽松制度，治理动乱的国家应用严厉的制度，治理安定的国家应两者适中。"所有这些都是关于采用何种方略治国安邦的言论，可见，顺应自然与民意，不违法理，是治理国家所应遵循的基本规律。

中经

　　在本篇里，作者先后讲述了"见形为容，象体为貌"，"闻声知音"，"解仇斗郤"，"缀去"，"却语"，"摄心"，"守义"等七种为人处世的秘诀。

　　以上七个立身处世的方法，从古到今被无数有名的说客和权力场上的政客所使用，并取得了很好的成效，对后人具有十分重要的借鉴意义。

【原文】

中经^①，谓振穷趋急，施之能言厚德之人^②。救拘执^③，穷者不忘恩也。能言者，俦善博惠^④；施德者，依道^⑤；而救拘执者，养使小人^⑥。盖士，当世异时^⑦，或当因免阗坑^⑧，或当伐害能言^⑨，或当破德为雄^⑩，或当抑拘成罪^⑪，或当戚戚自善^⑫，或当败败自立^⑬。故道贵制人^⑭，不贵制于人也；制人者握权，制于人者失命。是以见形为容，象体为貌^⑮，闻声知音，解仇斗郄^⑯，缀去，却语，摄心，守义^⑰。本经纪事者纪道数^⑱，其变要在《持枢》《中经》^⑲。

【注释】

①中经：发自内心，施惠救穷。②振穷趋急：救助陷入困境或有急难的人。施之能言厚德之人：能言厚德之人能施行之。③拘执：拘捕。④俦善：如同善良之人。俦，同类，类似。博惠：广泛地施以恩惠。⑤依道：依照道义。⑥养使：救养役使。⑦世异：时代变异动乱。⑧阗坑：填塞沟壑。⑨伐害：攻伐陷害。⑩破德为雄：毁坏文德，以武力称雄一方。⑪抑拘成罪：强迫拘捕，无端定罪。抑拘，用权势强力拘捕。⑫戚戚自善：在忧愁混乱的环境中仍能修养自身，纯洁守贞。戚戚，表示因混乱残破而使人忧愁。⑬败败自立：几经危亡失败，而最终得以自立。败败，形容几经失败危亡。⑭道：方法，此为控制对方之道。⑮见形为容：见其形便知其面容。象体为貌：审查其体便清楚其外貌。⑯解仇：化解仇恨。斗郄：使仇敌相斗。郄，隙，缝隙，引申为有隔阂、有仇。⑰缀去：使离去的人能回味自己所讲的话。缀，连接，联系。却语：观察别人的言语过失。摄心：吸引、撮取别人之心。守义：坚守道义。⑱本经：指《本经阴符》七篇。纪：通"记"，记载，记述。道数：道之精理。⑲变要：变化之要点。

【译文】

所谓"中经"，说的是赈救穷窘，救人于危难。能做到这些的，一定是那些能言善辩、道德深厚的人。救援那些被拘执而身陷囹圄的人，被救的人是不会忘记救援者的恩德的。能言善辩的人，必定能够多做善事，广施恩惠；广施厚德的人，其行事必定能凭依大道；救人出囹圄的人，必定能够豢养、驱使那些被援救的人。即使是小人，救而养之，也能够让其为己做事。士人身逢乱世，遭遇危难之时，有的人能在战乱中免于死亡；有的人能言善辩却遭谗害；有的人弃文从武，据兵称雄；有的人横遭拘系，无辜获罪；有的人在忧愁混乱中而能固守善道；有的人危败之中却仍能自强自立。所以为人处世之道，贵在控制他人，而不是受控于人。控制别人的人能够掌握主动权；受人控制的人，命运就掌握在了别人手中。所以，在此介绍一些为人处世的技巧，也就是"见形为容，象体为貌""闻声知音""解仇斗郤""缀去""却语""摄心""守义"等方法。《本经》讲述的是一般的处世道理和原理，至于具体的方法，都在《持枢》《中经》中。

【原文】

见形为容，象体为貌者，谓爻为之生也①，可以影响、形容、象貌而得之也②。有守之人，目不视非，耳不听邪，言必《诗》《书》，行不僻淫③，以道为形，以德为容④，貌庄色温⑤，不可象貌而得也。如是隐情塞郤而去之⑥。

【注释】

①爻为之生：占卜是其主要根据。②可以：能够根据。影响、形容、象貌：指人的外表信息，声、形、貌等。③有守：有操守，有品节。僻淫：邪僻淫佚。④以道为形：用道义规范自己的行为。以德为容：以道德约束自己。⑤貌庄色温：相貌端庄，表情温和。⑥隐情：隐瞒真情。塞郤：堵塞漏洞。

【译文】

"见形为容、象体为貌"，讲的是像在占卦时看到卦爻就可推测吉凶一样，可以从一个人的言语行事、外在形貌体态等方面探知他的内心世界。但是，此术对那些有操守的人却不适用。有操守的人目不斜视，耳不旁听，言语必是《诗经》《尚书》中的礼义，行为既不过度也不邪僻，以道德约束自己的行为，无法通过体貌形态去判断他们的内心世界。遇到这种情况，就不如隐藏自己的真情，避免自己言语出现漏洞，早早离他们而去。

【原文】

闻声知音，谓声气不同，则恩爱不接①。故商、角不二合，徵、羽不相配②。能为四声主者，其唯宫乎③。故音不和则悲，是以声散伤丑害者④，言必逆于耳也。虽有美行盛誉，不可比目合翼相须也⑤，此乃气不合、音不调者也⑥。

解仇斗郤，谓解赢微之仇⑦。斗郤，斗强也⑧。强郤既斗，称胜者，高其功，盛其势⑨。弱者哀其负，伤其卑，污其名，耻其宗⑩。故胜者，闻其功势，苟进而不知退①。弱者闻哀其负，见其伤则强大力倍，死而是也②。郄无极大，御无强大，则皆可胁而并③。

【注释】

①声气：原意为声音和气息，文中指相互间的志趣和爱好。接：通。②商、角不二合：商和角二音不配合。商、角，古代五音中的二音（宫、商、角、徵、羽），古人将五音比作金、木、水、火、土五行，五行相克，所以文中亦称商角不合。二合，二音拼合。徵、羽：亦古代五音中的二音。③主：主音。宫：古代五音中的首音。④散伤丑害：声音中的四种毛病。⑤不可比目合翼相须：不能像比目鱼、比翼鸟那样互相依存，互相配合。比目，即比目鱼，文中意为比并而行，形影不离。合翼：即比翼鸟，传说中的一种“一目一翼，相得乃飞”的鸟，后常比喻恩爱夫妻或形影不离的朋友。⑥调：协调，调和。⑦赢微：弱小者。⑧斗强：使强者相斗。⑨高：拔高，夸大。盛：扩大，扩张。⑩哀其负：哀叹他的失败。伤其卑：为他的衰弱而伤心。宗：祖先。⑪苟：贪求。⑫强大：壮大自己。力倍：加倍地努力。死而是：为此而拼死。⑬并：吞并。

【译文】

所谓“闻声知音”，说的是人与人如果言语不合、意气不投，就不会相互恩爱友善。这就像五音中商音、角音不能相合，徵音、羽音不能相配，而能协调以上四音的，只有宫音。五音不和谐，听起来就会让人感到难受。所以，当出现像散、伤、丑、害的毛病时，言语必然逆耳不中听。即使人有美好的德行、盛誉，也依旧不能像比目鱼、比翼鸟那样亲密无间，互相帮助，这就是因为意气不投，言语不合的缘故。

“解仇斗郄”说的是调解微小的仇斗。斗郄，说的是令有嫌隙的强者相斗，获胜方就会夸耀他的声势，失败的一方则会哀怜自己的落败，觉得名声受到玷污，祖宗受到侮辱。这样，胜方听到我们的称道便只知进攻而不知适可而止；而败者听到我们的哀叹，见到自己被损伤，就必然拼力忘死而战。这样，敌人内部的间隙就会进一步扩大，我们就可以抓住这一弱点用武力去胁迫、吞并他。

【原文】

缀去者，谓缀己之系言，使有余思也①。故接贞信者②，称其行，厉其志③，言为可复，会之期喜。以他人之庶，引验以结往④，明疑疑而去之⑤。

却语者，察伺短也⑥。故言多必有数短之处⑦，议其短验之。动以忌讳，示以时禁⑧；其人恐畏，然后结信以安其心⑨，收语盖藏而却之⑩，无见己之所不能于多方之人⑪。

【注释】

①系言：有关的话，要言。余思：事后留下的思念。②贞信：正直诚信。③厉：勉励，激励。④庶：推测，希冀。引验以结往：称引验证来结交已经离开之人。⑤疑疑：似"欵欵"之误，"欵欵"亦作"款款"。⑥察伺短：观察探测对方之短处。察伺，观察窥伺。⑦多：说的多，话多。数短之处：几处失误、毛病。⑧动以忌讳：以其忌讳之事触动对方。忌讳，禁忌和避讳。示以时禁：以当时之禁令让其看。⑨安：安抚，安慰。⑩收语盖藏而却之：结束自己的话语并隐藏自己的意图，使之退却。收语，结束自己的话语。盖藏，隐藏，掩盖。却，退，退却。⑪多方：学识渊博。

【译文】

"缀去"说的是向即将离去的人倾吐挽留的言语，使对方走了还十分留恋。对正直诚信的君子，要称赞他的品行，激励他的意志，告诉他希望再次与他见面。引证别人的成功案例，希望对方日后与自己保持密切的联系，在对方离开时，要表现出依依不舍的样子。

"却语"说的是考察、窥伺对方的短处。对方话多了，必有失言之处，把对方的短处记在心里，必要时以此作为反驳他的证据。这样就可以用其所犯的忌讳触动他，使他十分恐惧，然后诚信与他结交，以安慰他的内心。自己把这些把柄藏在心里，退到背后去挟制对方。由此而论，自己就千万不可让别人抓住把柄。

【原文】

摄心者，谓逢好学伎术者，则为之称远①；方验之道，惊以奇怪②，人系其心于己③。效之于人，验去乱其前④，吾归诚于己⑤。遭淫色酒者，为之术⑥，音乐动之，以为必死，生日少之忧⑦，喜以自所不见之事⑧，终可以观漫澜之命⑨，使有后会。

守义者，谓守以人义，探心在内以合也⑩。探心深得其主也。从外制内，事有系曲而随之⑪。故小人比人，则左道而用之⑫，至能败家夺国⑬。非贤智，不能守家以义，不能守国以道。圣人所贵道微妙者⑭，诚以其可以转危为安⑮，救亡使存也。

【注释】

①伎术：即技术。伎，同"技"。称远：使其名声远扬。②验：验证。③系：拴缚，牵动。④效：效验，证明。乱：治，治理。⑤归诚：对人寄以诚心。⑥遭淫色酒者：遇到沉湎于酒色之徒。遭，遭逢，遇到。淫，沉湎，沉浸。为之术：对其采用相应的办法。⑦以为必死：让他以为这样下去一定会死。⑧喜以自所不见之事：告诉他自己看不到的雄壮之事并使之惊喜、振奋。⑨漫澜之命：灿烂的生命。⑩人义：人所应遵奉之义理。探心在内以合：探测其内心，以迎合他。⑪从外制内：从外控制其内心。⑫小人比人：小人和贤人、君子相比。左道：邪门旁道。⑬夺国：使国丧失。夺，丧失，失去。⑭微妙者：微妙之原因。⑮诚：的确，确实。

【译文】

"摄心"说的是碰到喜欢学习、技艺有长的人，就替他扬名，使远近皆知。然后去检验他学到的技艺道术，作出正确的评价，使他惊讶于我们知识的广博和看法的高明，从内心深处佩服我们。然后帮他检验不足之处，使其心悦诚服地归附。若遇到沉湎于酒色的人，先用音乐、道术使他猛然醒来，然后陈说利害使其认识到严重后果。然后用他未见的美好事物使他高兴起来，指出他的光明前程，使他对我们感激不尽，并有所领悟。

"守义"说的是做人的道义。谨守道义，探求对方的内心世界，去迎合对方，就要深入了解他的本性。用相应的权术从外部控制他的内心，使其心意有所牵挂，从而服从于我们。而小人仿效这样的做法，就会用旁门左道，致使家破国亡。所以说不是大智圣贤之士，是不能用仁义守家，不能用大道守国的。圣贤之人之所以看重微妙的道术，就是因为运用它们可以转危为安，救亡图存。

【史例解读】

海瑞察言治恶霸

海瑞是明朝有名的清官，他为官清正廉明，为人坦荡无私，深得众人爱戴。在他刚刚担任县令的时候，因为盗贼经常抢劫财物，甚至杀人，所以百姓生活不安定，每天太阳一落山，家家户户便紧闭院门，街上很少有人。

海瑞为了肃清盗贼，明察暗访，最后发现这都是当地豪强地主们干的。他表面装作不知，把豪强地主们请到县衙里，并用酒菜招待他们。众豪强们见海瑞如此热情，索性大吃大喝起来。一个时辰过去了，等众人都酒足饭饱，海瑞便站起来拱拱手说道：“我来此地已很久了，一直没拜访过各位，心中实有愧意，今日略备薄酒招待大家，实在是因为有一件小事想请各位帮忙！”

豪强地主们面面相觑，不知他要什么把戏。海瑞见无人说话，便指着一个平时欺软怕硬，作威作福的地主说道：“你今天既然来了，又吃了我的酒食，就请为此地尽一份绵薄之力吧。现在盗贼猖獗，屡犯百姓，我知道你熟悉当地情形，所以命你抓捕盗贼，一个月内，须有十个。如果办不到，我便把你当成强盗，告你放纵盗贼，严加惩处。”接着他又给每人划分管辖范围，又警告道：“你们所抓的犯人，如果不是强盗，那你们就罪加一等。”众人听到这里，早已心惊胆战，大气都不敢出。

海瑞见这些人似乎已觉察出自己知道他们所做的事情，担心他们狗急跳墙，他想了想，又向众人说道：“诸位不要过于紧张。我让你们管理一方治安，是造福百姓的好事。如果一个月完不成捕捉盗贼的任务，我可以放宽些，只要你们所管范围内太平无事，没有百姓告状，便算完成任务了。”

众人一听这话，都松了一口气，高兴地向海瑞保证一定能做到。回去之后，由于他们惧怕海瑞，又见他如此信任，把一方的治安交给自己，心里有些悔恨，从此再也没有派人做过鸡鸣狗盗之事。不久，当地治安大为好转，路不拾遗，夜不闭户，人民重新过上安宁的生活。

中经

海瑞在此运用的便是"见形为容、相体为貌"的观人法，先用强硬的态度观察豪强地主的变化，见收到一定效果后便由强转弱，既防止了他们狗急跳墙，又使他们感恩戴德地治理各自的管辖范围，从而安定了一方百姓的生活。一刚一柔，圆而不失其正，滑而不失其缓。这就是海瑞成功的为人治世之道。

假装糊涂宽待人

北宋年间，宋太宗赵光义在宫中设宴，让殿前都御侯孔守正与左骁卫大将军王荣前来陪同饮酒。酒过三巡，菜过五味，孔守正和王荣二人很快便喝得大醉。言谈之间，他们在皇帝面前争论起各自在边境建立的战功，双方各执己见，分别强调自己所发挥的作用，互不相让，唇枪舌剑，终于争吵起来。最后，他们二人竟然在皇帝面前互相破口大骂，污言秽语不堪入耳。这种行为严重违反了宫廷礼仪，冒犯了皇帝。侍臣们惊诧之际，纷纷请求将他们送刑部按法律规定予以惩处。赵光义却没有同意，他命人送他们各自回家休息。

第二天，孔守正和王荣酒醒后，忽然想起昨天陪皇上饮酒的事，他俩知道严重违反了律条和宫廷礼法。于是，他们急忙赴金殿承认罪过，自请处分。

不料，赵光义却轻描淡写地说："两位爱卿所说的事情，我现在已经想不起来了。当时，我也已经喝醉酒，大概不比你们醉得轻啊！"

赵光义对昨天的事情矢口否认，对孔守正、王荣二人不遵守礼法的行为也不予追究。这种表现，既让二人感到意外，更让他们对皇上感激涕零。从那以后，他们誓死忠心报答君王，毕生为国效劳。群臣见皇上如此宽宏大量，爱护臣僚，也更加钦佩、尊敬赵光义。

【点评】

赵光义在此所运用的便是"摄心"术，知臣下酒后失言，并非故意胡言乱语，所以便假装糊涂不予追究。郑板桥曾说："难得糊涂。"如果没有对人情世事的深刻感悟、体察，欠缺丰富的人生阅历，郑板桥恐怕说不出这样充满智慧的话。人人都会做事，所以为人处世，待人理事，在很多时候都不要太认真，所以在适当时机装装糊涂，反而更好。赵光义贵为一国之君，对待臣下都能做到"难得糊涂"，一般人又有什么理由不这样做呢？

中华传统文化核心读本书目

【处世经典】

《论语全集》

享有"半部《论语》治天下"美誉的儒家圣典
传世悠久的中国人修身养性安身立命的智慧箴言

《大学全集》

阐述诚意正心修身的儒家道德名篇
构建齐家治国平天下体系的重要典籍

《中庸全集》

倡导诚敬忠恕之道修养心性的平民哲学
讲求至仁至善经世致用的儒家经典

《孟子全集》

论理雄辩气势充沛的语录体哲学巨著
深刻影响中华民族精神与性格的儒家经典

《礼记精粹》

首倡中庸之道与修齐治平的儒家经典
研究中国古代社会情况、典章制度的必读之书

《道德经全集》

中国历史上最伟大的哲学名著，被誉为"万经之王"
影响中国思想文化史数千年的道家经典

中华传统文化核心读本书目

《菜根谭全集》

旷古稀世的中国人修身养性的奇珍宝训
集儒释道三家智慧安顿身心的处世哲学

《曾国藩家书精粹》

风靡华夏近两百年的教子圣典
影响数代国人身心的处世之道

《挺经全集》

曾国藩生前的一部"压案之作"
总结为人为官成功秘诀的处世哲学

《孝经全集》

倡导以"孝"立身治国的伦理名篇
世人奉为准则的中华孝文化经典

【成功谋略】

《孙子兵法全集》

中国现存最早的兵书，享有"兵学圣典"之誉
浓缩大战略、大智慧，是全球公认的成功宝典

《三十六计全集》

历代军事家政治家企业家潜心研读之作
中华智圣的谋略经典，风靡全球的制胜宝鉴

中华传统文化核心读本书目

《鬼谷子全集》

风靡华夏两千多年的谋略学巨著
成大事谋大略者必读的旷世奇书

《韩非子精粹》

法术势相结合的先秦法家集大成之作
蕴涵君主道德修养与政治策略的帝王宝典

《管子精粹》

融合先秦时期诸家思想的恢弘之作
解密政治家齐家治国平天下的大经大法

《贞观政要全集》

彰显大唐盛世政通人和的政论性史书
阐述治国安民知人善任的管理学经典

《尚书全集》

中国现存最早的政治文献汇编类史书
帝王将相视为经时济世的哲学经典

《周易全集》

八八六十四卦，上测天下测地中测人事
睥睨三千余年，被后世尊为"群经之首"

中华传统文化核心读本书目

《素书全集》

阐发修身处世治国统军之法的神秘谋略奇书
以道家为宗集儒法兵思想于一体的智慧圣典

《智囊精粹》

比通鉴有生活，比通鉴有血肉，堪称平民版通鉴
修身可借鉴，齐家可借鉴，古今智慧尽收此囊中

【文史精华】

《左传全集》

中国现存的第一部叙事详细的编年体史书
在"春秋三传"中影响最大，被誉为"文史双巨著"

《史记·本纪精粹》

中国第一部贯通古今、网罗百代的纪传体通史
享有"史家之绝唱，无韵之离骚"赞誉的史学典范

《庄子全集》

道家圣典，兼具思想性与启发性的哲学宝库
汪洋恣肆的传世奇书，中国寓言文学的鼻祖

《容斋随笔精粹》

宋代最具学术价值的三大笔记体著作之一
历史学家公认的研究宋代历史必读之书

中华传统文化核心读本书目

《世说新语精粹》

记言则玄远冷隽，记行则高简瑰奇
名士的教科书，志人小说的代表作

《古文观止精粹》

囊括古文精华，代表我国古代散文的最高水准
与《唐诗三百首》并称中国传统文学通俗读物之双璧

《诗经全集》

中国第一部具有浓郁现实主义风格的诗歌总集
被称为"纯文学之祖"，开启中国数千年来文学之先河

《山海经全集》

内容怪诞包罗万象，位列上古三大奇书之首
山怪水怪物怪，实为先秦神话地理开山之作

《黄帝内经精粹》

中国现存最早、地位最高的中医理论巨著
讲求天人合一、辨证论治的"医之始祖"

《百喻经全集》

古印度原生民间故事之中国本土化版本
大乘法中少数平民化大众化的佛教经典